国家社会科学基金青年项目：我国天然气进口风险防范机制设计与政策创新研究（17CGL003）

"重庆工商大学管理科学与工程重点学科建设"丛书

我国天然气进口风险防范机制设计与政策创新研究

邢文婷　龙剑军　李利娟　温万婷 ◎著

中国财经出版传媒集团

经济科学出版社
Economic Science Press

·北京·

图书在版编目（CIP）数据

我国天然气进口风险防范机制设计与政策创新研究 /
邢文婷等著 . -- 北京：经济科学出版社，2024.6.
（"重庆工商大学管理科学与工程重点学科建设"丛书）.
ISBN 978 - 7 - 5218 - 6086 - 3

Ⅰ. F752.654.1

中国国家版本馆 CIP 数据核字第 2024772ZR3 号

责任编辑：陈赫男
责任校对：王京宁
责任印制：邱　天

我国天然气进口风险防范机制设计与政策创新研究

邢文婷　龙剑军　李利娟　温万婷　著
经济科学出版社出版、发行　新华书店经销
社址：北京市海淀区阜成路甲 28 号　邮编：100142
总编部电话：010 - 88191217　发行部电话：010 - 88191522
网址：www. esp. com. cn
电子邮箱：esp@ esp. com. cn
天猫网店：经济科学出版社旗舰店
网址：http：//jjkxcbs. tmall. com
固安华明印业有限公司印装
710 × 1000　16 开　20 印张　215000 字
2024 年 6 月第 1 版　2024 年 6 月第 1 次印刷
ISBN 978 - 7 - 5218 - 6086 - 3　定价：96.00 元
（图书出现印装问题，本社负责调换。电话：010 - 88191545）
（版权所有　侵权必究　打击盗版　举报热线：010 - 88191661
QQ：2242791300　营销中心电话：010 - 88191537
电子邮箱：dbts@ esp. com. cn）

丛书编委会

总　主　编： 黄钟仪

编委会成员：（按姓氏笔画排序）

文　悦　白　云　代春艳　邢文婷

杨家权　李红霞　张德海　詹　川

序　　言

　　21 世纪的管理科学与工程学科在推动创新、优化管理、提高效率、降低风险、推动可持续发展等多方面起着重要的预测、决策、指导与干预作用。重庆工商大学管理科学与工程学科于 2011 年获评一级学科硕士学位授权点，是重庆市高等学校"十二五""十三五""十四五"重点学科，主要关注现代产业发展与创新的有关问题，聚焦数字经济与智能商务管理、现代物流与供应链管理、信息管理与大数据分析、战略与创新创业管理、投资与项目管理等特色方向。首批丛书包含我们最新的部分研究成果。

　　现代物流与供应链管理方向，本系列丛书探讨了不同领域的供应链协同与竞合机制。《乡村振兴战略下现代农业服务供应链协同机制研究》聚焦我国乡村振兴战略中的现代农业服务供应链，《基于竞合博弈的供应链入侵策略研究》从竞合博弈视角分析制造商和零售商的角色与关系。现代农业服务供应链和供应链竞合策略为企业在乡村振兴和供应链管理方面提供了重要指导。

　　战略方向的三本书探讨了我国天然气发展、双碳发展以及技术创新发展中的有关问题。《我国天然气进口风险防范机制设计与政策创新研究》全面系统地研究了天然气战略中的进口风险评价与防范机制，提出了创新性的评价指标体系和风险扩散动力学演化模型，为我国天然气进口风险防范提供了理论指导和实践参考。《碳达峰与碳中和目标下典型工业城市低碳发展研究》基于工业城市碳排放发展问题，以重庆为例，探索了实现可持续碳达峰、碳中和目标的低碳发展模式、路径与关键举措，总结提炼了科技支撑典型工业城市的低碳发展模式和政策建议。《商业模式对高新技术服务企业创新绩效的影响研究》以我国高新技术服务企业为对象，探讨了技术创新和技术体制对创新绩效的影响，为技术创新、技术体制、商业模式与创新绩效等理论提供了深入分析和实践支持。

本系列丛书是本学科的部分成果，后续将推出涵盖数字经济与智能商务管理、信息管理与大数据分析等研究方向最新研究成果。希望这些研究能为相关领域的学者、政策制定者和实务工作者提供有价值的理论参考和实践启示。

感谢学校同意本学科对本丛书的出版支持计划，感谢出版策划、作者、编者的共同努力，希望本学科的研究后续能够继续得到相关出版支持。小荷已露尖尖角，愿有蜻蜓立上头。希望本系列丛书能够得到学术界和实践界的关注和指导。

丛书策划编委会
2024 年 1 月

前言

PREFACE

    天然气作为我国能源改革的中间枢纽，肩负着我国高碳化石能源结构向可再生能源结构转变的重要使命。随着"碳达峰""碳中和"等相关政策的提出，以天然气为主的清洁能源需求刚性增长，预计2030年我国天然气需求总量将达到4363亿立方米（郑明贵等，2021）。尽管我国天然气产能建设在国家加大勘探开发力度政策的引导下取得快速发展，但受资源禀赋、储存条件、技术水平和产业环境等因素的限制，我国天然气产量增速与需求增速相比仍显动力不足，需要通过大量进口来弥补国内天然气需求的缺口（范照伟，2018），根据《中国石油天然气股份有限公司2016年可持续发展报告》数据，到2030年我国年均天然气进口量将跃升至2700亿立方米（中国石油天然气集团公司，2016）。在天然气进口过程中会遇到各种风险和问题，威胁天然气进口安全。国内缺乏对天然气进口风险问题的系统性研究，有关天然气进口风险的研究仍处于初始探索阶段（檀学燕，2012）。威胁天然气进口网络安全的因素正变得越来越复杂，现有简单的进口风险评价体系难以描述天然气进口风险高维的特殊性和差异性。因此，有必要对威胁天然气进口的网络安全因素进行重组，引入一种新颖的风险评价模型，对天然气进口风险进行定量评价。

本书立足于天然气进口风险防范的难度和相关政策的缺失，通过理论构建、内在机理研究、比较分析、深度访谈、抽样调查、模型建立、仿真模拟等定性和定量研究方法，综合测度我国天然气进口风险评价及防范的历史和现状，以期厘清天然气进口风险因素形成的演进过程，分析存在的主要障碍，深刻认识风险防范机制机理，以及丰富和发展中国天然气进口风险防范机制的理论体系。根据科学性、系统性、独立性、主成分性、层次性的原则设计天然气进口风险评价指标体系，构建新颖的、独特的曲线投影寻踪动态聚类风险评价方法和风险扩散动力学演化模型，以期为政府、企业和学术界在进行风险分析时提供新思路、新方法。同时，基于我国天然气能源战略背景，设计风险防范机制，从宏观、中观、微观层面提出我国进口天然气健康发展的创新型政策建议，服务于我国政府和天然气企业，增强其主动规避风险的动力。本书的主要内容如下：

（1）我国天然气进口风险评估及防范的理论分析。借鉴国内外现有研究成果，深刻领会我国进口天然气的战略意义和风险防范的科学内涵，补充与完善我国天然气进口安全的相关理论框架。

（2）我国天然气进口现状及进口复杂网络结构分析。首先，从供应、进口来源、运输路线、进口价格等方面分析我国天然气进口现状；其次，分别构建全球天然进出口复杂网络模型和我国天然气进口复杂网络模型，以度中心性、聚类系数、介数中心性、接近中心性、进口入度、加权入度、网络密度、平均路径长度等为评价指标，分别对全球天然气进出口和我国天然气进口网络特征进行实证分析。

（3）我国天然气进口量预测研究。从经济发展指标、人口指标、天然气行业指标和能源消费指标四个方面综合考虑，设计我国天然气进口量预测指标体系；构建多变量灰色预测、支持向量机和卷积神经网络三种机器学习模型来拟合 2006～2020 年我国天然气进口量数据，并对拟合结果进行对比分析，选出拟合精度最高的预测模型对我国 2021～2026 年天然气进口量进行准确预测，分析我国天然气进口趋势。

（4）我国天然气进口风险评价研究。首先，天然气进口风险由很多不确定的因素引起，本书从天然气进口网络的构成要素进行识别分类，从外部依赖风险、政治风险、经济风险、资源风险、运输风险和管理风险六个层面初选 29 个使用频率较高的天然气进口网络风险评价指标。其次，结合专家打分方法，最终得到 19 个风险评价指标，构建我国天然气进口风险评价指标体系。以评价指标复杂网络中的网络拓扑性为依据，将投影寻踪和动态聚类相结合的思想引入天然气进口风险评价，建立曲线投影寻踪动态聚类风险评价模型，采用蚁群算法求解模型。最后，利用 2010～2020 年的样本数据，定量评价我国天然气进口风险。

（5）我国天然气进口风险扩散研究。首先，从天然气进口业务流程、天然气进口复杂网络自身结构、网络节点的抗风险能力及信息不对称等方面，对我国天然气进口复杂网络风险扩散成因进行分析。其次，考虑天然气进口复杂网络各阶节点的自我修复、网络节点间的风险扩散和外部环境因素对我国天然气进口复杂网络节点造成的随机干扰，建立我国天然气进口复杂网络风险扩散动力学模型。最后，利用 MATLAB 软件，分别从风险扩散强度、风险扩散延迟时间因子、噪声强度等方面对我国天然气进口复杂网络风险扩散进行仿真分析。

（6）我国天然气进口风险防范策略研究。首先，在复杂网络中的随机免疫、目标免疫和熟人免疫等传统免疫策略的基础上，结合我国天然气进口复杂网络中的风险以天然气业务关系为载体进行扩散的特征，构建考虑天然气进口运输量的风险动力学演化模型。在该模型的基础上对传统的三种免疫策略对天然气进口网络风险控制效果进行对比分析。其次，对熟人免疫策略进行优化改进。

（7）我国进口天然气健康发展的建议。首先，基于全书的研究分析和国外天然气进口风险防范经验，提出我国天然气进口风险防范的建议。其次，从宏观、中观、微观层面提出我国进口天然气健康发展的创新型政策建议，为政府制定相关政策提供决策支持。

本书得到了众多老师和朋友的倾情帮助，也得到了以下基金和项目的支持：国家社科基金项目（17CGL003；23BGL220）、重庆工商大学高层次人才项目（1755013）。

本书框架和内容由邢文婷规划；第一、第二章由温万婷撰写，第三章由李利娟和温万婷合写，第十一章和第十二章由李利娟撰写；第四、第五、第六、第七、第八章由邢文婷撰写，第九、第十和第十三章由龙剑军撰写；全书由邢文婷统稿润色。

虽然我们在本著作写作过程中力求叙述准确、完善，但由于水平有限，书中欠妥之处在所难免，对于本书出现的错漏和不当之处，敬请批评指正。

作 者

2024 年 5 月

目 录

CONTENTS

第一章　绪论 ·· 1

　　第一节　研究背景及意义 ···································· 1

　　第二节　国内外研究现状 ···································· 8

　　第三节　研究内容 ·· 36

第二章　我国天然气进口安全理论分析 ·········· 42

　　第一节　国际贸易理论 ······································· 42

　　第二节　地缘经济理论 ······································· 43

　　第三节　地缘油气资源理论 ······························ 51

　　第四节　资源稀缺性理论 ·································· 55

　　第五节　可持续发展理论 ·································· 56

　　第六节　风险管理理论 ······································· 59

　　第七节　天然气价格理论 ·································· 61

　　第八节　复杂网络理论 ······································· 64

　　第九节　本章小结 ·· 70

第三章　我国天然气进口现状研究 ┄┄┄┄┄┄ 72

　第一节　我国国内天然气供应现状 ┄┄┄┄┄┄ 72

　第二节　我国天然气进口总体情况 ┄┄┄┄┄┄ 74

　第三节　我国天然气主要进口来源国 ┄┄┄┄┄ 76

　第四节　我国天然气进口运输路线 ┄┄┄┄┄┄ 98

　第五节　我国天然气进口价格 ┄┄┄┄┄┄┄┄ 102

　第六节　本章小结 ┄┄┄┄┄┄┄┄┄┄┄┄┄ 106

第四章　全球天然气进出口网络特征分析 ┄┄┄ 107

　第一节　研究方法及数据来源 ┄┄┄┄┄┄┄┄ 110

　第二节　动态综合评价模型 ┄┄┄┄┄┄┄┄┄ 113

　第三节　全球天然气进出口的结构特征 ┄┄┄┄ 115

　第四节　本章小结 ┄┄┄┄┄┄┄┄┄┄┄┄┄ 119

第五章　我国天然气进口复杂网络结构分析 ┄┄ 121

　第一节　经典复杂网络模型 ┄┄┄┄┄┄┄┄┄ 123

　第二节　我国天然气进口复杂网络模型 ┄┄┄┄ 128

　第三节　我国天然气进口网络特征指标 ┄┄┄┄ 129

　第四节　我国天然气进口复杂网络结构分析 ┄┄ 132

　第五节　本章小结 ┄┄┄┄┄┄┄┄┄┄┄┄┄ 141

第六章　我国天然气进口量预测研究 ┄┄┄┄┄ 142

　第一节　天然气进口的预测指标体系构建 ┄┄┄ 143

第二节　预测模型的构建 ·················· 144

第三节　我国天然气进口量预测 ············· 150

第四节　本章小结 ·························· 155

第七章　我国天然气进口风险因素识别及评价

　　　　　指标体系构建 ······················ 157

第一节　风险因素分析 ····················· 158

第二节　天然气进口网络风险因素识别 ········ 159

第三节　天然气进口网络风险指标的构建 ······ 166

第四节　本章小结 ·························· 170

第八章　我国天然气进口风险评价研究 ········· 171

第一节　曲线投影寻踪动态聚类的方法原理 ····· 174

第二节　曲线投影寻踪动态聚类模型 ·········· 174

第三节　天然气进口风险评价优化模型 ········· 177

第四节　风险评价指标说明 ·················· 177

第五节　实证分析 ·························· 182

第六节　本章小结 ·························· 192

第九章　我国天然气进口风险扩散研究 ········· 194

第一节　我国天然气进口复杂网络风险扩散

　　　　成因分析 ························· 194

第二节　我国天然气进口复杂网络结构 ········· 198

第三节　我国天然气进口复杂网络风险扩散

动力学模型 ·············· 199

第四节　我国天然气进口复杂网络风险扩散模型

仿真分析 ·············· 203

第五节　本章小结 ·············· 208

第十章　我国天然气进口风险防范策略研究 ·············· 209

第一节　传统免疫策略天然气进口网络风险

控制效果分析 ·············· 210

第二节　改进的熟人免疫策略 ·············· 218

第三节　本章小结 ·············· 220

第十一章　国外天然气进口风险防范经验 ·············· 221

第一节　德国天然气进口风险防范策略 ·············· 221

第二节　欧盟天然气进口风险防范策略 ·············· 223

第三节　韩国天然气进口风险防范策略 ·············· 226

第四节　日本天然气进口风险防范策略 ·············· 229

第五节　土耳其天然气进口风险防范策略 ·············· 233

第六节　印度天然气进口风险防范策略 ·············· 235

第七节　本章小结 ·············· 238

第十二章　我国进口天然气健康发展的政策建议 ·············· 239

第一节　我国天然气进口风险防范建议 ·············· 239

第二节　我国天然气健康发展相关政策建议 ·············· 260

第三节　本章小结 ………………………………………… 267

第十三章　结论与展望 …………………………………… 268
　第一节　主要研究结论 …………………………………… 268
　第二节　未来研究展望 …………………………………… 272

主要参考文献 …………………………………………… 274

绪　　论

第一节　研究背景及意义

能源是全球各国经济发展、居民生活的基础，随着国际竞争日益激烈，各国对于能源的需求与日俱增。随着全球宏观经济不断向前，环保低碳发展日渐受到关注，天然气作为一种清洁能源，是通向低碳未来的桥梁，在全球能源消费转型中发挥了重要作用，正逐渐取代石油成为21世纪消费增长最快的能源（白桦，2021）。根据《BP世界能源统计年鉴》，2010~2020年全球天然气消费总量从3.16×10^{12}立方米增长到3.82×10^{12}立方米，平均年增长率为2.2%，全球天然气需求仍将持续增长（黄献智等，2019）。

应国际社会号召，以及可持续发展、保护绿色环境、节能减排和我国清洁能源战略部署的大力推进，我国面临着节能减排的环境压力。我国是世界最大的煤炭生产国与消费国，能源结构大体为"富煤，贫油，少气"。天然气是清洁能源最现实的过渡，也在优化我国能源消费结构中发挥着重要作用（Li et al., 2016）。近年来，天然气在我国能源消费结构中的占比呈快速增长趋势（柴建等，2019），如表1-1所示。

表1-1 　　　　　　　　2000～2019年我国能源消费结构

年份	能源消费总量（万吨标准煤）	比重（%）			
		煤炭	石油	天然气	一次电力及其他能源
2000	146964	68.5	22.0	2.2	7.3
2001	155547	68.0	21.2	2.4	8.4
2002	169577	68.5	21.0	2.3	8.2
2003	197083	70.2	20.1	2.3	7.4
2004	230281	70.2	19.9	2.3	7.6
2005	261369	72.4	17.8	2.4	7.4
2006	286467	72.4	17.5	2.7	7.4
2007	311442	72.5	17.0	3.0	7.5
2008	320611	71.5	16.7	3.4	8.4
2009	336126	71.6	16.4	3.5	8.5
2010	360648	69.2	17.4	4.0	9.4
2011	387043	70.2	16.8	4.6	9.4
2012	402138	68.5	17.0	4.8	9.7
2013	416913	67.4	17.1	5.3	10.2
2014	428334	65.8	17.3	5.6	11.3
2015	434113	63.8	18.4	5.8	12.0
2016	441492	62.2	18.7	6.1	13.0
2017	455827	60.6	18.9	6.9	13.6

续表

年份	能源消费总量（万吨标准煤）	比重（%）			
		煤炭	石油	天然气	一次电力及其他能源
2018	471925	59.0	19.9	7.6	14.5
2019	487000	57.7	18.9	8.1	15.3

资料来源：《中国统计年鉴—2020》。

　　2019 年，我国天然气消费仅占一次能源消费比重的 8%，距离达到"十四五"规划中 20% 的目标还有一段距离。在国家当前的能源政策导向下，未来国内天然气需求仍有很大的增长潜力，势必会继续加大天然气的进口。

　　天然气作为我国能源改革的中间枢纽，其需求量将进一步提高，预计 2035 年我国天然气需求为 $6 \times 10^{11} \sim 6.5 \times 10^{11}$ 立方米，国内自产无法满足需求（白羽等，2021）。尽管国内天然气产能建设在国家加大勘探开发力度政策的引导下取得快速发展，但由于资源禀赋、储存条件、技术水平和产业环境等因素的限制，国内天然气产量增速与需求增速相比仍显动力不足，需要通过大量进口来弥补国内天然气需求的缺口（范照伟，2018）。我国 2010~2021 年天然气进口量如表 1-2 所示。根据《中国石油天然气股份有限公司 2016 年可持续发展报告》数据，到 2030 年我国年均天然气进口量将跃升至 2700 亿立方米。我国作为全球天然气消费增长最快的地区，对外依存度不断提升，2010~2020 年我国天然气进口依存度如图 1-1 所示。

表 1 - 2   2010～2021 年我国进口天然气量

年份	管道天然气（十亿立方米）	同比增长（%）	液化天然气（十亿立方米）	同比增长（%）	总计（十亿立方米）	同比增长（%）
2010	3.40	—	13.00	—	16.40	—
2011	13.60	300.00	16.90	30.00	30.50	85.98
2012	20.80	52.94	20.10	18.93	40.90	34.10
2013	26.40	26.92	25.10	24.88	51.50	25.92
2014	30.30	14.77	27.30	8.76	57.60	11.84
2015	32.40	6.93	27.00	-1.10	59.40	3.13
2016	36.80	13.58	36.80	36.30	73.60	23.91
2017	39.90	8.42	52.90	43.75	92.80	26.09
2018	47.90	20.05	73.50	38.94	121.40	30.82
2019	47.70	-0.42	84.70	15.24	132.40	9.06
2020	45.10	-5.45	94.00	10.98	139.10	5.06
2021	53.20	17.96	109.50	16.49	162.70	16.97

资料来源：BP2022。

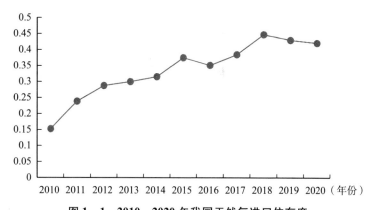

图 1 - 1   2010～2020 年我国天然气进口依存度

资料来源：Wind 数据库，国家发改委，海通证券研究所。

2018 年，我国天然气进口量超过日本，成为世界最大的天然气进口国。在 2020 年、2021 年，受新冠疫情影响，各行业都或多或少受到不同程度冲击，但我国天然气进口量并未减少。2020年我国进口天然气 1391 亿立方米，对外依存度超过 42%。我国作为全球天然气消费增长最快的地区，对外依存度不断提升，能源安全形势愈加严重，保障天然气进口安全成为我国重点能源战略目标。

全球天然气资源分布不均，天然气供给大国主要位于亚欧大陆（俄罗斯和中亚地区）、中东、非洲、东南亚和北美。然而，天然气需求大国则多集中于亚太地区和欧洲。从供需角度来看，亚太地区和欧洲长期处于需求大于供给的状态，而中南美洲、独立国家联合体国家、非洲和中东则长期处于供给大于需求的状态，北美甚至从供不应求转变为实现了天然气自主且有剩余。随着全球各国之间的政治博弈日渐激烈，天然气资源的政治属性和战略价值愈加突出，天然气进口安全越来越受到关注（王宜强等，2020）。天然气已经成为现代经济发展的主要动力，而天然气市场的定价机制主要由欧洲、美洲等出口大国把持，我国在全球天然气市场中几乎没有话语权，在天然气进口过程中长期处于被动状态，天然气进口价格波动较大，如图 1 - 2 所示。此外，我国天然气进口过程中也会遭遇各种风险问题，严重影响我国天然气进口安全。

我国天然气进口过程中会遭遇各种风险因素影响，对我国天然气进口安全造成严重威胁。因此，如何降低天然气进口风险显得尤为重要。然而，国内对天然气进口风险进行系统性的研究还较为缺乏，有关天然气进口风险防范的研究也处于初始探索阶段

（檀学燕，2012）。面对愈加复杂的天然气进口环境，需要快速厘清我国天然气进口网络的变化、天然气进口风险因素形成过程和天然气进口风险变化规律，提出合理的风险防范建议，不断优化和扩建我国天然气进口网络，保障我国天然气进口稳定及安全。

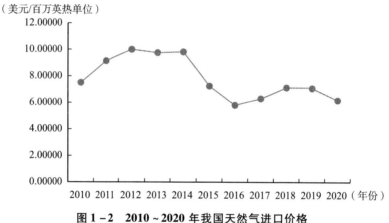

图 1－2　2010～2020 年我国天然气进口价格

资料来源：由 Wind 数据库得到中国从各国进口天然的进口量和进口总金额，通过计算得到相应单价。

　　基于上述理论和现实背景，本书的理论意义和实践意义主要体现如下：

　　（1）理论意义。在理论方面，本书深刻领会我国进口天然气的战略意义和风险防范的科学内涵，广泛借鉴管理学、经济学、统计学、物理学、地缘政治学等学科相关成果，构建机器学习模型和复杂网络模型，准确预测我国天然气进口量，以期为我国天然气进口安全提供有益的启示，分析我国天然气进口复杂网络结构，厘清天然气进口风险因素形成的演进过程，深刻认识风险防范机制机理，构建天然气进口风险评价指标体系和风险防范机制，以期丰富和发展中国天然气进口风险防范机制的理论体系。

在研究方法上，结合整理宏观数据、调查问卷和访谈等方法获得的天然气进口相关数据，建立曲线投影寻踪动态聚类风险评价模型、天然气进口复杂网络风险扩散动力学演化模型，结合传统的免疫策略，建立风险免疫动力学模型等以增强理论的适应性和解释力，多角度寻求我国天然气进口风险评价、风险扩散和风险免疫的新解释。

（2）实践意义。首先，本书借助复杂网络静态结构特征指标体系，揭示了我国天然气进口网络的局部、整体特征，为学术界进行我国天然气进口网络优化研究提供了现实依据。其次，通过综合测度我国天然气进口风险评价及防范的历史和现状，从天然气进口供应中断的角度将天然气进口网络风险分为"点中断风险"和"边中断风险"，考虑"共性"，也要重视"个性"，根据科学性、系统性、独立性、主成分性、层次性的原则，从外部依赖度风险、政治风险、经济风险、资源风险、运输风险和管理风险六个维度设计我国进口天然气风险评价体系，同时分析存在的主要障碍，以评价指标复杂网络中的网络拓扑性为依据，设计出新颖的、独特的风险评价和风险防范方法，为政府、企业和学术界进行风险分析提供新思路、新方法。最后，基于天然气能源战略背景和模拟仿真结果，设计我国天然气进口风险防范机制，并从宏观、中观、微观层面提出我国进口天然气健康发展的创新型政策建议，直接服务于我国政府和天然气企业，增强主动规避风险的动力。

第二节　国内外研究现状

一、进口风险影响因素的分析

天然气供应中断会造成一系列负面的连锁影响，在我国，天然气中断有极大概率会导致城市供电中止，进而影响社会正常生产生活和工业生产活动，短期中断会造成天然气在短期内的需求暴涨，出现大量不合理的天然气抢购现象，长期中断会造成社会恐慌（郭杰等，2015）。

我国国内天然气的供应主要来自两部分，即国内自产天然气和进口天然气。相比之下，国内自产天然气供应较为稳定，进口天然气在进口的上、中、下游都会有复杂多样的风险。考虑到天然气进口过程中会受到各种因素的影响，许多学者对天然气进口风险进行了评估和分析。由于威胁进口安全的风险因素复杂多样且具有不确定性，一个完善的风险评估框架无论在理论上还是实践中都无法确定。

通过总结归纳现有的文献研究成果，学者们大致从五个风险维度对天然气进口影响因素进行分析研究，分别是外部依赖程度、政治稳定、经济安全、出口潜力和运输安全。后面的评价指标体系也将根据这五个维度进行设计。

（一）外部依赖的风险

外部依赖度是综合反映天然气进口国对某一能源出口国的依赖程度和进口国的整体进口多元化程度的风险水平的指标，在梳理文献时发现，许多研究成果得出能源进口依存度和进口来源多样化对能源供应安全有重要影响的结论。

一方面，外部依赖度可以在一定程度上反映国内某一能源的供需状况，能源需求外部依赖程度高表示能源进口国的自产能源远远少于需求，如果进口来源单一，能源来源一旦中断将对能源进口国产生严重的消极影响。世界石油大会高级副主席、世界石油大会中国国家委员会主任王涛（2004）曾说要争取将中国对国外能源的依赖程度保持在合理的范围内，减少因能源对外依赖程度过高而在价格、外汇等方面受制于人，给我国经济带来负面影响。李宏勋等（2018）认为对外依存度是影响我国天然气供应安全的主要因素。海伦·卡巴鲁（Helen，2009）关注亚洲国家共有的天然气供应中断、价格波动、运输和分销瓶颈以及长期依赖进口等现状问题，设计了一个综合天然气供应安全指数（GSSI）来评估亚洲国家的天然气供气安全的脆弱性。

另一方面，进口国可以从多个气源国进口能源，提高整体的进口多元化程度，降低对单个进口来源地的依赖程度，从而在宏观层面降低气源中断的风险，因此，能源进口多样化被认为是降低外部依赖和供应风险的最有效的措施之一。陆家亮（2010）指出进口气源多元化是保障中国天然气长期供应安全的关键。白建华等（2005）在石油安全研究中，阐述了石油进口多元化战略的意义，认为石油来源的多元化、多变化是规避石油供应风险的有效途径之一，世界石油大国大都采用直接进口来源多元化战略以及鼓励石油企业参与海外石油资源的勘探开发，与石油生产大国建立石油战略伙伴关系。有学者（Yang et al.，2014）采用多样化指数的方法，评估石油进口国的外部石油供应风险，并提到美国能维持其外部石油供应的安全是因为实现了石油进口的多元化。还有学者（Dong et al.，2016）以消费者视角分析天然气消费者面临的进口受到地缘政治、运输条件和天然气价格等风险因素的影响，认为评估天然气进口风险对国民经济的影响是必要的，通过考虑国家、运输和外部依赖风险对中国天然气进口风险进行量化。

（二）政治风险

天然气出口国的政治稳定程度对天然气进口国来说非常重要，通常来说，出口国政治稳定程度越高，天然气供应越稳定安全。布伦达·谢弗（Brenda Shaffer，2013）在研究天然气供应稳定性的因素时指出，天然气贸易国之间普遍存在的政治关系是影响供应中断的因素之一，供应国、运输国和消费国都有可能造成供应中断。络克纳·斯特凡等（Lochner Stefan et al.，2012）分析了北非内乱对欧洲天然气供应的影响，分析强调了在评估欧洲天然气进口安全性时考虑供应国政治稳定性的重要性。目前对政治稳定性的计算有一个在国际上受到认可且相对权威的计量标准，即国际国家风险指南（ICRG）。有学者（Yang et al.，2014）利用国家风险对石油进口多元化指数进行了修正。还有学者

（Dong et al.，2016）根据国际安全风险指南计算了国家风险，认为 ICRG 是政治、经济和金融风险等的加权平均值。海伦·卡巴鲁（2009）选择地缘政治风险指数来评估亚洲国家的天然气脆弱性。部分学者（Sun et al.，2014）将国家风险定义为石油出口国因政治变革或内部冲突而引起的政治风险，同时地缘政治会对运输风险中的航线风险产生影响。还有学者（Duan et al.，2018）基于国际安全风险指南选取数据，对 50 个中国"一带一路"共建国家的能源投资风险从政治、经济、金融等方面进行了评级。

参考 ICRG 的指标和数据，选取进口来源国政府稳定性、进口来源国内部冲突、进口来源国外部冲突、进口来源国腐败程度、进口来源国的法律和秩序以及进口来源国民主问责制六个指标来代表政治稳定程度。政治稳定性指标是对政府执行其所宣布的计划的能力和继续执政能力的评估。进口来源国内部冲突指标是对该国政治暴力及其对政府治理的实际或潜在的影响进行的评估。进口来源国腐败程度指标是对政治体系内腐败现象的评估。"法律和秩序"是一个单独的组成部分，但在评估时要将其分为两半。在评估"法律"的要素时，强调的是法律的力量和法律制度的公正性，而"秩序"则是对公众遵守法律的情况的评估。民主问责制是一种衡量政府如何应对其人民行为的方法。通常会根据国家的治理类型进行分类评估。

（三）经济风险

经济安全衡量的是能源国家经济运行状况，评估一个国家经济风险的方法是权衡当前国家经济的优势和短板。一般来说，当国家经济的优势领域发展势头强劲并具有较大影响力时，可以在一定程度上削减经济短板所引发的风险，能源出口国良好的经济基础可以在一定程度上保证能源进口国进口能源的安全。阿吉贾等（Ajija et al.，2021）认为人均国内生产总值（GDP）和自由贸易协定对所有非石油出口都产生了重大的积极影响。弗拉茨舍尔等（Fratzscher et al.，2013）通过研究得出结论，随着油价上涨，美元汇率贬值，可能打破石油进口国的贸易平衡。马哈穆德（Mahmood，2018）的研究表明，汇率变动对出口价值具有显著影响，如果货币贬值，国外对商品的需求将增加，出口价值也将随之增加。有学者（Liu et al.，2016）列出用来衡量国家风险的宏观经济变量，包括人均 GDP、年度 GDP 增长、通货膨胀率等，人均 GDP 是某一特定年份的估计人均 GDP，实际 GDP 增长表示的是以某年的价格为标准，某一国家 GDP 的年度变化（增加或减少的百分比）。洛克纳·斯特凡等（2012）使用人均 GDP、实际 GDP 增长、年通货膨胀率等来评价经济风险。

通过将经济指标与能源安全相结合，常选取人均 GDP、天然气进口价格、天然气进口来源国通货膨胀率作为三个分指标。

天然气价格的形成和交易由天然气买卖双方决定，同时会受到其他因素的影响，例如天然气作为一种商品，具有商品的基本属性，与其他能源之间存在替代竞争的关系，天然气价格会受到其他能源价格的影响。天然气进口价格过高或是变动频繁都会使天然气进口国的进口安全受到威胁。

天然气进口来源国通货膨胀率这个指标主要是从天然气进口来源国的开采生产成本和天然气进口国进口成本两个方面对进口

安全产生影响。通货膨胀率会影响汇率变动从而对进口成本产生影响。对于有签署天然气进口价格等协议的进口国来说，进口来源国的通货膨胀率增加，可能导致进口来源国开采、生产天然气的成本上升，无法按照协议规定的价格出口天然气，从而导致天然气进口的中断或者天然气进口国进口价格上升、成本增加。

（四）资源风险

出口潜力是指天然气进口来源国的潜在出口能力，主要从出口国天然气资源禀赋、开采技术、生产能力和出口政策等方面评估。天然气进口来源国的出口潜力直接影响天然气进口国的实物可获得性。詹森等（Jansen et al.，2004）认为资源枯竭会对能源供应安全产生影响。乔纳森·斯特恩（Jonathan Stern，2004）通过分析英国天然气进口风险，指出天然气安全最重要的威胁是满足峰值需求的能力下降，会使英国在未来从天然气出口国变为天然气进口国。布莱斯和勒弗维尔（Blyth & Lefevre，2004）认为每个出口国的潜在出口能力是是否从该国继续进口的关键因素。有学者（Yang et al.，2018）认为与出口潜力大的石油出口国建立稳定的贸易关系至关重要，能有效地保证长期能源进口稳定，因此将潜在出口能力引入多元化指数来衡量外部石油供应安全，同时认为，石油出口国的潜在出口能力主要由探明储量、石油产能和出口政策决定，因此选取储量/产量比和出口国在世界出口中的份额来构建一个潜在的石油出口指数。有学者（Duan et al.，2018）选取石油总产量、原油探明储量、干气产量、天然气探明储量、原油蒸馏能力、成品油出口总量等指标，对"一带一路"

沿线 50 个国家的资源潜力进行评估。

根据以上文献，学者们常选取进口来源国天然气年产量、进口来源国探明储量、进口来源国天然气储采比和进口来源国出口总量四个指标来代表进口来源国的出口潜力：只有能稳定产出天然气的国家才有长期稳定出口天然气的能力；一国能否成为他国能源进口来源地的首要条件是看其是否拥有丰富的能源资源储量；进口来源国天然气储采比可以衡量天然气进口来源地的开采技术，它关系到天然气进口国能否直接获取所需能源，若一国的天然气资源储量非常丰富但开采技术有限，也无法长期稳定地向天然气进口国输送天然气；进口来源国出口总量可以反映出天然气进口来源国的出口能力，也可以在一定程度上体现出口国的出口政策。

（五）运输风险

天然气进口运输方式主要有管道运输和海上运输，从运输风险来说，海上运输比管道运输的风险来源更加复杂和具有不确定性，海上运输风险是进出口贸易风险的主要组成部分，通常与运输距离、海盗袭击和国境线沿线的军事干预有关，虽然近年来多国海警联合行动改善了海上运输环境，但马六甲等主要航道仍是海盗活动猖獗的海域。

由于海上运输是我国液化天然气进口的主要运输方式，所以输送途中经受的自然风险和社会风险引发了众多学者的关注和研究。董秀成等（2017）从天然气进口数量、运输距离、恶劣天气和军事干扰等因素考虑，构建了一个综合指标对液化天然气运输风险进行量化。张淑英、万大忠（2007）在研究中表明，海上运输货物存在的主要风险因素包括国家政治风险、航行操控风险和输送管理风险。吕靖等（2018）利用数据分析，构建网络结构对海上运输通道的安全影响因素进行敏感性分析，发现海盗、恐怖主义和风浪等对海上运输活动有较大影响。高天航等（2017）通过对中欧海上运输通道安全的研究，提出一种能识别海上运输通道风险因素的新型方法，发现最大的风险因素是海上犯罪和海况。王礼茂（2002）在其进行的资源运输安全评估分析中指出，资源途经线路的风险安全性是对运输风险影响最大的因素，主要受到运输距离长短和运输受干扰、控制程度的影响，同时对资源运输通道的控制能力也会影响资源的供应安全。

通过对以上文献的总结和梳理发现，学者们常选取运输距离。运输路线上海盗袭击的风险和对运输航线控制力作为运输安全维度的三个指标。

运输距离是从天然气进口来源国到天然气进口国的航线距离。一般来说，运输距离越长，运输途中发生突发事件风险的可能性越大。

航运是实现国际贸易的桥梁和纽带，但海盗袭击事件却给全球海上贸易运输造成了巨大的威胁，每一次海盗袭击都会威胁到船舶财产和船上人员的人身安全，更不用说将货物安全地送达。尽管各国海警对海上运输方面的关注度提高了，但海盗在攻击船舶时携带枪支的比例正不断上升，在抵御海盗方面的困难也升级了。

对运输航线的控制能力与国家的军事力量相关，对航线的控制可以分为无控制、单个控制、部分控制、基本控制和完全控制五个等级。一般情况下，一国对运输航线的军事影响力越强，对运输航线的控制力就越强，能源进口风险就越低，一国对运输航线的军事影响力越弱，对运输航线的控制力就越弱，能源进口风险就越高。

二、天然气进口风险评价的相关研究

国外对于天然气进口风险的研究起步较早，且多集中在天然气进口供应安全方面。最初，克雷斯和郑（Crais & Zheng，1996）利用斯塔克尔伯格（Stackelberg）博弈模型考察了天然气供应方、运输方和进口方之间的关系。奥泽尔坎等（OEzelkan et al.，2008）利用混合整数规划模型对液化天然气（LNG）进口终端进行了优化，以提升液化天然气进口的运行。卡巴鲁（Cabalu，2010）以亚洲的 7 个天然气进口国家为研究对象，选择了 4 个天然气进口安全评价指标，评价进口国家的天然气供应脆弱性。比雷塞利奥卢等（Biresselioglu et al.，2012）考虑国家政治、国家经济和国家风险等因素，分析了土耳其的液化天然气进口现状，利用多目标规划模型提出了土耳其液化天然气进口安全策略。布伦达·谢弗（2013）分析了天然气出口国之间的政治关系对天然气进口稳定性的影响，结果表明政治因素只是影响天然气进口安全的因素之一。里希特等（Richter et al.，2015）分析了当俄罗斯的天然气出口中断时，欧洲国家的长短期反应，结果表明欧盟国家受影响程度较低，而一部分东欧国家则受影响较为严重，最终得出完善的基础设施建设是保障天然气进口安全的有效措施。鲁布尔等（Ruble et al.，2017）分析了欧盟 28 个国家的天然气对外依存度情况，梳理了这些国家为加强天然气进口安全采取的各项措施。

近年来，随着我国天然气需求的不断增加，天然气进口的安全性和稳定性成为学者们关注的重点问题。尽管我国天然气进口风险研究起步较晚，但是后期发展迅速，从定性分析慢慢转向定量分析。李鑫（Li X，2015）从市场结构、供需平衡和天然气价格等方面对我国天然气市场演化进行分析，指出我国将在 2015 年成为亚太地区最大的管道天然气进口国和世界第三大液化天然气进口国。部分学者（Shi et al.，2010）梳理了我国 LNG 产业发展情况，包括 LNG 工厂、接收站、运输及使用情况，指出为了满足我国天然气消费需求，在 2020 年我国需要再修建 10 座大型的 LNG 接收站。有学者（Lin & Wang，2012）在 2012 年预测了我国天然气供应量，结果表明我国将在 2022 年达到天然气产量顶峰，国内自产无法满足需求，不得不进口大量天然气，进口价格过高将对我国天然气进口安全产生巨大影响。檀学燕（2012）考虑国家风险、经济风险、资源风险等因素，对液化天然气主要来源国进行定量分析，得出卡塔尔是我国未来进口液化天然气的最优国家。鲍玲等（2014）将我国液化天然气进口风险划分为岸前风险、岸岸风险和岸后风险，并提出了风险规避策略。刘贵贤等（2016）以 2010～2015 年中国和日本的天然气进口价格为样本，利用协整理论对两者关系进行研究，根据地缘政治因素和运输因素计算出各个出口国的风险权重系数，采用改进投资组合理论构建出天然气进口风险评价模型，结果表明石油价格波动会导致天然气进口系统风险增大。李泽红等（2018）利用改进的赫芬达尔—赫希曼指数（HHI）法构建了天然气进出口安全评价体系，分别从三种不同情况出发对中俄天然气进出口安全进行研究，总结了中俄天然气进出口安全局势及未来变化趋势。李宏勋等（2021）利用一般均衡模型（GTAP）研究了中美贸易摩擦对我国天然气进口安全的影响程度，结果表明中美贸易条件恶化会对我国天然气进口产生不利影响，天然气进口总量有所减少，但是影响不显著。

三、复杂网络研究现状

1736 年，德国数学家欧拉（Eular）解决了哥尼斯堡七桥问题，提出用点代表陆地，将两桥之间的线路用两点间线段代表，如此得到一个点和边的图形，这便是图论问题的雏形。欧拉通过对图论的研究说明了如何快速在点线网络图中找到最近的线路，并在圣彼得堡科学院公开报告了这篇论文，这使欧拉成为图论与拓扑科学的奠基人（刘余，2007），哥尼斯堡七桥问题的研究对图论学及网络科学的发展具有创始性的意义，欧拉关于图论的研究也标志着用网络观点描述客观世界的起源。图论及拓扑学要求将研究对象看作一个系统，将真实世界的各元素抽象为系统中的节点，各元素之间的联系由两点间的线条表示，那么系统就被分割成了点和边，构成了一个网络。例如，电力网络可以看作电力在发电基站、耗电末端和电线电缆间传输消耗而相互连接形成的网络，类似的还有社交网络、通信网络等。

此后直到 20 世纪末，围绕网络拓扑结构的相关研究主要历经了规则网络、随机网络（ER 随机模型）与复杂网络三个阶段。规则网络是最简单的网络形式，不能完全表达真实世界中大规模网络的复杂性。1959 年，匈牙利学者埃尔德什和雷尼（Erdös & Rènyi，1959）提出了一种完全随机的网络模型——随机网络（ER 随机网络），用相对简单的随机图来描述网络，网络科学从规则网络的研究阶段转变到对随机网络的研究，进入 2.0 时代。之所以要研究随机网络图，是由于研究者们逐渐意识到图的结构属性会在节点和边发生随机变化之后随之改变，将概率统计的方法与之结合能更直观地表现其属性差异。随机是指节点元素之间无序连接的状态。为了表达真实网络的实际状况，本德（Bender）等建立了可调整元素权重序列的配置模型，由此发展了一般随机图。

而规则网络和随机网络是两种相对极端的情况。研究结果表明，较简单的规则网络同时具有较大的聚集性和平均最短路径，这意味着规则网络中的节点倾向于互相连接产生联系；而随机网络具有相反的性质，有较小的聚集系数和平均最短路径，这种性质被称为小世界性（刘涛等，2005）。对于大量真实复杂的网络来说，它们不属于规则网络和随机网络的任意一种，其聚集性和小世界性都适中，处于二者的中间地段（刘建香，2009）。20 世纪末，美国数学家瓦茨和斯特罗加兹（Watts & Strogatz，1998）根据这种属性提出名为 WS 网络的网络模型，这是一种介于规则网络和随机网络之间的模型。基于 WS 网络模型提出的改善模型被统称为小世界模型。

1999 年，巴拉巴西和阿尔伯特（Barabási & Albert，1999）等注意到以前的网络模型未考虑节点增加和选择优势节点连接的性质，由此提出了著名的无标度网络模型（BA 模型）。在此之前学者们对于无标度网络的研究集中在实际网络的拓扑属性是否服从幂律分布，爱罗（Aiello）、卡尔达雷利（Caldarelli）等构建了含有参数或与此类似的适应度模型，此类模型被称作静态无标度网络。而实际网络的研究说明系统不是静止不变的，其动态演化过程决定了系统结构及属性的变化。演化的无标度网络即重现网络中的变化过程，模拟系统属性、结构的演化，研究网络结构动力学机制，对网络的演化、生长行为做出解释。

网络科学着重从系统结构角度分析、优化其功能，而复杂网络拥有大量节点，且抽象的网络拓扑结构性质较以往的网络更加复杂，因此被称为复杂网络。复杂网络由于具有简单易懂、将复杂结构抽象为简要系统的性质，逐步被运用到各大领域中。21 世纪以来，随着计算机计算能力的提高和应用领域的拓展，网络科学的研究对象从简单关系网络发展到具有高复杂性的大规模网络，应用涉及互联网络、生物网络、交通网络和经济网络等类型的大规模复杂网络的拓扑结构研究与分析（雷凯，2016）。

目前，国内外学者针对复杂网络的探讨大多集中在四个方面：分析总结网络的静态统计量并在此基础上进行拓展；基于对实际网络的认识和理解，在合理的基础上进一步构建具有与真实网络类似属性的网络模型，对经典复杂网络做深入研究和改进；通过实证方法将复杂网络理论运用于实际应用中；复杂网络上的动力学研究，即预测网络系统的行为（刘晓平等，2008）。

（一）复杂网络的静态统计特征

复杂网络研究的一个独特之处在于节点和连接边拥有不同的性质，正是这些差异节点与差异边的存在，导致不同系统内部网络结构的差异，从而使各系统的功能不尽相同。因此，掌握这些复杂网络的静态统计特征是进行复杂网络研究的关键。

1. 聚集系数（the clustering coefficient）

聚集系数 C，也叫作簇系数，是反映系统中节点聚集程度的统计量，即节点间的连接情况与紧密程度。假设网络中共有 x 个节点，每个节点都与 $x-1$ 个节点产生联系，那么每个节点理论上会产生 $x-1$ 条边，则此网络中共有 $x(x-1)/2$ 条边。若 x 个节点间实际只存在 y 条边，则理论边数 $y(y-1)/2$ 与边数实际值 y 之比为节点的聚集系数。整个网络的聚集系数 C 由全部节点的平均聚集系数表示。当整个网络是全连接的网络时，其聚集系数 C 为 1，而实际的复杂网络几乎都不是全连接网络。但研究表明，即使聚集系数不为 1，甚至远小于 1，真实世界的复杂网络聚集程度也很密集，各节点更倾向于聚集在一起。

2. 路径长度（the path length）

在网络科学的统计特征中，将连接任意节点两端的最短路径的边的数目称为两节点间的距离，此网络中随机两点间的最大节点距离被定义为网络的直径。而网络的路径统计特征中，一个重要的定义是平均路径长度 L，它表示系统中网络节点的聚集和分离程度。正是有了平均路径长度的定义，1967 年哈佛大学心理学教授米尔格拉姆（Milgram）在描绘人与社会的关系网络研究中发现，大多数真实世界中不同规模复杂网络的大小远没有想象中那么大，即平均路径长度 L 较小，米尔格拉姆将这一发现称为小世界效应。在实验中，参与者被要求将信件发送给他们任一个熟悉的人，研究发现使信件到达任意指定的人手中，其平均传递人数仅为六人，这一结果说明社交网络中平均路径长度 L 为 6。这一研究结果便是著名的六度分隔理论（Six Degrees of Separation）的起源（Guare J，1990）。

3. 度分布（the degree distribution）

在图论学中，任一节点 i 所连接边的数量被定义为此节点的度 k，用来表示网络的连接复杂程度。人们习惯在网络科学中用概率论的概念来表示性质，节点的度由分布函数 $P(k)$ 表示，被称为度分布，其含义是在所有节点中随机一个节点的度恰好为 k 的概率，也表示度为 k 的节点在所有节点数量中所占的比例（刘涛等，2005）。

4. 网络弹性（network resilience）

不同的网络结构形成完全不同的功能，而网络的功能差异由节点和边的连通性体现。无标度模型（BA 模型）研究了选择优势节点连接的网络性质，相对地，有选择或随机删除网络节点后，探究网络功能变化的性质称为网络弹性。选择性删除称为网络的脆弱性分析，随机删除称为网络的鲁棒性分析，这两种分析方式常被近代学者用来完善复杂网络理论。阿尔伯特等（Albert et al.，

1999）在研究无标度模型时，选择了度分布服从幂律分布的网络模型进行网络弹性分析，得到如下结论：无标度网络的平均路径长度 L 不受随机删除的影响，而有选择的节点删除对 BA 模型的影响远大于对随机网络的影响。这是由于在 BA 模型的幂律分布网络中存在度分布极大的关键节点，当有选择性地删除这些关键节点后，网络模型的结构和功能将发生较大变化。以上结论表明，相较于随机网络，无标度网络模型具有更强的鲁棒性和脆弱性。

5. 其他性质

研究复杂网络，首先要掌握以上四种基础静态特征，随着研究的深入，学者们分析出复杂网络还具有其他重要性质，如介数（betweeness）、度和聚集系数之间的相关性等。介数是用来表示节点或边在系统中重要性和影响力的统计性质，有边介数和节点介数之分。介数是社会关系网络中十分重要的网络性质，拥有较多社会资源和技术的人员所接触的社交人物也具有相同的性质，社交网络中地位相当的人更容易产生联系，即不同度数的节点相关性较低。而节点度分布与其聚集系数之间的相关性代表高度数节点所在网络的聚集系数。研究表明，只有在社会网络中，与高度数节点相连接的节点度数才相对较高，这是能有效区分社会网络和其他网络（生物网络、信息网络等）的重要性质。除此之外，超小世界性质、混合模式特性等统计学特征也是真实世界复杂网络的特性。

（二）复杂网络理论研究

复杂网络自 20 世纪中叶创立以来，受到各界学者的关注。

纽曼（Newman）在21世纪初关于复杂网络的研究综述中详细总结了复杂网络的研究成果，400余篇文献完整概括了复杂网络的发展现状，为后来的学者提供了极大的便利。而近年来大量关于复杂网络的文章发表到《自然》（Nature）、《科学》（Science）等国际顶尖期刊上，也说明复杂网络正受到极大关注，逐渐成为国内外学者的研究热点。后来的研究者均在小世界模型与无边度模型的基础上进行改进，构建更为完善的复杂网络理论。

袁坚等（2001）应用相变的理论来解释普遍存在于复杂计算机网络中的网络幂律现象，并考虑到复杂网络中节点之间的相互关联作用，通过构建网络模型并进行计算机仿真，对比分析了网络中的变化和整体相关行为，但未考虑到节点有规律或随机连接对网络性质的影响。李季等（2006）构建了一个加速增长的网络模型，在每个时间步下将当前网络规模按比例添加多个节点，发现幂律指数在不同的增长率 r 下是不同的，并获得了幂指数介于2、3之间的定律和指数可调的无标度网络模型，但将节点作为同等重要的关键环节，未考虑其在网络中的重要性差异。有学者（Yook et al.，2001）假设节点度数与其权重呈正相关，即度数越大的节点占有越大的权重，建立了权重演化模型。张嗣瀛等（2006）给出一个树状增长模型，指出简单的幂律函数可以体现复杂网络的增长过程和自相似结构的演化生长，在幂律函数规则下，一个系统可以维持有序的演化和发展。博卡莱蒂等（Boccaletti et al.，2006）回顾了近年来在复杂网络的结构和动力学方面取得的结果，从模拟网络增长并复制网络结构特性、研究动态系统间的相互作用来表现集体行为等方面总结复杂网络的已有研究成果。唐晋韬等（2011）提出了一种适合于复杂网络的最短路径逼近算法，该算法利用通过局部中心节点的一条路径来逼近最短路径，适用于需要估算社会网络性质最短路径信息的网络结构。有学者（Shang et al.，2021）提出了一种基于信息融合和多级处理的具有有效距离的原创新型重力模型，用于识别复杂网络中有影响力的节点，使用有效的深度集成和动态信息，深入挖掘真实网络的隐藏结构，以获得更准确的结果。周漩等（2012）通过考虑每种节点确定方法的不足，定义一个节点效率和节点重要度评价矩阵，综合考虑节点各属性对于网络性质的贡献程度，提出一种利用重要度评价矩阵来确定复杂网络关键节点的方法。

（三）复杂网络动力学行为研究

建立在网络上的系统动态性质称为网络上的动力学行为，其涉及面非常之广（刘涛等，2005），内容包括网络容错性和攻击鲁棒性，以及网络上的传播、同步等各种动力学过程（刘晓平等，2008）。近年来国内外学者主要的研究热点包括传播动力学、网络同步、社区发现和演化博弈等。

在以往对传播、同步等物理过程的分析中，研究者们默认选择简单的规则网络和随机网络，而这种默认选择对研究结果是有影响的，因此将复杂网络的传播动力学性质同其他领域研究结合起来如今成为热门的复合交叉研究方式。帕斯特—萨托拉斯等（Paster - Satorras et al.，2001）将复杂网络拓扑结构中的模型运用在传染学的研究中，将其同病毒传播动力学联系起来，发现在规则网络或随机网络系统中即使疾病传染强度接近于零，也会在网络中长期存在（周涛柏，2005），这一结果同以往的理论截然不同。

复杂网络同步作为真实网络世界普遍存在的现象，能帮助理解网络拓扑结构对物理过程的影响（赵明等，2005）。吕金虎等（2008）总结了复杂网络上同步方向的研究进展，同时将广义连续时不变的复杂动态网络的同步稳定性理论推广到广义连续时变的复杂动态网络的同步情形。佩科拉和卡罗尔（Pecora & Carroll）提出了一种确定动态网络同步稳定性的新方法，当网络上耦合振荡器系统的同步混沌出现短波分支时，采用主稳定性函数法完成同步稳定性分析（Heagy J F，1995）。在佩科拉和卡罗尔工作的基础上，有学者（Chen et al.，2003）将主稳定性函数法与盖尔斯哥利（Gerschgorin）圆盘理论结合，为分析网络结构对系统同步性的影响给出了更准确稳定的方法。

复杂网络可以分为一些节点组，组内节点之间比组外节点更易于连接，也就是说，网络节点组中同一类型的节点及边构成复杂网络中的社区，网络的这种拓扑性质就是社区结构（Girvan M et al.，2002），社区结构中的节点通常具有类似的结构和性质，社区结构描述了网络中点边关系的分布不均匀性（程学旗，2011），在大型复杂网络中发现这些社区有利于揭示网络功能与结构的关系，能够更好地开发复杂网络。王林等（2005）详细回顾了社区发现的特点，并总结出社区发现已有算法。阿里纳斯等（Arenas et al.，2006）发表文章提出网络结构上的同步动态演化过程能够揭示网络的拓扑尺度，这一观点使人们开始探讨社区结构与网络动力学的关系，随后，阿里纳斯研究了复杂网络的动态属性和其导纳矩阵（laplacian matrix）之间的关系。程学旗（2010）分析了传播动态与社区结构的隐藏联系，指出了网络的局部均衡与传播过程中的社区结构状态的对应关系。兰比奥特等（Lambiotte et al.，2014）研究了连接节点随机行走过程和社区结构间的关系，开始了复杂网络社区结构中随机行走部分的研究。

复杂网络理论基础为描述各节点（边）的博弈关系提供了良好的研究条件。将节点看作参与博弈的单独元素，边表示节点与相邻节点的一种连接关系。演化博弈中一个具有不可替代地位的研究内容是：理性的博弈参与者怎样在设定情景下出现合理的合作行为。1993 年，诺瓦克等（Nowak et al.，1992）通过研究二维空间网络上的囚徒困境博弈，假设每个节点的博弈相关方是邻近的 4 个或 8 个相邻节点，通过演化博弈提出了空间混沌，这一概念的提出对于囚徒困境博弈来说是新的突破，博弈个体在空间混沌分布上的关系会变得更加紧密。在合适的奖惩机制之下，合作行为将逐渐涌现并在演化中改变网络结构（王龙，2007）。

（四）复杂网络实证研究

复杂网络理论可以用来分析许多其他事物的传播行为。胡一竑（2008）将复杂网络理论运用到交通领域中，各类型的道路交通网络也是大型的复杂网络系统，其研究证明各交通网络即使用途、大小不同，其网络拓扑性质也大致相同。张纪会等（2009）基于复杂系统基础理论知识提出适应环境的供需网这一新概念，并建立了适应性供应链结构的复杂网络模型。仿真结果表明适应环境的供需网模型有助于理解并应用其演化规律。潘华等（2019）将复杂网络理论同综合能源系统的静态结构与鲁棒性分析有机结合，利用复杂网络建模并调用各算法计算其网络特征参数，为建设更稳定的大规模异质能源传输网络体系提供了理论依据和决策支持。高霞等（2015）对我国信息通信技术领域合作创新网络开展研究，分析信息通信技术形成的传播动力学机制和结构演化特征，指出此领域演化规模持续扩大，复杂网络特征显著，具有明显的聚集性和节点随机增长性质。

四、风险扩散及防范研究现状

人类善于运用工具进行生产活动，但一个项目不是一直按计划进行的，总会有计划之外的状况发生。当事情不按照原来的设想进行，可称之为出现了偏差。导致出现偏差的因素就是风险因素，如何控制风险，减少其对项目造成的损失是我们一直探讨的问题。而风险是一种万物皆有的客观性质，无处不在。自 20 世纪工业革命以来，随着生产力的提高，人们逐渐重视对风险的控制以求提高生产效率和生产质量。目前，人们对风险内涵的分析主要从其不确定性和损失性两方面入手。当风险影响项目的利益时，人们更看重风险的不确定性，这是由于风险造成的后果存在消极和积极两种相反的影响。例如，一项经济活动受到风险因素的影响，无法得知会产生有利还是有害的结果。而损失性则是用损失来衡量风险大小，用损失严重与否来判断风险的影响。

（一）风险辨识的原则

认识风险的性质是控制风险的前提，掌握辨别风险的原则对于风险防范也至关重要，只有对其明确辨别原则，才能科学客观地研究风险，进而对风险因素有深刻的认识。目前的研究指出，风险辨识具有系统性原则、科学性原则和层次性原则。

1. 系统性原则

在辨别风险的过程中，要注重系统和环境的关系，把握全局观念，将影响系统运行的管理、设备等复杂多样的外部因素看作一个综合系统进行考虑。将风险辨识同系统特性和影响因素有机结合，清晰地展现风险和各因素之间的对应关系。

2. 科学性原则

在风险辨识过程中，要对系统内外部影响因素做客观全面的分析，这是后续开展风险辨识的前提条件。除此之外，需要对风险的内涵做出限定，进而明确辨别风险的范围。在进行辨识过程中，应充分考虑各影响因素之间的关联性，以求得到客观真实的辨识结果。

3. 层次性原则

将风险的影响因素按照其特性分类，在区间层次上做适当调整，把握层次性原则，要对其进行多结构、多层次的全面分析。同时要避免分类过细或过于粗糙，防止对风险辨识的准确性和可靠性产生影响。

辨识风险是认识风险的前提，同时理解风险扩散的机理才能有效合理地控制风险。风险扩散概念从风险社会演变而来，其本质是在组织关系间传播风险的安全性和重要性，或管理、利用风险的组织行为和规定（程宇婕，2010）。风险要传播就必须同时满足几个必备的条件，传播源头、传播方式、传播节点及风险接收者缺一不可（石友蓉，2006）。当同时存在风险源和风险扩散载体时，传导载体内的风险扩散粒子开始活动，这种活动可能使风险膨胀，也可能使风险收缩。当风险在载体内积聚达到一定数量范围时，载体传导粒子开始同系统外界接触，此时系统呈现开放状态，风险开始向外扩散，即风险开始传播。同时风险可以通过某个接收者往外传导，通过事物间的固有联系将风险扩散给其他接收者，形成风险扩散网络，从而引起更广泛的传播。

认识风险扩散才能将伴随着人类决策与行为的风险控制在合理范围内。目前在风险扩散方面的研究内容主要包括两方面：风险扩散理论、风险扩散实证分析。国内外学者将风险扩散理论分为海因里希因果连锁论和能量意外释放理论，近年来相关学者还陆续提出风险传导运动、人际风险扩散等理论。而对于风险扩散实证的分析集中在金融系统、工程建设项目管理及供应链系统等方面。

（二）风险扩散主要理论

1. 海因里希因果连锁论

海因里希因果连锁论由海因里希（H. W. Heinrich）提出，又称为多米诺骨牌理论，是用来解释使事故发生的各内在因素与损失结果之间关系的理论。海因里希认为伤亡事故是相继发生，而不是某一因素单独造成的，是一系列有间接或直接联系的因素共同作用的结果。根据海因里希因果连锁论，损失发生的过程包括五个相互关联的因素：系统所处的环境；人或设备出现不稳定因素；不稳定因素导致出现危险行为或现象；出现事故；产生损失。

在系统或社会环境下，人或物操控出现不稳定因素并伴随着不安全行为，就会导致事故发生并出现损失。海因里希认为五个因素是相互关联的整体，如果将连锁骨牌中的某一块移除，损失都不会发生，即在事故发生之前，采取相应措施来降低外部环境风险、减少操作人员的不安全行为或通过检查和演练消除器材的不安全状态就可以使事故得到预防和控制，从而减少损失。这一结论对企业管理具有重要意义，管理人员大多要求对操作者和设备进行反复的培训和检验，以减小人或机械出现不稳定因素的可能性，从而降低事故发生的概率。这一理论多用于金融、保险、证券等传统风险领域（杜守梅，2008）。

2. 能量意外释放理论

人们在生产过程中灵活运用某种工具或原理使自由、不受约束的能量为人类产生价值，将能量约束在一定界限内活动，以实现生产目的。若能量超脱了约束而不再按人类的意志活动，在系统间无序地自由释放，则必然发生事故（黄浪等，2016）。1996年，哈登（W. Haddon）创建了能量意外释放理论，其观点是一切发生于组织内的事故，内在变化是能量的非常规转换。其本质是探究风险事故发生的根本原因，通过分析四周状态的变化、风险源头的改变及风险造成的损失三个因素来构建哈登矩阵（雷凯，2016）。

能量意外释放理论是基于能量转移理论提出的，对组织间的风险关系梳理简化，同时扩大造成风险发生的环境因素分析范围，从价值评估角度对某些不能标准化和量化的抽象风险因素进行排序。然而，在事故发生前和事故发生后短期内分析危险因素和干预策略存在局限性（姜若等，2018）。目前，该模型在社会科学、医学和文化领域得到了广泛应用，但其更多地应用于突发自然灾害领域（李靖，2010）。

（三）风险扩散实证分析

在经济活动中，我们无法控制的因素和经济活动的不确定性可能会导致融资和资金使用的损失（郑文通，1997）。相对于操作和资金流动带来的风险而言，衡量金融风险最具意义的是市场风险和信用风险。风险扩散在金融领域的实证分析也主要从金融机构市场和信用角度入手，对金融行业风险扩散的研究能有效地进行风险控制、业绩评估和金融监管，能创造较大的经济效益，对金融市场的规范建设也具有重要意义。

罗刚等（2015）基于感染—易感模型（susceptible-infected model）提出网络中具有担保元素的风险扩散模式，定义稳态风险密度和风险扩散率，评估安全网络抵御风险的能力，对不同网络进行风险抵御的能力进行研究。吴畏等（2014）提出金融交易中的风险扩散模型，通过假设处于金融系统的某个金融机构破产，来研究其变化导致整个系统风险有所改变的传染效应。吴田等（2018）将复杂网络理论与随机网络进行对比，将其应用到交叉性金融业务中，提出金融机构之间的跨业务网络是一种风险扩散动态感染—易染—恢复（susceptible-infected-recovery model）传播模型，并对其风险扩散峰值展开研究。李易宙（2017）分析了使用感染—易染—感染模型（susceptible-infectious-susceptible model）来研究银行网络中风险传染问题的合理性，提出 SIS 模型相较于 SIR 模型更加契合现实银行网络的特征。黄旭清等（Huang Xuqing et al.，2013）认为应该加强金融行业中风险源头银行的危机预警模型，提出双边银行网络模型，应用多级联合故障模型来阐释银行金融业务出现风险期间的金融风险扩散，证实该模型可用于金融系统的系统性风险压力测试。黎来芳等（2017）提出为应对互联网金融风险、防范漏洞，要加强对金融创新过程的监管，完善监管法案；将监管责任落实到组织或机构，不断完善监督者和被监督者之间的沟通协调机制。

在工程项目完成过程中存在许多不可预测和无法前期估量的影响因素，且这些影响因素随着时间的改变在不断演化，对工程项目的进度和完成质量可能造成未知的直接影响。目前，由于我国工程领域对制约工程项目绩效的内外部事故风险因素缺乏重视，认识不足，从而导致项目建设周期中产生许多不必要的损失，严重影响经济成本和时间绩效，因此加深对工程项目的风险扩散理论的认识是一项十分必要的任务（尹志军，2002）。工程项目风险扩散管理是采取相应措施识别在工程项目活动进行中相关的风险，按照评估标准进行风险评定，然后制定适当的策略，以确保以低成本将风险事件的影响降到最低，确保工程项目的整体实施安全可靠，达到预期标准。

邱作舟（2016）在多方共同参与项目建设基础上，分析政府和社会资本合作（PPP）项目中三方参与者各自社会风险出现、扩散的机理，以一种全新的视角和解决思路看待 PPP 项目风险扩散的提早预防和解决策略。任南等（2015）以项目工作包在建设过程中直接感应到风险作用点数冲击的角度出发，将风险沿网络正反两个方向传播的情况纳入研究，建立的模型有效降低了建设风险在网络中传播的强度。莫特扎等（Morteza et al.，2019）提出了一种创新的风险评价方法，该方法引入了模糊分析网络过程（FANP），以此精准结合不同风险因素的相互依赖性，进而更为准确评价项目所面临的风险。阿尔瓦罗等（Álvaro J et al.，2019）提出一种基于挣值管理（EVM）的方法，用于确定时间和成本控制范围，衡量项目的绩效并确定与原始计划的差异，减小项目经理出现绩效偏差的风险。王晔（2017）在工程风险扩散网络中加入多个传播路径，并着重考虑风险特征的标准化过程，为重大工程项目的风险应对策略提供了更多选择。叶夏明等（2015）阐述了电力信息安全风险跨空间传播的基本形式，指出智能终端设备是安全风险跨空间传播的必经之路，建立了电力信息物理系统（Cyber Physical System，CPS）中信息物理安全风险的传播模型。江新等（2012）在工程项目群中研究风险扩散所形成的风险网络，考虑项目管理者对不同风险应对策略的偏好程度，建立AHP－NET 风险评价模型。

供应链风险会利用供应链上下游某个企业的管理漏洞，利用其易攻击性对整个供需网络造成破坏，具有潜伏时间长的特点，等到人们察觉风险时已造成较大损失和危害（丁伟东，2003）。由于大多数风险影响因素都会对供应链的正常运行产生负向作用，对其经济效益产生危害，因此在供需互动中认识并减少供应链风险对于具有脆弱性的链式上下游企业来说是至关重要的。供应链风险通常来自自然环境和社会环境两个方面，对供应链风险扩散的研究也主要从这两个方面入手。以往的许多案例表明，有效地建立和管理拥有多个供销渠道的产品供应链是较为困难的，而要长时间地使处于关键节点上的企业平稳运行也不是易事，因此进行供应链的风险扩散研究至关重要。

杨康等（2013）在供应链风险扩散研究中独创性地使用了具有类似性质的复杂网络传染病病毒传播模型，建立了供应链企业在聚集网络中的风险扩散模型，并通过仿真研究证实采用预防策略提高供应链抗干扰能力，减小其脆弱性，能有效抑制供应链中的风险扩散概率。袁裕辉（2012）从数学线性传播的角度出发，研究了供应链中关键企业在风险扩散中的角色，认为拥有关键企业的供应链风险扩散网络具有非线性特点，核心企业的度数较大，是供应链传播稳定进行的关键，起决定性作用。王世雄（2010）为了更好地应对供应链中的突发情况，提出一种自适应突发风险的演化模型，在初始状态识别供应链突发风险后网络自动采取网络传播切断策略以减少风险的传染。张学森等（2017）在生态供应链中采取多维度角度分析影响供应链脆弱性的主要风险因素，将对脆弱性产生影响的风险因素量化，提出量表评价机制。汪金洲等（2021）引入级联失效模型研究供应链网络风险流的动态传播过程，指出复杂网络模型适用于研究供应链网络，风险抵抗系数对级联失效规模的影响是非线性的。熊熊等（2009）研究了在供应链借贷模式下的上下游风险考量体系，对供应链企业信用风险评价指出了完全不同的主体评价指标，以减少在评价中对专家的依赖程度。

第三节　研究内容

本书拟融合管理学、经济学、统计学、物理学、地缘政治学等学科的理论范式和现有成果，广泛借鉴复杂网络理论、国际贸易理论、油气地缘政治理论、资源稀缺性理论、风险管理理论、天然气价格理论，构建机器学习模型、复杂网络模型、曲线投影寻踪动态聚类模型、风险扩散动力学演化模型和考虑天然气运输量的风险防范动力学模型，探析我国天然气进口趋势、天然气进口网络特征、风险演化过程、风险评价、风险扩散及风险防范机理，实证分析和数值模拟相结合予以检验，最后提出我国天然气进口风险防范策略和天然气健康发展的政策建议，具体如下：

第一章，绪论。主要是阐释本书的研究背景及意义，总结了国内外研究现状，对全书的整体结构安排进行说明，归纳总结本书的主要内容。

第二章，我国天然气进口安全理论分析。主要对天然气进口风险防范需要参考的相关理论进行梳理总结。

第三章，我国天然气进口现状研究。我国天然气供应面临的现状是供需缺口不断扩大和国际形势复杂多变。另外，对天然气进口现状进行研究，分别对天然气进口来源地、进口运输路线以及天然气进口价格的安全现状及问题进行剖析，指出天然气进口来源国的风险来源多样，决定了我国在选择进口来源国时不能单一地从一方面进行考虑；为了保障我国天然气进口安全，应根据实际情况选择合适的天然气运输路线以及最大限度地降低天然气运输路线的风险；我国应积极寻求更具经济性的天然气进口价格，减少进口成本，建立以我国为中心的亚洲天然气交易市场。

第四章，全球天然气进出口网络特征分析。厘清全球天然气进出口网络结构的变化，将有助于我国解决天然气进口源头单一、高依赖等问题，保障我国天然气进口安全。本章首先构建全球天然气贸易复杂网络，从静态网络结构特征与动态网络功能维度选取多个指标，运用"熵值法"和"时序加权平均算子"构建节点国家重要性动态综合评价模型，利用 2013～2019 年全球天然气贸易数据进行实证分析。结果表明：全球液化天然气贸易核心分布广泛，基本实现了一体化格局，各国家和地区的液化天然气贸易合作选择将更加多样化，天然气获得价格更低。全球管道天然气贸易格局：大范围是从欧洲、美洲向亚洲、中东地区流动，贸易往来关系较为单一，贸易关系较稳定，贸易量有所下降；小范围则是在欧洲、美洲内部国家之间流动，贸易往来关系复杂，贸易关系变化较大，贸易量变化不大。整体管道天然气贸易区域化情况：大范围是从中欧、美洲向亚洲、中东地区流动，贸易往来关系较为稳定，随着液化天然气运输方式的发展，贸易量有所下降；小范围则是在欧洲、美洲内部国家之间流动，贸易往来关系复杂，贸易双方变化频繁，但是贸易量变化不大。

第五章，我国天然气进口复杂网络结构分析。首先，构建了我国天然气进口复杂网络基本模型；其次，分别从节点、网络层面选取复杂网络静态结构特征指标，对我国天然气进口网络结构特征进行分析。从节点层面选取"进口入度"和"加权入度"指标，分析天然气进口来源国家和天然气进口总量的变化；选取"介数中心性"指标，对网络中特殊节点的流动控制能力进行分析。从网络层面选取"网络密度""平均路径长度"对我国天然气进口网络的整体密度和天然气进口效率进行分析。研究发现：①我国液化天然气进口呈现出多区域、多国家的多元化特征，天然气进口战略也逐步实现液化天然气和管道天然气进口同步化。②我国天然气进口的密度呈现逐年递减的趋势。③我国天然气进口份额也逐渐得到调整，对于某些国家或地区的过度依赖得以缓解。本章研究为我国天然气进口风险的评价及防范奠定了基础。

第六章，我国天然气进口量预测研究。我国作为天然气最大进口国，对进口方面的重视程度与日俱增，准确预测天然气进口趋势对我国天然气进口能力的评估及进口安全具有重要意义。首先，从经济发展指标、人口指标、天然气行业指标和能源消费指标四个方面综合考虑，构建我国天然气进口的预测指标体系；其次，建立多变量灰色预测［GM（1，N）］、支持向量机（SVR）和卷积神经网络（CNN）三种机器学习模型来拟合 2006～2020 年我国天然气进口量数据，并将拟合结果进行对比分析，选出拟合精度最高的预测模型对我国 2021～2026 年天然气进口量进行准确预测，得出：①卷积神经网络模型（CNN）的预测精度较高，用此模型预测的未来天然气进口值最富参考价值。②2021～2026 年我国天然气进口趋势与历史数据保持一致，进口量持续增加；

进口增速缓慢下降，整体增速波动较小，均在 10% 以内；2026年，天然气进口量为 2005.5 亿立方米。从我国能源政策来看，与供应可靠性不稳定的新能源相比，天然气仍是未来调整能源消费结构、实现"碳达峰"目标的"主力军"，天然气进口需求仍会持续增加。本章研究对天然气进口风险评价及防范非常必要。

第七章，我国天然气进口风险因素识别及评价指标体系构建。天然气进口风险由很多不确定的因素引起：首先，对我国天然气进口网络的构成要素进行识别分类，从我国天然气进口网络的"点中断风险"和"边中断风险"角度，从外部依赖风险、政治风险、经济风险、资源风险、运输风险和管理风险六个层面初选 29 个使用频率较高的天然气进口网络风险评价指标；其次，结合专家打分方法最终得到 19 个指标风险评价指标，构建我国天然气进口风险评价指标体系。

第八章，我国天然气进口风险评价研究。首先，基于我国天然气进口风险评价指标体系，构建曲线投影寻踪动态聚类风险评价模型。其次，对数据来源及风险评价指标进行详细说明，并对 2010～2020 年我国天然气进口安全进行评价。由评价结果可知：①进口依存度、进口份额、天然气进口价格、运输量、运输距离、途径海峡数、对运输航线控制力、进口来源国出口潜力和天然气供应稳定性等风险评价指标对我国天然气进口安全影响较大，即天然气进口外部依赖是我国天然气进口网络安全的短板，进口气源稳定性、天然气进口价格波动和国际政治安全也给我国天然气进口网络安全带来很大的挑战，运输安全也是我国天然气进口网络安全的关键。②2010～2020年，我国天然气进口网络经历了"安全—极不安全—临界安全—不安全—临界安全"五种状态。③2010～2020年，我国天然气进口来源国综合风险较高的有土库曼斯坦、澳大利亚、印度尼西亚、卡塔尔、马来西亚、安哥拉和尼日利亚；我国天然气进口来源国综合风险相对较低的有哈萨克斯坦、文莱、乌兹别克斯坦、缅甸和俄罗斯。

第九章，我国天然气进口风险扩散研究。我国天然气进口复杂网络节点具有高度的关联性，任何节点或者外部因素干扰产生的风险都会在天然气进口过程中进行累计，并通过一定的方式进行扩散，并将最终影响我国天然气进口安全。首先，对我国天然气进口复杂网络风险传播成因进行分析；其次，构建天然气进口复杂网络风险扩散动力学模型，该模型综合考虑了复杂网络的共性特征——每阶节点都具有自我修复的功能。仿真实验表明：①在我国天然气进口网络中 C 阶节点被激活的概率比 B 阶节点被激活的概率小；当风险扩散强度增大时，各阶节点被激活的概率都逐渐增大，当风险扩散强度增大到一定值时，各阶节点被激活的概率值趋于一致。②随着风险扩散延迟时间因子增加，各阶活跃节点将逐渐修复，相应的被激活（感染）节点数下降，即随着风险扩散延迟因子在天然气进口网络上的扩散影响程度越来越弱；随着风险扩散延迟时间因子的增加，C 阶活跃节点密度降低的幅度较为明显。③随着噪声强度的增加，各阶活跃节点密度增加。模拟结果与实际天然气进口的特征一致，表明本章所构建的风险扩散动力学模型能够较好地模拟我国天然气进口复杂网络的风险演化，并且能够较好地反映我国大然气进口网络中风险扩散过程及其机理。

第十章，我国天然气进口风险防范策略研究。制定科学有效的天然气进口风险防范策略，以提高我国天然气进口复杂网络的风险管理水平。首先，在传统免疫策略的基础上，结合我国天然气进口复杂网络中风险以天然气业务关系为载体进行扩散的特征，构建考虑天然气进口运输量的风险动力学演化模型；其次，在该模型的基础上通过传统的三种免疫策略对天然气进口网络风险控制效果进行对比分析；最后，对熟人免疫策略进行优化改进。

第十一章，国外天然气进口风险防范经验。本章对国外主要天然气进口国的天然气进口风险防范策略进行分析，总结国外天然气进口风险防范策略主要包括降低天然气对外依存度，推进天然气进口多元化策略，优化天然气市场及天然气进口成本，加强运输安全，减低军事干预，建设运输船队和国内港口接收站，等等。

第十二章，我国进口天然气健康发展的政策建议。基于全书的研究结果和国外天然气进口防范经验，首先提出我国天然气进口风险防范的建议，其次从宏观、中观、微观的角度提出适合我国进口天然气健康发展的政策建议。

第十三章，结论与展望。总结了本书的主要工作及研究成果，同时就本领域未来研究的方向提出了一些建议。

第二章

我国天然气进口安全理论分析

第一节 国际贸易理论

国际贸易是各个国家之间分工不同的具体外在表现，体现了各个国家在经济活动上的相互依赖和相互影响。国际贸易的形成取决于两个最基本的要素：国家的成立、社会生产力不断发展。当国家的社会生产力不断发展，导致剩余产品的出现，剩余产品在各个国家之间的互换，也就形成了国际贸易。国家为了维持社会稳定发展会对某些商品、服务或生产要素产生刚性需求，受制于国内资源禀赋，国家自身无法满足刚性需求，只能通过国际贸易的方式来满足所需。

国际贸易网络就是运用复杂网络理论，对国际贸易活动进行分析，厘清活动中各个贸易主体之间的联系。从国际贸易网络拓扑结构来看，国际贸易商品供求在地理位置上的不平衡，导致了各国之间的商品互换需求，进而推动了国际贸易的不断发展。我

国天然气进口网络是国际贸易网络的重要组成部分，是以国家为
节点、国家间天然气进口关系为边、天然气进口量为权重构成的
复杂网络。在传统的国际贸易理论基础上，结合复杂网络中的静
态结构特征指标，可以分别从局部、整体角度把握我国天然气进
口的特征。

第二节　地缘经济理论

一、地缘经济学的起源与发展

地缘经济学是地缘政治学的一个分支学科，是时代潮流的产
物。地缘经济学是以国家（或地区）的经济行为和政治行为中所
蕴含的经济目的为研究对象，全面挖掘国家（或地区）所处的特
殊地理位置和空间、历史背景、制度与社会组织、民族独立性、
政治关系与国家（或地区）对外行为活动的相互关系的一门综合
性学科。冷战结束后，各个国家和地区为了快速发展经济，以竞
争与合作为主题的国际关系逐渐取代军事对抗成为主流。由于经
济全球化，各个国家和地区需要不断调整国际关系来适应不断变
化的国际环境和这个既相互竞争又相互依赖的世界经济体系，结
合各自特殊的地缘优势进行合作，经济逐渐趋于全球化、国际
化。换句话说，在世界经济不断融合、全球化和一体化逐渐加深
的发展趋势下，地缘经济学就是一种用以解释世界秩序和国际关

系的新理论。

地缘经济学这个术语最早在 1990 年美国学者爱德华·鲁特瓦克（Edward Luttwak）发表的论文中被使用，这篇名为《从地缘政治到地缘经济：冲突的逻辑、贸易法则》的论文成为这一理论的开山之作。此后，地缘经济学在美国逐渐兴起，并向世界其他地区广泛传播。发展至今，地缘经济学经过系统的发展已经形成了两个规模较大的研究中心：一个是此理论的起源地美国，另一个是欧洲（丁利荣等，2009）。除此之外，地缘经济学还在许多国家兴起和发展，如乌克兰、摩尔多瓦和德国等。地缘经济学理论和地缘政治学理论一样有着浓厚的地域色彩，不同国家或地区由于所处的地理位置、地形条件、历史背景大都不同，也会形成具有不同理论特点的地缘经济学。所以有的国家或地区在其发展中逐渐形成了具有自己民族国家特征的理论并发展壮大自成一派，其中以美国学派、俄罗斯学派和意大利学派最具代表性和影响力（李敦瑞，2009）。

二、地缘经济学的主要流派和思想

（一）美国学派：对抗逻辑向经济逻辑的转变

主要思想包括以下几个方面：

第一，无论在世界的哪个角落进行经济往来，任何一个国家为了本国经济持续发展都必须遵循相互合作、互惠共利的准则。地缘政治时代中与零和博弈相似的冲突逻辑认为，一方获取利益意味着另一方必然付出相应的损失，随着地缘经济理论的发展这种冲突逻辑逐渐让位于经济逻辑（唐宗明，2002）。

第二，国家安全和实力主要依靠经济、商业和技术实力支撑。苏联解体后，政治和军事力量的作用减弱，世界总体形势趋于缓和。经济发展成为各国的首要目标，世界的决定性力量由政治力量向各国之间高频次的经济交流转变。在这种情况下，美国不能仅仅依靠政治和军事力量来维持其在世界上的"领先地位"，而应该将其力量扩大到经济和商业领域。

第三，世界上每一个国家的职能最后都是为寻求本国最大化利益而服务。虽然经济全球化发展趋势使全球贸易往来更加密切，国家的作用相比以前有所减弱，但仍居于主导地位。相较于地缘政治学注重保护国家领土不受侵犯而言，地缘经济学更注重考虑平衡在全球化贸易网络中进行投资建设和消费的国家双方的利益，侧重于建设国际性的合作关系。

第四，国家的政治实力不仅可以影响本地域，还能影响国际关系，但国家间的竞争不再像冷战时期是单纯的军事对抗，而更多地依赖于贸易、金融等经济手段，要在竞争中取得主动权，就必须遵循地缘经济原则。

从总体看，美国国家政策的制定受美国地缘经济学的影响较大。在地缘经济学发展前期，人们并没有完全脱离传统的思维，传统的地缘政治学还占据主导地位，但同时又对原有的思想进行了一些展开和突破，逐渐开始由冲突逻辑向经济逻辑转变。在研究方法上，地缘经济学沿用了与地缘政治学相同的分析模式，但更加侧重于国际合作间从经济方面的角度来处理国家间的竞争与合作关系。

（二）意大利学派：从经济地缘政治学角度研究国际竞争问题

意大利学派认为在经济全球化和一体化的发展趋势下，国家是参与国际竞争的主体，地缘经济学是一门研究各国之间竞争的学科分支。由于地缘经济自身有其特殊的规律，是国家制度、政治和法律的基础，因此地缘经济研究对现代国家改革尤其重要。

上述观点认为，由于政治和经济总是紧密联系在一起的，而地缘经济学是以地缘政治学为基础，融合国家经济竞争理论而发展出来的，地缘经济学的本质是经济地缘政治学。后工业时代经济发展结构和机制的调整导致西方国家将视线聚焦在地缘经济中。

（三）俄罗斯学派：将国家战略融入地缘经济中

俄罗斯学者主要探讨以下地缘经济学研究中的问题：①不同国家参与经济活动的方式和特点与其所处的地理空间有什么联系，其中是否有规律可循？②国家拥有什么程度的国力才能在国际竞争中脱颖而出，或者说国际竞争的实质是什么，经济全球化背景下国家应掌握什么核心因素才能提升自身竞争力？③地缘经济打破了地理壁垒，在新的世界格局中是否应更加关注区域化和国际分工？④政治与经济融合的国际关系领域中，战略关系和各国利益调和的基础是什么？

涅克列萨（Neckless）的全球地缘经济六角结构模式和科切托夫（Kochetov）的国家地缘经济战略模式是俄罗斯地缘经济学

最典型的两个研究模式（李敦瑞，2009）。

涅克列萨提出了六角模型，以现、当代国家政治和经济合作状况为依据，按照国家发展状况对国家分类，清楚地阐释遵循地缘经济秩序的重要规划，包括四个明确的地理区域化空间和两个不具有明确地理区域的地缘经济空间。

科切托夫认为，如何在经济全球化背景下采取战略提高竞争力是地缘经济学的首要命题，他在专著《地缘经济学》中提出，国民经济跨国化是世界体系中一般经济特性的基础，地缘经济的核心思想是立足于民族经济体系，通过地缘经济对区域均衡产生影响，寻求全球地缘经济合作的模式，从而实现战略利益均衡。

综上所述，苏联解体后，世界格局发生变化，大国间的博弈由政治和军事领域向经济领域转移，在此条件下俄罗斯学派产生并发展起来，并具有其独具一格的理论特点。俄罗斯学派的理论大部分与地缘政治学内容大相径庭，具体研究主题包括政治、经济等问题，目的在于分析经济贸易、社会活动和生态问题会对世界产生怎样的影响以及如何产生影响。

三、地缘经济学的基本特点

（一）强调以国家利益为核心，国家是地缘经济活动中的主体

地缘经济与一般经济交流的差别在于前者要放在国家层面来研究才能突出其意义，因此，地缘经济下的战略决策通常就代表着国家在经济利益上的战略选择（李坤键，2015）。

（二）地理因素是地缘经济中的基本要素

在地缘经济发展中，地理经济是一个基本要素，是因为一个国家所处的自然地理位置，会决定其拥有的特定资源类型，从而影响国家的经济发展模式。地缘经济正是从这一点出发，研究国家如何高效利用已有的自然资源实施战略和策略以保证在国际竞争中受益。在国家与国家的经济活动中，由于运输成本的限制，与空间距离越远的国家进行合作，合作代价越高，交流过程越复杂，因此，在国家间的经济活动中，更倾向于选择区域化的合作。

（三）区域经济集团化是地缘经济最明显的表现

区域经济一体化是地缘经济在全球经济一体化尚未形成的情况下的主要表现形式，地缘经济的核心观点就是认为世界正形成一个三角格局。一是以中国和日本为首的，包括韩国、东南亚等地区在内的环太平洋经济区；二是美国主导的西半球经济区；三是以法德为中心，将逐渐覆盖前苏联和东欧地区的欧洲经济区。哪方能在竞争中的优势地位更明显，很大程度上取决于各方的发展规模、地理方位和资源禀赋、政治手段等因素（樊华，2014）。就目前发展形势而言，众多欧洲国家形成一体化联盟，其经济发展高度成熟；美洲经济区经济实力最雄厚，资源最丰富；相较于其他经济区，亚洲在冷战前经济发展水平薄弱，但美苏冷战后，亚洲各国竞相发展经济，采取多样合作方式，并在一段时间内取得成效。

（四）跨国公司是地缘经济中最活跃的因素

陈同仇主编的《国际贸易》将跨国公司定义为"以本国发展为根基，对外投放资金设立子公司来从事垄断性的国际化生产和经营活动的垄断企业"。其目标是实现全球利润的最大化，不局限于某个国家的市场，而是以国际市场为导向。跨国公司在区域经济的发展中起到了相当大的作用，具体有以下三点：

第一，跨国公司的发展在一定程度上加深了区域经济一体化。跨国公司在两个及以上的国家开展商业活动，以跨国公司为媒介，频繁的经济往来加深了国家与国家之间的联系，并发展了国家间产出、交易、流通、消费和技术产品开发等方面的协作关系（陈英俊，2016）。

第二，跨国公司促进了区域范围内货物、资本、劳务等资源的高效流动。并且跨国公司可以敏锐地感知到不同国家间商品和服务的成本差距，从而进行合理配置资源以实现利益最大化。

第三，跨国公司开拓了区域贸易新领域，扩大了国际贸易的流通量，繁荣了区域经济（林萍萍，2018）。

四、地缘经济的重要性

以地缘视角为出发点，以地缘经济为手段研究国际关系已经接近一个世纪，地缘政治在当代的影响不言而喻，同时地缘经济学也得到了长足的发展。从地缘经济出发分析地缘区域内经济现状和特点为国家制定符合本国利益之政策提供了崭新的视角，并为未来国家制定地缘和整体经济战略提供依据（李坤键，2015）。

五、地缘经济学理论的发展趋向

目前，地缘经济学在许多国家都得到了不同程度的发展，并形成了以三个学派为主体，其他国家研究者积极学习、引入和参与的研究格局，同时地缘经济学并没有停止向前滚动的齿轮，其理论体系仍在不断完善，各国学者根据自己国家的特点和发展的需要，结合自身研究的方向，有针对性地提出了众多颇具成效的研究成果，出现的新思路和新趋向也为地缘经济学的发展增添了活力（李敦瑞，2009）。

一是立足国家的实际需求，剖析地缘经济学的重要性。在当今新的世界格局背景下，各国学者都在思考如何从有限的资源中（特别是为经济发展提供动力的油气资源），最大限度地使本国（本地区）获取利益，也越来越倾向于从政策视角出发分析地缘经济在当代中的应用。

二是地缘经济学出现与其他学科的融合趋势，大量跨学科、跨领域研究出现，地缘经济学与其他学科间的边界逐渐模糊。地缘经济学从地缘政治学出发，随着它的萌芽和发展，逐渐出现了将大量其他相关学科的一些理论和方法融会贯通的趋势。有俄罗斯学者指出，地缘经济学的研究对象分布于各个层次，属于历史、经济地理学、管理系统论、生态学和当代世界经济政治问题的统一。

三是出现实证研究倾向。例如，牛津大学的凯·亚历山大·

斯科利沃特（Kai－Alexander Schlevogt，2001）运用结构方程模型比较了两座城市制度和组织因素对效率的影响，其研究揭示了多元文化国家成功战略管理的地缘经济学。

第三节 地缘油气资源理论

从地缘角度解释世界范围内政治、经济领域的形势，探讨国际关系，称为"地缘政治""地缘经济"。在研究"地缘经济"时，"地缘能源""地缘油气"问题也得到了关注，"地缘油气"是"地缘经济"的一个重要分支，在经济不断发展的同时，作为经济发展的动力和基础的能源问题必须受到重视。在 20 世纪后半叶，石油是位于消耗量榜首的能源，在有动力需求的工业上更占据主导地位，在一些经济发达的国家，能源问题就等同于石油问题，能源安全主要就是石油安全问题，石油的关注度和重要程度从经济发展中显露出来。于是，从地缘的角度去分析石油的产、供、销及其对经济发展和国际关系格局的宏观影响就成了一门专门的学科，即地缘石油或地缘油气的研究分析。"地缘油气"格局就是从油气资源赋存数量、质量、供应、生产和消费的空间分布出发来研究分析对其政治和经济发展的影响，从而使国家油气安全得到保障，也为制定能源政策提供理论依据（张抗，2008）。

一、油气安全理论

油气安全是相对于油气危机而言的。油气危机是指油气的价格、储量、产储比等在短期内剧烈地不规律波动而导致国民经济不稳定，经济福利急剧下降，甚至经济不受控制的一种负面状态（焦连成，2004）。与此相对，油气安全指一个国家或地区有能力保证长期且稳定地获取油气资源，用以维持国民经济可持续发展需要的一种正面状态（居占杰等，2013）。从这个定义出发，一个国家或地区的油气安全与油气的来源地区、数量、质量以及区域平衡性息息相关，油气安全主要取决于两个方面，一是国内自生资源禀赋和开采技术可产生的油气数量，二是可供进口油气资源渠道的稳定性。

二、新时期地缘油气的特点

在 21 世纪经济全球化、社会信息化快速发展的浪潮下，各地区、各国家之间有了更加紧密的经济往来和协作。由于地理空间距离上形成的障碍被弱化，便捷的交通和快捷的信息传播使分布在不同地区的油气产业链组成一个整体。

油气生产地区和油气消费地区的不契合在很大程度上是世界油气地缘格局的重要特征。将两者连接起来最便捷、经济的形式是进行大规模长距离的原油运输，通常为管道运输和邮轮运输，炼制后的成品油做小批量短距离的运输（朱显平等，2014）。无论是长距离的管道运输还是专用邮轮运输，不仅会涉及生产地区和消费地区，往往还要涉及过境国，在这过程中不能轻视地缘关系和地缘油气格局。

在《新世纪的油气地缘政治——中国面临的机遇与挑战》一

书中，中国学者徐小杰描绘了一幅世界油气地缘政治版图，并把从非洲北部的马格里布到波斯湾、里海，再到西伯利亚和远东地区的巨大地理带称为"石油心脏地带"，因为该地带拥有的油气资源有能力面向全球供应，并且对于油气资源的出口和定价等方面都能产生关键性影响。美国安全专家迈克尔·克莱尔（Michael Klare）认为石油安全政治学、供求动因和地理限制的结合会带来高度的战争风险，他预言资源的有限性、全球资源分布不均和部分地区资源匮乏等将成为 21 世纪国家之间冲突的重要根源。随着 21 世纪的到来，国家间的冲突在"石油心脏地带"尤为突出和激烈。这一战略三角是世界上石油最集中的区域，也是无数领土争端、资源抢夺和大国利益冲突的重灾区（黄子惺，2010）。

著名地质专家张抗从传统的亚欧板块地缘政治角度出发，兼顾近期和可预见的未来供、需两个方面，提出了全球油气供应中轴及其两翼消费区的油气宏观地缘格局观点。主要油气供应区域集中在亚欧大陆中轴线上，主要指东亚经中亚到俄罗斯乌拉尔山地区，两大石油供销区指亚太供销区和大西洋供销区（张抗，2008）。《中国大百科全书·中国地理》一书称，经过地质普查，在我国发现可供勘探石油的沉积盆地 300 多个，沉积岩面积达 450 万平方千米，约占国土总面积的 44%，其中面积大于 10 万平方千米的沉积盆地有 10 个，总面积超过 254 万平方千米（张荣文，2006）。我国近海石油储量和陆上石油的储量相当。

一些研究人员认为，虽然目前中国石油资源储量已进入缓慢增长阶段，但仍处于并将长期处于增长期。自 1993 年我国成为石油进口国以来，中国的石油储采比一直保持在 14 个 ~16 个百分点以内。中国石油资源潜力巨大，有约 2/3 的潜力尚未开发，但就目前的开采技术而言，有 1/3 的石油资源无法被开采利用。目前，我国石油资源需要解决的主要问题是如何减少石油依赖，提高其他能源的使用比率。

中西部地区盆地众多，在这之中蕴藏着我国大部分天然气资源，这里的天然气资源量之和占全国天然气资源总量的 50% 以上，集中分布在塔里木、四川、鄂尔多斯、东海陆架、柴达木、松辽、莺歌海、琼东南和渤海湾九大盆地，其可采资源量总和高达 18.4 万亿立方米，占比超过全国总量的 80%（周庆凡等，2009）。

《全国油气资源动态评价（2010）》数据显示，我国常规天然气资源丰富，常规天然气地质资源量为 52 万亿立方米，估计最终可采资源量约为 32 万亿立方米，发展潜力较大。中国自然资源部数据显示，我国天然气探明储量在 2014～2018 年持续增长，2018 年我国天然气探明储量达到 5.79 万亿立方米，同比增长 4.9%，增速较 2017 年上涨 3.4%。[①]

随着天然气在全球能源消费结构中的地位不断上升，因天然气资源引发的纷争开始频繁出现在国家之间（富景筠等，2021）。中东作为主要产气区域，一方面，许多国家高度依赖该区域的天然气资源，对该区域的政治安全形势十分重视；另一方面，该地区的国家、宗教、民族矛盾十分尖锐，内部、外部多重因素导致中东的天然气地缘政治冲突十分严重。中亚地区随着天然气资源

---

① 价格跌破 4000 元/吨 一文带你看 2020 年天然气市场发展现状分析 ［EB/OL］. 前瞻网 . https：// www. qianzhan. com/analyst/detail/220/200319 – 9063e89b. html.

不断被发现，逐渐成为新的被关注对象，天然气地缘政治问题也愈加严重。自2014年"乌克兰危机"开始，围绕着俄罗斯和欧盟的天然气政治博弈一直是国际政治博弈的焦点。由于亚马尔液化天然气项目的快速推进、中俄天然气管道的开通运行，天然气合作关系已经成为我国和俄罗斯能源外交的重要组成部分。同时，由于页岩气开采技术突破，美国从天然气需求国转化成为供给国，其能源现实主义外交计划正在成为国际天然气市场的地缘政治风险源头。

第四节　资源稀缺性理论

资源稀缺性是指相对于人们无限增长的需求，在一定时空下资源总是有限的，相对不足的资源与不断增长的需求相比造就了资源稀缺性。一方面，一定时期内的天然气资源储备本身就是有限的；另一方面，人们利用天然气资源进行生产加工的技术条件也是有限的，从而导致全球天然气资源的稀缺。

如果天然气资源超过人们所需数量，可以满足人们的消费欲望，人们无须付出任何努力来获取天然气资源，也无须制定相应政策来解决分配问题。由于天然气资源的稀缺性，消费需求无法满足，因此如何在现有的经济水平和技术条件下，将天然气资源进行合理配置是人们生存发展最重要的目标之一。近几年，随着全球各国号召可持续发展、保护自然环境，天然气低碳、清洁的特点使全球各国对其的需求增加。另外，我国能源结构大体为

"煤多、油少、气少"，除了煤炭资源能自给自足外，石油和天然气仍需大量进口。根据《中国油气产业发展分析与展望报告蓝皮书（2019—2020）》与《2019年国内外油气行业发展报告》数据显示，2019年原油对外依存度近70%，天然气对外依存度超过40%。近年来，由于我国能源消费结构不合理出现的弊端日渐显露，改善能源消费结构的政策应运而生，2021年两会上反复提到"碳中和""碳达峰"，表明在未来，天然气等清洁能源的使用量会大量增加。天然气的不可再生性和人们不断增长的需求势必会引发天然气资源控制或争夺。因此，天然气资源的稀缺性将是导致国家间冲突的重要原因之一。

第五节　可持续发展理论

一、可持续发展理论的起源

人类中心主义又称为人类主宰论（domination theory），主张人类是世界的中心，认为人类凌驾于自然之上，具有改造、征服自然的权力。近代世俗科学理性主义思潮（scientific rationalism）的兴起进一步助长了人类中心主义，当时闻名的科学理性主义者如牛顿（Newton）、笛卡尔（Decartes）等都认为，地球是为人类的福祉和开发而存在的（Baker，2005）。在工业革命时期，人类生产力极大提高，西方国家率先进入工业社会，在物质享乐主义大行其道时，人们眼中只专注于物质生活水平的提高。同时，非工业社会国家为了尽早赶上工业化国家的水平，不惜一切代价发展经济，GDP 成为衡量一个国家经济实力的象征，成为一个国家成功与否的试金石。可持续发展理论是人们反思人类中心主义思维模式给环境和社会生态带来的严重危害，从中得到警醒而逐渐形成的。

科技发展日新月异，人类思维也更新进步，人类清楚认识到自工业革命以来对自然的过度开发和利用，造成了生态污染，水质破坏、气候变化甚至物种灭绝等环境问题。部分学者对人类生存环境和自然资源问题十分关注，并催生了生态中心主义（eco-centrism）的思维模式。生态中心主义与人类中心主义截然相反，认为人属于自然，是自然的一部分，并非凌驾于自然之上，和谐共生才是人与自然该有的关系，而不应该是征服与被征服。一方面，人类的发展离不开良好的生态环境，人类以破坏生态环境为代价的发展最终会自食其果，是一种自我毁灭的行为。另一方面，自然资源并非子子孙孙取之无穷尽，人类在利用资源的时候应考虑生态环境的平衡、生物多样性和地球环境承载力等因素。

二、可持续发展的核心思想

可持续发展（sustainable development）这一概念在 1987 年《我们共同的未来》报告中由世界环境与发展委员会（World Commission on Environment and Development，WCED）主席布伦特兰（Brundtland）夫人第一次提出，报告由"共同关注""共同挑战"和"共同努力"三部分组成,将可持续发展理念贯穿其中。可持续发展需要人类社会合理利用自然资源,做到既满足现代人的要求也不损害后代人的利益,这一概念一经提出就得到了国际社会的广泛认同。从1992年发布的《21世纪议程》到2015年发布的《变革我们的世界:2030年可持续发展议程》,可持续发展不断被赋予新的内涵,但其核心始终强调经济、社会文化和环境三条发展底线,必须实现各方面的和谐发展,在不破坏人类赖以生存的大气、海洋、土壤、淡水和植被等自然资源的前提下,实现持续稳定发展经济的目的,使子孙后代同样能安居乐业。

可持续发展的主要目标是满足人类的基本需求和对美好生活的向往。可持续发展倡导的价值观是经济发展速度不能超出生态环境可承受的范围,不能以牺牲环境为代价发展经济。可持续发展要求提高生产潜能和确保公平,经济增长不能对他人进行剥削。在人口方面,可持续发展要求人口发展与生态环境的生产潜能保持和谐。可持续发展要求人类当前对资源的开采不能影响后代的生活。可持续发展要求人类不可危害包括大气、水、土壤和生物在内的滋养地球生命的自然系统。可持续发展要求世界各国有平等的获取有限的资源的权力,杜绝出现掠夺行为,并通过积极升级技术的手段提升资源的利用效率来缓解资源压力。可持续发展要求合理利用可再生资源并控制不可再生资源的开采率,防止因过度开发和利用危害后代人的发展。可持续发展要求重视物种多样性,加大对植物、动物的保护力度,避免物种多样性的减少。可持续发展要求维持生态系统的完整性,力求人类的活动和行为对空气、水等自然要素的负面影响最小化。

在 21 世纪，能源和环境命题是全球的关注焦点，能源是现代社会生活已然离不开的重要物质基础，能源消费水平也是各国社会经济发展水平的重要权衡指标。而有限的常规资源储藏量和日益增长的人类需求之间存在矛盾，同时常规能源的大量消耗带来了一系列负面的环境问题，如何掌握能源和环境的平衡和尺度是当前国际社会的重要议题。当前，许多研究机构对 21 世纪世界能源发展态势十分关注，以此为主题开展深入研究，并发表了众多研究报告。研究成果表明，21 世纪将是世界能源发展史的重要转折点，为了实现能源和人类社会的共同可持续发展，许多国家将持续开发新能源，将实现能源多元化纳入自己的发展战略。

我国现行的多项能源政策表明，能源结构的优化迫在眉睫，根据我国当前的发展形势，逐步确立多功能、多种类、高效清洁的能源使用标准，不断扩大清洁能源在我国能源结构中所占的比重。全面提升能源利用效率，制定能源节约规划，支持和鼓励新能源产业兴起，控制对传统能源较大依赖且属于高耗能产业的扩张和发展。全面改善传统粗放型能源发展模式，建立资源节约型、环境友好型社会，坚持走可持续发展道路。

第六节 风险管理理论

风险管理（risk management）是指，如何在一个确定存在风险的环境里将风险损失降至最低的管理过程（卢国显，2011）。一方面，风险管理需要通过对风险识别、衡量和分析，选取最佳方式，积极主动、有目的、有计划地应对风险。另一方面，风险管理也要处理有限资源运作的难题，理想的风险管理是希望争取用最小的成本获得最大的安全保证，用最少的资源去化解最大的危机。因此，风险管理主要包括以下三个步骤：识别风险类别和程度、风险控制和风险规避（防范）。

首先，风险管理需要进行风险类别和程度识别。风险识别是指确定何种风险会对结果造成影响，并量化不确定性的程度以及各种风险可能造成的损失大小。在风险管理之前通常会对风险程度进行细致考察，风险评价方法大致分为定性分析方法和定量分析方法。定性分析法也称非数量分析法，这类方法主要是以风险测试人员的实践经验和判断为主要依据。与此相对，定量分析法是对数量特征、数量关系和数量变化进行分析的方法。定性分析和定量分析应该是相互补充的，定性分析是定量分析的基础，定量分析则是定性分析的依据。

其次，风险管理要落脚于风险控制。风险控制是指通过采取防范措施去控制风险，降低风险损失产生的概率或减轻损失程度。一般最有效的方法是制定多个备选的切实可行的方案，最大限度地对所面临的风险做好万全准备，当风险来临时，挑选出最为合适的防范方案，将风险损失程度降至最低。

最后，风险管理要进行风险规避（防范）。在保持原有目标不改变的情况下，调整方案的实施路径，从根本上消除特殊的风险要素。

第七节　天然气价格理论

　　天然气作为一种特殊的能源商品，和市场经济中的其他商品一样，也需要交易双方共同完成交易行为。其价格的形成和交易缔约也离不开天然气买卖双方。同时，天然气自然也具有商品的基本属性，与其他能源之间存在替代竞争关系，其价格也必然会受到这些能源价格的影响。同时，天然气的价格制定必须遵循基本的供求规律和均衡价格的原则。

一、国际天然气价格形成机理

（一）管道天然气价格的形成机理

　　在国际贸易中，管道气价格通常都采用"照付不议"长期合同，一般与国际原油价格或石油产品价格挂钩。目前，由于整个亚洲市场不具备对原油定价的话语权，我国只能依附于国际原油和石油产品价格来谈判管道气的进口价格，在谈判价格时，无法与我国进口燃料油和 LPG 挂钩。亚洲一直未形成系统的天然气交易中心，因此，我国进口天然气价格仍处于被动状态（王旻昊，2015）。

（二）液化天然气价格形成机理

　　在国际上，通常采用"美元/百万英热单位（MBtu）"，即单位热值计价来计算液化天然气（液化天然气）的价格，其价格总是与同类竞争性燃料的价格关联，并根据特定的定价公式定期调整（吴齐伟，2014）。目前，液化天然气的进口价格计算公式已经和以往大不相同，不再是简单直接地与原油挂钩，而是发展到现在的直线价格公式、S曲线价格公式等。

液化天然气签订有不同的合同条款，贸易价格也有差异。根据液化天然气的合同期限，其价格可以分为短期贸易价格（合同期限小于一年）、中期贸易价格和长期贸易价格（合同期限大于十年）。通常液化天然气贸易根据"照付不议"的长期合约进行，中期贸易和短期贸易是为了解决液化天然气买方短期内需求突然增高或液化天然气卖方短期供应过剩的问题（王旻昊，2015）。在合约的现实交易过程中，液化天然气买卖双方往往把长期贸易和中短期贸易结合起来，长期贸易合同用来保障液化天然气买方的基本需求，中短期合同用来满足液化天然气买方因为季节性原因等短期液化天然气需求量额外增加的情况。相对于长期贸易的价格而言，短期贸易价格更易受到石油价格、短期供求关系、季节性变化和液化天然气储备情况等因素的影响（华贲等，2007）。

二、国际天然气定价机制演变规律

从目前发展已经很成熟的欧美天然气市场中总结的经验显示，天然气市场要经历初步发展、快速增长到发展成熟三个阶段，天然气定价机制也将按此顺序，依次经历成本加成定价、与油价挂钩以及气与气相竞争三个阶段。在整个过程中，天然气市场由非竞争性市场慢慢过渡到竞争性市场（李廷东等，2021）。

（一）初始发展阶段

成本加成法和市场净收益法是天然气资源销售价格的两种基本定价方法。在成本加成法中，天然气的市场价格由生产者的生产成本和合理利润构成。该方法确定的价格是气源销售价格的下限。如果天然气来源的销售价格在很长一段时间内都低于由成本加成法设定的价格，它会影响天然气生产商获得稳定和合理的利润，损耗他们的生产积极性，生产动力枯竭，最终生产商会感到失望并最终离开天然气行业，从长远来看，这不利于天然气产业规模发展。

在市场净回值法中，天然气气源销售价格等于最终市场天然气的市场价值减去中游运输和储存价格与按成本加成法原则确定的下游配送价格后的差额。采用这种方法确定的天然气气源销售价格是该气源价格的上限，如果天然气终端销售价格长期高于市场净回值法所确定的价格，就会使天然气失去在终端市场上与替代能源相比的价格竞争力，失去终端用户的选择同样会不利于天然气产业规模发展。

在天然气市场发展的初期，政府的定价政策旨在鼓励天然气消费，所以天然气的销售价格采用成本加成法制定，以使天然气行业的全部经济盈余流向终端用户，从而最大限度地鼓励天然气消费。

（二）快速增长阶段

与初始发展阶段的价格受政府管制不同，在快速增长阶段中，天然气销售价格由生产商与提供采购、运输、储存和销售的"一揽子"供气服务的管道公司通过谈判决定。具体的流程通常分为两步：第一步是由双方通过谈判确定基期价格，这个价格一般在成本加成法定的最低价与市场净回值法定的最高价之间；第二步是将气源销售价格与石油产品（天然气替代品）的价格相关联，确定指数化公式。这样做的目的是保证天然气在消费市场上的价格竞争力。

在快速增长阶段，政府价格政策由向消费者倾斜转变成两头兼顾，既要鼓励天然气消费，也要刺激天然气生产，天然气行业的经济剩余由消费者和生产商共同拥有。

（三）发展成熟阶段

天然气市场进入发展成熟阶段，表明天然气供需处于平衡状态，此时政府的价格政策是鼓励竞争。具体策略是"注意中间，释放两端"：一方面，管道公司由从事天然气买卖业务转变成为提供公平准入机会、运输和储存服务的公共运输商，其收费价格实行以成本加成为基础的价格管制；另一方面，上游生产商与下游买方可以互相自由地选择，气源价格和终端销售价格都由市场竞争来决定，也称为气与气竞争。

第八节　复杂网络理论

复杂网络科学起源于 20 世纪 80 年代，是系统科学发展的新阶段，也是当代科学发展的前沿领域之一。复杂网络起源于"图论"，可以看成是由一些具有独立特征个体的集合，图中的节点表示网络中的个体，连接的边则表示节点之间的关系（孔江涛等，2018）。现实生活中许多复杂系统都可运用网络来加以描述，通常采用节点来表示系统中的个体，用边来表示个体之间的关系，存在连边的两个节点被称为相邻节点。如果网络中边是具有指向性的，被称为有向网络（directed network）；反之，则被称为无向网络（undirected network）。如果两个节点之间的连边仅有"连接"或者"不连接"之分，被称为无权网络（unweighted network）；如果节点之间的连边存在权值，反映连接关系的强弱，则被称为加权网络（weighted network）。

网络最早起源于 1736 年数学家欧拉的"哥尼斯堡七桥问题"，但是网络的研究进展较为缓慢，直至 1936 年，才有了第一本关于网络的著作。随后，在 1960 年埃尔德什和雷尼建立了随机图理论，为构建网络提供了一种新方法。在该理论中，节点之间的联系由概率决定，形成的网络被称为随机网络。1998 年，瓦茨及其导师斯特罗加兹证明了现实生活中的多数复杂网络符合小世界特征，具有较大的凝聚系数、较短的网络平均路径（Watts et al.，1998）。随后，在 1999 年，巴拉巴西及其博士生阿尔伯特提出了无尺度复杂网络模型，证明了现实网络中普遍存在"富者更富、穷者更穷"的马太效应，为复杂网络研究开启了新纪元（Barabási et al.，1999）。随着复杂网络研究的深入，越来越多的复杂网络特征被发掘，其中较为重要的一项是由格文（Girvan）和纽曼（Newman）指出的，他们发现现实网络中普遍存在聚类特性，并提出了发现聚类特性的算法（Girvan et al.，2002）。

回顾总结已有的复杂网络研究，可将研究成果分为以下三个方面（王小云等，2006；任红卫等，2017；杨昭祥，2015；张峥等，2017；靳祯等，2017；谭跃进等，2011）。①复杂网络的刻画和建模：构建合适的复杂网络模型去分析现实世界中各类网络的生成机制和结构特征。②复杂网络动力学过程的解释和分析：网络传播路径、同步和渗流等动力学行为产生条件和演化规律；复杂网络结构和功能之间的相互影响；群体性传播行为的研究和控制。③网络控制：控制网络是复杂网络研究的最终目的，根据研究结果让网络按照规定方向演化，从而实现利用复杂网络的目的。同时，网络控制研究还包括网络优化、网络竞争格局和网络连接链路模拟等研究。复杂网络科学作为一门新兴的交叉科学，已经覆盖了数学、计算机、医疗和电路等众多领域（Ribas et al.，2022；Karakoc et al.，2021；闻少博等，2021；Wang et al.，2021；蒋小荣等，2021；Guan et al.，2021；Alonso et al.，2021）。无论是复杂网络理论，还是复杂网络应用，都取得了显著成果，并且复杂网络的相关研究仍在不断进行。

天然气进口与其他国际货物进口一样存在复杂性和关联性，涉及的国家和地区众多，进口往来关系复杂，具有明显的复杂网络特性。天然气进口安全和稳定性很大程度上取决于进口网络结构。因此，采用复杂网络理论，能够更好地了解天然气进口网络中各个主体之间的关系，从而优化网络运作，提升流动效率（钟维琼，2016）。

复杂网络中最为基础的组成要素是网络节点和节点之间的连

边。复杂网络某些特定性质同节点位置及边的性质无关，这就是复杂网络的拓扑性质，这样连接形成的网络结构称为复杂网络的拓扑结构（network topology）。对于没有权重边的网络，其拓扑结构具有类似的统计特征，主要有以下几点：

第一，度与度分布（degree and degree distribution）。

网络节点度是代表通过边与此节点直接产生关联的节点数量。度象征着该节点在整个网络结构的中心程度。拥有更大度的节点与更多的相邻节点产生关联，则表示此节点在系统中所拥有的资源更丰富，例如一个企业中社交网络很广的上层领导，拥有普通员工没有的人脉，则他们在组织网络中占据重要地位。

网络的平均度 $\langle k \rangle$ 用所有节点的度的平均值表示，这个统计特征值反映了整个网络的疏密程度。其计算公式为：

$$\langle k \rangle = \frac{1}{N} \sum_{i=1}^{N} k_i = \frac{2M}{N}$$

其中，N 为网络节点总数，M 为网络的总边数。

度分布是研究网络性质的基础概念，网络的度通常由度分布函数表示。

第二，平均路径长度（average path length）。

复杂网络中存在 N 个节点，用来表征复杂网络的规模大小。如果节点 i 和节点 j 之间存在连接边，则 $e_{ij}=1$；反之，则 $e_{ij}=0$。在复杂网络中，节点 i、j 之间的距离 d_{ij} 是指在连接两节点的最短路径上所包含的边数目。复杂网络的平均路径长度 L 是指任意两个节点之间距离的平均值。平均路径长度 L 反映网络的大小，即在网络中随机指定的两个节点平均需要经过多少个中间节点可以实现连接。

$$L = \frac{1}{\frac{1}{2}N(N+1)} \sum_{i \geqslant j} d_{ij}$$

其中，L 表示整个网络的平均路径长度，d_{ij} 表示节点 i 到节点 j 的距离；N 表示节点总数。

第三，聚类系数（clustering coefficient）。

聚类系数，也称聚集系数，是反映复杂网络中节点密切连接程度的特征量。假设某个节点 i 和 k_i 个不同的节点有边的连接关系，并且该节点上存在的连接边总数为 e_i，则节点 i 的聚类系数 C_i 可以由以下公式计算得到：

$$C_i = \frac{2e_i}{k_i(k_i-1)}$$

其中，C_i 表示节点 i 的聚类系数；e_i 表示节点 i 与邻居节点之间的连边数；k_i 表示节点 i 的度值。

整个复杂网络的聚类系数 C 为所有节点聚类系数的平均值，计算公式如下：

$$C = \frac{1}{N} \sum_{i=1}^{N} C_i$$

特别是在网络中节点只有一个相邻节点时，即此节点只存在一条连接边时，令其聚类系数为 0。

第四，度相关性（degree correlation）。

这个统计特征指的是在网络中产生合作连接的相邻两节点的关联性。度相关性对于节点连接的影响有两种，如果相关性为正，则度值大的节点更容易在度值类似大小的节点间选择合作，这被称为同类匹配；反之，若相关性为负，度值大的节点更容易选择度值较小的节点合作，这称为异类匹配。

第五，特征向量中心性（eigenvector centrality）。

这个指标特征能够反映出节点之间的相互作用强度，是由度中心性扩展得到的。与度中心性有较大差异的是，特征向量中心性不仅只是通过节点的度值这一个特征量来衡量节点的中心性，还兼顾了其相邻节点的重要性，是比度中心性更全面的指标。特征向量中心性的主要概念为：某一节点如果和重要的（度值较大）邻居节点相连，则该节点在相连之后的重要性会因为本次连接得到一定幅度的增长。特征向量中心性数学计算过程如下：

对于一个具有 N 个节点的网络 G，设 λ 为其邻接矩阵 A 的最大特征值，特征向量 $x = (x_1, x_2, \cdots, x_N)$，可以得到如下公式：

$$\lambda x_i = \sum_{i=1}^{N} A_{ij} x_j$$

那么，节点 i 的特征向量中心性可以表示为：

$$C_E^i = \lambda^{-1} \sum_{i=1}^{N} A_{ij} x_j$$

由上可得，节点 i 的特征向量中心性与同其相连的邻居节点中心性之和成正比。可以得出结论，某个节点的特征向量中心性大小主要由两方面因素决定：一是与该节点连接的相邻节点数量；二是与该节点相邻节点连接的外层相邻节点数量。

第六，接近中心性（closeness centrality）。

接近中心性由节点到复杂网络中其他所有节点的距离平均值的倒数表示。接近中心性的大小，则衡量了节点距离复杂网络中心位置的远近，也在一定程度上体现节点之间会发生连接的可能性大小。节点 i 的接近中心性 CC_i 的计算公式如下：

$$CC_i = \frac{N}{\sum\limits_{c=1}^{N} d_{ic}}$$

其中，CC_i 表示节点 i 的接近中心性；d_{ic} 表示节点 i 到节点 c 的距离；N 表示节点总数。

第七，介数中心性（betweenness centrality）。

这个特征量定义为：网络中通过一个节点相连接的两个节点中，通过这两个节点的所有最短路径同所有经过中间节点的最短路径数量之比。介数中心性大小，反映了该节点对于网络能量或信息流动的控制能力，用公式表示为：

$$BC_i = \sum_{i \neq c \neq r} \frac{g_{cr(i)}}{g_{cr}}$$

其中，BC_i 是节点 i 的介数中心性；$g_{cr(i)}$ 表示从节点 c 到节点 r 会经过节点 i 的最短路径条数；g_{cr} 表示从节点 c 到节点 r 的所有最短路径条数。

第九节　本　章　小　结

本章主要对天然气进口风险防范需要参考的相关理论进行梳理总结。地缘政治学认为处于世界不同地理空间的国家，其国家力量和影响力相互影响，构成了世界的整体结构。其中能源伴随着现代化的发展，成为国家间地缘政治博弈的重要内容。地缘政治经济学是一个多学科的研究领域，其主要研究对象是一个国家（或地区）的经济和政治行为中所蕴含的经济目的。政治事务与经济活动在全球化的进程中变得密不可分，从地缘角度将政治和经济割裂来分析变得更加困难，从而产生了一种新的将政治与经济融合在一起的地缘理论，地缘政治经济学的提出应运而生，其中能源地缘政治经济成为地缘政治经济研究的新热点。天然气与石油、煤炭等化石能源都是不可再生的重要能源，近几年，随着国际社会号召可持续发展、保护绿色环境，天然气低碳清洁的特点使得全球各国对天然气的需求猛增，资源的稀缺性是国家间冲突的重要根源之一。风险管理（risk management）是指如何在一个必然有风险并且不可避免的情况下把风险程度尽可能降到最低的管理过程。最优的风险管理是希望争取用最小的成本争取最大的收益，用最少的资源去解除危机。天然气的价格制定必须遵循基本的供求规律和均衡价格的原则，目前亚洲一直未形成系统的天然气交易中心，因此，我国进口天然气价格仍处于被动状态。"地缘油气"是"地缘经济"的一个重要分支，在经济不断发展的同时，人们必须注意研究作为经济发展的基础和动力的能源问题。要实现经济、社会、资源和环境各方面的协调发展，达到持续稳定发展经济的目的。

第三章

我国天然气进口现状研究

第一节　我国国内天然气供应现状

一、国内天然气供需缺口不断加大

与石油、煤炭等化石能源相比，天然气是一种经济、低碳、安全、高效、洁净的燃料。近年来，在经济发展和技术进步的背景下，天然气被广泛应用于工业和居民用气中。2014 年，坚持"节约、清洁、安全"战略方针的发布在国内得到正面回馈，促进了清洁、高效、安全、可持续的现代能源体系建设。目前，我国对天然气进口和利用领域等方面的重视程度越来越高，国内天然气产量无法满足日益增长的天然气需求，供需缺口持续加大，进口天然气成为我国用气的主要来源。国内天然气消费量和需求量高速增加，意味着对进口的依赖程度也越来越高。根据《2013

年国内外油气行业发展报告》和《中国产业链供应链安全发展报告（2022—2023）》数据显示，从 2013 年起，我国天然气对外依存度超过 30%，且呈持续增加趋势，2020 年天然气对外依存度高达 43%。

天然气进口数量的快速增长主要有五个方面的原因：一是我国加快能源结构调整和坚持可持续发展政策，"煤改气"方针的提出和清洁供暖的发展思路等大大增加了城市天然气使用量；二是工业天然气用量的需求随着经济的持续增长而快速增加；三是城乡居民消费水平的提高加大了日常生活中对天然气的需求，"淡季不淡，旺季更旺"的突出特征持续存在；四是我国能源开采技术不够成熟，开采成本大，国内天然气产量持续性地处于缓慢增长阶段，远不能满足现有的天然气市场需求；五是我国储存能力和储存技术有限。另外，随着"碳达峰""碳中和"等相关政策的提出，以天然气为主的清洁能源需求刚性增长，预计 2030 年我国天然气需求总量将达到 4363 亿立方米（郑明贵等，2021）。尽管国内天然气产能建设在国家加大勘探开发力度政策的引导下取得快速发展，但由于资源禀赋、储存条件、技术水平和产业环境等因素的限制，国内天然气产量增速与需求增速相比仍显动力不足，需要通过大量进口来弥补国内天然气需求的缺口（范照伟，2018），2018 年中国天然气进口量超过日本，成为世界最大的天然气进口国。2020 年，受新冠疫情影响，各行业均受到不同程度冲击，但天然气进口增速仍与 2019 年天然气进口增速持平，显示出其在应对危机中的独特韧性。

二、国际形势复杂多变，进口安全面临威胁

由于天然气自身的特殊性、各国地缘政治波及和经济格局调整等因素的影响，我国天然气进口供应处于不稳定状态（涂淼，2021）。一方面，与欧盟和北美的天然气进口价格相比，我国天然气进口价格处在高位，这是由于我国所处的亚太市场始终没有形成成熟的交易系统，缺乏对天然气价格制定的话语权，"亚洲溢价"和"价格倒挂"问题尚未解决。另一方面，2019 年我国最大的天然气供应国土库曼斯坦减少了对我国的天然气供应，导致国内出现大范围的"气荒"，暴露了我国天然气在进口端的供应保障能力和应急能力短板（梁萌等，2021）。

天然气进口安全的概念包含了三个方面，从天然气上游产业的生产安全到中间运输及供应的安全，再到下游天然气产业的使用和储存安全。保证天然气进口安全是指以经济合理的进口价格，不断地从多地获取足量的天然气。因此，低廉的进口价格、多元化的进口来源地、安全的进口运输路线这三个要素的实现与否共同决定了天然气的进口安全。

第二节　我国天然气进口总体情况

天然气作为清洁、高效、优质的能源及化工原材料，伴随着近几十年来其工业技术不断革新，在我国一次性能源中的占比不

断提升。然而，受制于国内资源禀赋，我国不得不进口大量天然气，以满足我国天然气消费需求。此外，天然气作为我国能源改革中间枢纽，为实现"碳达峰、碳中和"目标，我国天然气需求仍将稳步增长。因此，为保障天然气供应稳定，我国不断实施天然气进口多元化战略。我国天然气进口多元化历程可以划分为以下三个阶段：开启天然气进口阶段（2004～2010年），加快天然气进口多元化阶段（2011～2016年），初步实现天然气进口多元化阶段（2017～2020年）。

随着我国天然气消费的不断增长，国内自产无法满足需求，我国开启天然气进口计划，主要进口液化天然气，进口来源国家为缅甸、阿尔及利亚。2004～2010年，随着我国大型液化天然气接收站相继建成，我国液化天然气进口能力不断提升，2010年我国液化天然气进口总量达到934.3万吨。此时，我国天然气进口来源国家包括卡塔尔、印度尼西亚、马来西亚，以及部分中东、非洲国家。2011～2016年，我国开始加快实施天然气进口多元化战略，天然气进口策略转变成为液化天然气进口和管道天然气进口并行策略。我国天然气进口来源国家也逐渐增多，液化天然气进口来源国家主要包括澳大利亚、巴布亚新几内亚、文莱、卡塔尔、印度尼西亚和马来西亚；管道天然气进口来源国家主要包括：缅甸、哈萨克斯坦、乌兹别克斯坦。2017～2020年，我国初步实现天然气进口多元化，液化天然气进口逐步向欧洲、美洲扩展，也积极参与"冰上丝绸之路"项目，新增液化天然气进口来源国家包括加拿大、荷兰、法国、挪威、美国和秘鲁等，并打通了中俄天然气管道，可从俄罗斯进口大量管道天然气。

随着我国天然气进口来源国家数量不断增多，我国天然气进口来源渠道不断丰富，我国天然气进口环境愈加复杂，进口中断风险和进口成本不断提升。

第三节　我国天然气主要进口来源国

我国主要从中东、东南亚以及澳大利亚进口液化天然气，从中亚以及俄罗斯、缅甸等地进口管道天然气。目前，我国已基本形成了以西面南北方向为主，兼顾东北方向的三大管道天然气进口路径，以及东南液化天然气进口路径的运输格局。由于不同国家的政治、经济、文化、军事和地理环境等因素的差异，从不同国家进口天然气存在的风险程度也不一样。因此，积极寻求稳定、安全的天然气源地并与其长期合作对于我国天然气进口安全及保证天然气的持续稳定供应具有重大意义。2006～2019年我国天然气进口来源国汇总，如表3-1所示。

表3-1　　　　　　2006～2019年我国天然气进口来源国

年份	进口来源国	数量
2006	澳大利亚	1
2007	澳大利亚、比利时、阿尔及利亚	3
2008	澳大利亚、马来西亚、比利时、阿尔及利亚、埃及、赤道几内亚	6
2009	澳大利亚、马来西亚、印度尼西亚、卡塔尔、俄罗斯、阿曼、尼日利亚、比利时、埃及、赤道几内亚、特立尼达和多巴哥	11

续表

年份	进口来源方	数量
2010	澳大利亚、土库曼斯坦、印度尼西亚、马来西亚、阿曼、也门、俄罗斯、尼日利亚、比利时、埃及、赤道几内亚、阿联酋、特立尼达和多巴哥	13
2011	澳大利亚、土库曼斯坦、卡塔尔、印度尼西亚、马来西亚、也门、尼日利亚、特立尼达和多巴哥、俄罗斯、赤道几内亚、埃及、秘鲁	12
2012	澳大利亚、土库曼斯坦、卡塔尔、印度尼西亚、马来西亚、俄罗斯、也门、尼日利亚、埃及、特立尼达和多巴哥、乌兹别克斯坦、秘鲁、阿曼、阿尔及利亚	14
2013	澳大利亚、土库曼斯坦、哈萨克斯坦、卡塔尔、印度尼西亚、特立尼达和多巴哥、也门、阿尔及利亚、安哥拉、埃及、赤道几内亚、尼日利亚、马来西亚	13
2014	澳大利亚、哈萨克斯坦、土库曼斯坦、乌兹别克斯坦、缅甸、特立尼达和多巴哥、挪威、俄罗斯、阿曼、卡塔尔、也门、阿尔及利亚、安哥拉、埃及、赤道几内亚、尼日利亚、文莱、印度尼西亚、马来西亚、巴布亚新几内亚、韩国	21
2015	澳大利亚、哈萨克斯坦、土库曼斯坦、乌兹别克斯坦、缅甸、特立尼达和多巴哥、挪威、俄罗斯、阿曼、卡塔尔、也门、阿尔及利亚、赤道几内亚、尼日利亚、印度尼西亚、马来西亚、巴布亚新几内亚	17
2016	澳大利亚、哈萨克斯坦、土库曼斯坦、乌兹别克斯坦、缅甸、美国、秘鲁、特立尼达和多巴哥、挪威、俄罗斯、阿曼、卡塔尔、埃及、尼日利亚、文莱、印度尼西亚、马来西亚、巴布亚新几内亚	18
2017	澳大利亚、哈萨克斯坦、土库曼斯坦、乌兹别克斯坦、缅甸、美国、秘鲁、特立尼达和多巴哥、挪威、俄罗斯、阿曼、卡塔尔、阿尔及利亚、安哥拉、埃及、赤道几内亚、尼日利亚、文莱、印度尼西亚、马来西亚、巴布亚新几内亚	21
2018	澳大利亚、哈萨克斯坦、土库曼斯坦、乌兹别克斯坦、缅甸、美国、秘鲁、特立尼达和多巴哥、挪威、俄罗斯、阿曼、卡塔尔、阿尔及利亚、安哥拉、埃及、尼日利亚、文莱、印度尼西亚、马来西亚、巴布亚新几内亚	20
2019	澳大利亚、哈萨克斯坦、土库曼斯坦、乌兹别克斯坦、缅甸、美国、秘鲁、特立尼达和多巴哥、挪威、俄罗斯、阿曼、卡塔尔、阿联酋、阿尔及利亚、安哥拉、埃及、尼日利亚、文莱、印度尼西亚、马来西亚、巴布亚新几内亚	21

一、土库曼斯坦

目前，土库曼斯坦和中国互为管道天然气贸易最大伙伴国。自2009 年开始，土库曼斯坦已向我国持续输入天然气 10 余年，是中国调整能源消费结构和减少碳排放量的巨大助力，在帮助我国进行生态文明建设方面发挥了巨大作用。同时，两国间的天然气合作协议属于双赢项目，给土库曼斯坦经济发展也带来了可观的收益。中国和土库曼斯坦间的天然气合作在两国来往中具有重要地位，是两国关系的压舱石与推进器。新的国际形势将带给中国和土库曼斯坦更多的合作空间，尤其是在天然气领域，天然气合作项目将会走向更深层次的合作（段秀芳，2019）。中国与土库曼斯坦的管道天然气合作已经长达 20 余年。自 1992 年以来，两国的天然气合作实现了从前期探索阶段到稳定发展阶段的转变（董聪，2020）。

前期探索阶段（1992~2000 年）：中国和土库曼斯坦建交之后，两国政治高层进行友好往来，为促成两国天然气合作进行政治协商，土库曼斯坦时任总统萨帕尔穆拉特·尼亚佐夫（Saparmyrat Nyazow）分别于 1992 年和 1998 年正式访问中国。2000 年，时任中国国家主席江泽民对土库曼斯坦进行访问，访问期间土库曼斯坦与中国石油天然气集团公司（以下简称"中石油"）签订了《中国石油天然气集团公司与土库曼斯坦石油部在石油天然气领域的合作备忘录》。

实质进展阶段（2001~2007 年）：2006 年，尼亚佐夫再次出访我国，两国签署了《关于实施中土天然气管道项目和土库曼斯坦向中国出售天然气的总协议》。根据协议，自2009年起，土库曼斯坦需要在30年内通过中亚天然气管道向中国输送9000亿立方米天然气。2007年8月，中亚管道土库曼斯坦段正式开工修建，这标志着中石油在土库曼斯坦天然气勘探开发项目正式启动。

迅速发展阶段（2008～2014年）：在这一阶段，中国加快了与土库曼斯坦的天然气合作。根据原有的协议，两国在2008年8月签署《扩大100亿立方米天然气合作框架协议》，将每年对中国的天然气输送量由原来的300亿立方米提升至400亿立方米。一年多以后，中亚天然气管道全线工程完毕，土库曼斯坦的天然气开始进入中国。

稳定发展阶段（2015～2020年）：中国和土库曼斯坦的天然气合作进展速度惊人，从中亚管道运营后的第二年（2011年）中国就取代俄罗斯成为土库曼斯坦第一大天然气进口国。双方的天然气交易量逐年攀升，在2017年已经实现了对华天然气输送量300亿立方米的目标。

（一）中土能源互补

土库曼斯坦的国土面积达49.12万平方千米，在中亚国家中仅次于哈萨克斯坦，排名第二位。其因为拥有丰富的天然气资源，被称为坐落在"大气包"上的国家，也是中国最大的管道天然气进口国家。从能源资源角度来看，土库曼斯坦天然气资源丰富，是天然气储量居全球第四位的国家。土库曼斯坦的天然气可探明储量达19.5万亿立方千米，仅次于俄罗斯、伊朗和卡塔尔（陈娇娇等，2021）。以上数据说明，土库曼斯坦的天然气资源具有稳定的对外出口能力，于土库曼斯坦而言可以有效利用资源出口优势促进经济发展。同时，土库曼斯坦的能源技术发展落后，中资企业可以发挥能源技术优势，为双方能源领域的合作带来了机遇。两国的优劣势对比明显：一方面，中国天然气资源供不应求，而土库曼斯坦天然气资源供过于求；另一方面，中国可以为土库曼斯坦提供较为先进的能源技术支持。因此，两国的能源合作取长补短，相互契合。

（二）符合双方发展战略

中土能源合作符合能源进口多元化和中国能源结构改革战略。中国始终致力于能源结构改革，这与全球环境治理的发展战略一致，但中国的清洁能源产量无法满足国内市场对能源的需求。扩展与土库曼斯坦的能源合作，有助于缓解我国天然气市场的供应压力，扩大我国天然气进口来源，保障能源安全。

（三）中土能源合作具有政策支持

中土两国的历史关系良好，中国与土库曼斯坦的合作有可靠的政策和外交支持。两国政府为双方的能源合作提供了政策方面的支持，两国在能源方面一直有交流对话。

二、俄罗斯

（一）中国和俄罗斯能源合作的基础

第一，地缘便利，资源互补。中俄互为对方最大的邻国，双方开展能源合作具有天然地理优势。在我国迫切需要改善能源安全的现状下，俄罗斯是比较理想的能源合作伙伴。俄罗斯是世界上国土面积最大、自然资源最丰富的国家，资源禀赋状况明显优于我国，特别是天然气储量十分丰富，占世界天然气储量的40%，与俄罗斯相比，我国天然气资源相对匮乏。作为天然气进口大国，我国曾高度依赖波斯湾附近的国家，但从这些地区输送的能源路线很长，在能源运输上也有较高风险，因此从俄罗斯建设一条向国内输送天然气的通道具有重要的战略意义，并且能实现"双赢"。这种资源禀赋差异状况为中国和俄罗斯开展天然气能源合作提供了基础。与能源丰富的俄罗斯开展能源合作有利于中国能源战略格局的调整，有利于促进地区能源安全体系的建立。

第二，符合双方发展战略的要求。中俄两国的战略任务是集中力量发展和增强国家的综合实力，以实现国家崛起的目标。因此，两国都希望创造一个安全、稳定的周边环境。我国和俄罗斯经济互补性强。2019年，俄罗斯总统普京明确表示中俄双方要加强能源合作、共同开发能源，特别是俄罗斯远东地区与中国东北地区的合作，让俄罗斯的能源优势与中国的经济优势形成一加一大于二的效果，因此，中俄能源合作是两国能源战略调整下的必然选择。

中国的天然气进口长期依赖于霍尔木兹海峡与马六甲海峡，但这些海域都存在来自美国的威胁。唯有让天然气进口通道多元化才能有效分散天然气进口供应风险，才能有利于保障我国天然气供应安全。俄罗斯是我国天然气进口非常稳定的进口来源国。在全球变暖的背景下，俄罗斯北方海运航道优势显现，北极航道将大大改变世界的航运格局和地缘政治。北极航道途经地区政治与社会环境相对稳定，相关海域不容易受欧美国家军事干涉，具有地缘安全优势。北极航线还可以开拓我国同欧洲等地区的液化天然气进口项目，进一步扩展我国天然气进口源头，有助于保障我国天然气进口稳定性。

第三，"一带一路"倡议为中俄合作开发带来新动力。"一带一路"倡议契合中俄两国经济发展的需要，开辟了中俄油气资源合作发展的新前景。对俄罗斯而言，能源战略的东移可以减少西方国家造成的"油气资源过剩"的压力，改善国内经济。对于中国来说，"一带一路"倡议可以加强与沿线国家的合作，获取沿线国家天然气资源并输送到我国，同时可以丰富我国天然气资源的进口渠道，避免因单一进口渠道造成的能源供应风险。因此，"一带一路"倡议顺应了当前中俄合作发展的潮流，为中俄油气资源合作开辟了新的道路。

第四，中俄管道建设为中俄油气资源合作提供硬件基础。中俄管道的建设为我国从俄罗斯大规模进口天然气提供了硬件基础。2014年5月21日，习近平主席和普京总统共同见证了《中俄东线天然气合作项目备忘录》的签订，约定自2018年起，俄罗斯通过中俄东线天然气管道向中国输送天然气。

（二）进口天然气潜在风险

第一，远东地理条件恶劣。俄罗斯远东地区属于温带大陆气候和寒带气候，天然气开采和运输过程中可能会出现机器故障或通道堵塞障碍，加大了资源开采和运输的难度，导致成本增加。

第二，中俄两国存在天然气价格方面的分歧。始终无法一致确定双方满意的天然气交易价格是中俄在能源合作方面发展缓慢的重要原因。中俄双方早在 2006 年就提出建设天然气管道，但 2014 年才开始合作建设。中国希望俄罗斯输送到中国的天然气价格要与其输送到亚太地区其他国家的价格一样，中国不接受高于其他国家的进口价格，双方因此无法在价格上达成一致，合作中断。

三、哈萨克斯坦

（一）中哈能源合作基础

第一，中哈地缘便利、能源资源互补。哈萨克斯坦是亚洲与欧洲连通的重要交通枢纽，位于“亚欧大陆的心脏”地带，拥有特殊的地理位置。同时，哈萨克斯坦是我国从俄罗斯和土库曼斯坦进口天然气的重要过境国。

哈萨克斯坦天然气资源丰富，数据显示，其陆地上已经探明的天然气储量有 3.5 万亿立方米。里海是哈萨克斯坦天然气开采潜力最大的区域，而哈萨克斯坦是里海沿岸的五个国家中海域面积占比最大的国家。据估计，里海地区的天然气总储量约为 458.8 万亿立方米，有“第二个中东”之称。美国能源部能源信息署曾报告称，哈萨克斯坦属里海的天然气储量约 153.3 万亿立方米。

在天然气合作方面，中国与哈萨克斯坦签订了中哈天然气管道一期、二期两大工程项目。其中，中哈天然气一期工程为中亚天然气管道过境哈萨克斯坦，途经乌哈边境，直至中国的霍尔果斯，全长约 1300 千米，与中国西气东输二线天然气管道相连，单线已于 2009 年 12 月竣工投产。中哈天然气二期工程涉及哈萨克斯坦境内管道，以哈萨克斯坦西部别依涅乌为起点，到中哈天然气管道一期的奇姆肯特 4 号压气站，管道长度约 1400 千米，输气能力为 100 亿立方米/年。此外，哈萨克斯坦虽然具有丰富的油气资源，但是勘探开采水平和相关基础设施建设较为落后；而中国具有缩短关键城市间往来贸易时间的高铁技术和相对先进的油气勘探开采技术，两国可以在各自优势领域中加大合作力度，推动中国和哈萨克斯坦天然气合作向更深层、更高端方向发展，以保障我国天然气进口来源稳定（王震，2020）。由此可见，哈萨克斯坦与我国形成了能源互补的形势。

第二，两国发展战略的需要。哈萨克斯坦是中亚地区能源资源丰厚、综合国力较强的国家。近些年来，哈萨克斯坦勘探出了让世界震惊的油气田群，进一步加大了哈萨克斯坦的天然气出口需求。但是，哈萨克斯坦位于欧亚大陆中心，其天然气出口到美洲和欧洲区域必须途经第三方国家，天然气出口必然会形成对第三方国家的依赖（梁萌，2020）。因此，哈萨克斯坦选择增加对中国的管道天然气出口，实现能源生产与出口的直接连接，符合哈萨克斯坦的出口对象多元化战略，也有助于保障哈萨克斯坦天然气出口安全。

首先，中国和哈萨克斯坦的能源合作是中国能源进口渠道多元化的重要一环，是缓解"马六甲困境"、保证我国天然气供应安全的重要举措。其次，哈萨克斯坦是中国"一带一路"建设的重要枢纽。两国的能源政治联系在该倡议的引领下进一步加强。对哈萨克斯坦而言，"一带一路"倡议为其改善民生提供了强有力的支持，为其建立起欧亚大陆的交通基础，进一步凸显哈萨克斯坦地缘政治地位的作用（谢艳亭，2020）。对中国来说，该倡议为我国实现能源进口多元化创造了有利条件，保证了能源进口安全。

（二）进口天然气潜在风险

第一，哈萨克斯坦因地缘政治在世界能源格局中占据重要地位，但同时哈萨克斯坦的能源地缘环境十分脆弱。一方面，哈萨克斯坦与里海其他沿岸国家关于里海主权、民族问题冲突不断，同时在哈萨克斯坦境内或边境地区经常发生跨国性质的犯罪事件、恐怖主义活动等传统和非传统安全问题，给哈萨克斯坦的局势稳定带来了挑战；另一方面，这些问题为大国介入提供机会，在未来或许会对哈萨克斯坦的政治独立性带去消极影响。而这些都会影响我国与哈萨克斯坦的能源合作，对我国从哈萨克斯坦稳定、安全地进口天然气造成了威胁。

第二，哈萨克斯坦的法律、监管环境具有极大的不稳定性。哈萨克斯坦在历史上多次对与能源有关的法律、制度进行修改和补充，频繁地修改法律将给外来投资者带来风险（谢艳亭，2020）。

四、乌兹别克斯坦

（一）中乌能源合作基础

第一，长期友好合作。中国和乌兹别克斯坦从 1992 年 1 月开始正式建交，自此两国开始长期的友好往来，高层之间频繁互访，政治信任不断加深。此外，两国还不断加深在能源、交通等方面的友好合作，并都取得了较为良好的结果。乌兹别克斯坦位于欧亚大陆的中心地带，与中亚地区其他四国均相连接，天然气资源丰富，是我国重要的管道天然气来源地，也是中亚地区天然气管道的重要中转地。2010 年，中石油和乌兹别克斯坦签署了长期天然气销售协议合同，要求乌兹别克斯坦每年向中国出口 100 亿立方米天然气。此外，中石油天然气集团有限公司还作为技术资源提供方积极参与乌兹别克斯坦天然气产业上游项目，共同勘探开发咸海、卡拉库利气田等油气田。

第二，"一带一路"倡议推动合作。随着乌兹别克斯坦提高低碳发展战略地位、调整天然气在能源中的比例，在"一带一路"倡议背景下，中国与乌兹别克斯坦在天然气增产、管道建设与运输、天然气化工等领域迎来诸多有前景的新合作机遇（梁萌，2021）。具体而言，中国和乌兹别克斯坦可从下列几个方面持续推进天然气长期合作。

一是减少天然气产业在上游勘探开发阶段的合作限制。受其国内开发技术制约，乌兹别克斯坦难以运用新兴高效的技术快速提升国内天然气产量。因此，中乌两国的油气企业可在加快非常规天然气开发、提高天然气采收率等领域携手合作，以提升乌兹别克斯坦天然气产量，维持乌兹别克斯坦对我国的管道天然气出口量。

二是积极参与天然气储运领域的合作。我国油气企业应该将与乌兹别克斯坦的合作重点放在运输管道建设与维护、合作项目良好运行等方面。除此之外，要充分重视天然气储气库的未来发展潜力，对已建成储气库进行系统升级改造、利用枯竭气田作为天然储气库展开新建储库。

三是挖掘乌兹别克斯坦国内天然气的市场潜力。乌兹别克斯坦目前最紧要的工作是提升能源使用效率，我国油气企业应加强同乌兹别克斯坦国内天然气供应商的友好交流，寻求在能源供应、天然气管网规划与建设、燃气利用与节能等方面的合作，以减少乌兹别克斯坦国内天然气消耗量，提高使用效率，确保其出口天然气的稳定性。

（二）进口天然气潜在风险

第一，乌兹别克斯坦地处中亚，飞地、贩毒、边境争端等问题在其境内的费尔干纳谷地频发，恐怖组织威胁问题在费尔干纳谷地较为严重，此地或称为中亚恐怖分子的新"安全岛"（石越洋，2021）。国内不稳定的恐怖威胁因素对两国的能源合作安全以及社会稳定构成严重威胁。

第二，乌兹别克斯坦受到地缘环境限制，油气运输主要通过管道运输实现，管线和设备在能源输出过境时容易遭到破坏，对天然气运输安全产生威胁，难以保障运输安全。因此，两国能源合作中如何确保能源运输安全是仍需商议和解决的实际问题。

第三，截至 2021 年，乌兹别克斯坦是我国进口管道天然气数量排名第三的国家，同时也是中亚主要的油气生产国。在经济发展和转型中，由于油气领域的国家政策和行业规定在不断变化，油气出口法制不健全、难以保障合同履行的问题会不可避免地存在，这都给我国油气进口企业在乌兹别克斯坦的经营带来困难和风险。

五、缅甸

（一）中缅能源合作基础

第一，能源优势互补。缅甸虽然拥有丰富天然气资源，但国内天然气消耗量较少，开采的天然气主要向其周边亚洲国家输送出口。缅甸是"一带一路"倡议中的重要节点国家，中缅油气管道是中国在缅甸油气投资的核心项目，原油管道和天然气运输管道使这两项能源运输避开马六甲海峡，由西南地区输送至中国（刘伟，2019）。中缅天然气管道以缅甸西海岸兰里岛为起点，经中国云南瑞丽进入中国境内。2008 年 12 月，中石油与缅甸（A1、A3）油气区块作业联合体在缅甸最大的城市仰光签订了 30 年天然气长期购销协议。2009 年 3 月，两国签订了《关于建设中缅原油和天然气管道的政府协议》，在缅甸境内铺设全长为 793 千米的管道，合同规定第一期的输气量为 52 亿立方米/年，第二期的输气量为 120 亿立方米/年。2013 年 7 月，中缅天然气管道正式通气，推动中缅油气合作迈向了新的台阶。2013～2020年，缅甸累计向中国供应天然气 330 亿立方米。未来中国和缅甸的能源合作仍具有较大潜力，认真研究缅甸天然气产业的变化，不仅对我国企业和缅甸开展天然气行业的合作有帮助，还有助于我国从缅甸稳定、长期获得天然气。

第二，"一带一路"倡议推动中缅能源合作。缅甸天然气储备丰富，但勘探、开采及生产技术落后，难以实现大规模的开发。天然气产业是缅甸经济发展的支柱，也是吸引外资投入的重要行业。目前，缅甸政府表示愿意同中方一道，积极参与"一带一路"建设，加深双方在能源领域的合作。在此背景下，我国在当地天然气产业领域具有较好的投资机会（焦敬平等，2020）。中国企业进入缅甸的天然气领域具有较好的条件优势，可以依靠我国在勘探开采、生产制造设备和基础设施建设等方面的优势，提升缅甸天然气产量，维持缅甸对中国的天然气出口量。

（二）天然气进口潜在风险

第一，利益主体多元化。缅甸在政治改革前，中国与缅甸的投资及合作只须与缅甸中央政府协商谈判，且利益分配格局狭窄，较少考虑少数民族。但在政治改革后，地方民族组织、少数民族政党甚至普通民众都与中缅能源合作利益攸关。改革前后的变化使缅甸之前累积的中央与地方、民族之间的矛盾爆发，更可能波及中国的利益。因此，利益多元化是缅甸能源合作的主要问题之一（苏益莉，2017）。

第二，法律法规不完善。缅甸国内法治化程度较低，尽管曾颁布过《缅甸联邦国外投资法》《缅甸联邦贸易部关于在缅甸建立合伙企业和公司的指南》等法律，但在法度的执行层面还有待提高。此外，缅甸官员腐败现象屡见不鲜，缅甸也被"国际透明组织"列为亚洲最腐败的国家。

第三，基础设施落后。缅甸基础设施建设步伐缓慢，特别是交通和通信等基础设施陈旧，经济发展落后。

六、澳大利亚

（一）中国和澳大利亚能源合作基础

中国和澳大利亚能源优势互补。澳大利亚天然气资源十分丰富，已探明储量约为 11.1 万亿立方米，其天然气资源主要为常规天然气，且大多集中在大洋洲西海岸。由于天然气储备充足、政治稳定、投资风险较低、天然气管理体系完善，澳大利亚成为全球最受欢迎的天然气投资地之一（李艳磊，2019）。澳大利亚作为"一带一路"倡议的重点合作国家，从 2006 年开始与中国进行液化天然气贸易往来，中国三大石油公司在澳大利亚开展多项天然气产业投资或参股，双方在长达十几年的液化天然气贸易中建立了良好的合作关系。例如，中国海洋石油集团有限公司（以下简称"中海油"）获得柯蒂斯天然气项目 25% 的上游资产，成为该项目第二大利益相关方，每年可以得到 860 万吨液化天然气，合约规定期限为 20 年。① 2012 年，中国石化出资 28.65 亿美元购买澳大利亚第二大天然气项目——太平洋液化天然气项目（Australia – Pacific LNG Project）公司 25% 的股份，签订了金额高达 850 亿美元的购买合同，用于 330 万吨液化天然气的采购，并最终累计增加到 760 万吨/年，合同期为 20 年。② 此外，包括新奥集团在内的中国国内新兴的液化天然气进口商也大规模地启动与澳大利亚油气公司的合作，有助于我国从澳大利亚稳定进口天然气。

近年来，中美贸易摩擦逐渐升级，对美国液化天然气出口至我国产生了极大影响。因此，中国应该长期重视从澳大利亚进口液化天然气的渠道，通过天然气贸易合作促进南太平洋航运通道的运输数量，加强以中国和澳大利亚天然气往来为核心的亚太能源走廊建设，以降低我国液化天然气进口供应中断风险（Wang，2021）。

（二）中国和澳大利亚能源合作存在风险

第一，澳大利亚油气资源的特殊性。在近几年及未来发展中，澳大利亚许多天然气项目涉及页岩气等非常规天然气的开发，项目开发风险高、难度大、对勘探技术的要求高以及需要大量的资金投入，将面临资金、人才、技术上的各种挑战，这也将会影响两国的天然气合作。

第二，政府监管严格。澳大利亚政府对环保要求严格，近年

---

① 我国海外首个大型 LNG 生产基地试产［EB/OL］．人民网．http：//politics. people. com. cn/n/2014/1230/c70731 – 26297593. html.

② 中澳液化天然气项目合作的现状与挑战［EB/OL］．国际燃气网．https：//gas. in - en. com/html/gas – 2280861. shtml.

来加大对碳排放税的征收管控力度，这在一定程度上抑制了大型能源投资项目的积极性，提高了对外能源合作项目的成本，中澳合作面临新挑战。

七、卡塔尔

（一）中卡能源合作基础

中国和卡塔尔能源优势互补。2019 年，卡塔尔的天然气探明储量排名全球第三位，约占全球总储存量的 1/8。截至 2020 年 5 月，卡塔尔向我国输送的液化天然气总量超过 6200 万吨。2008 年，中海油与卡塔尔天然气签署长期天然气合作合同，约定卡塔尔在 25 年内，以每年 200 万吨的数量向中国输送液化天然气。2010 年 5 月 18 日，中石油宣布已经和壳牌公司签订天然气勘探分成协议，双方将在 30 年的合同期内，联合勘探开发卡塔尔 D 区块的天然气资源，壳牌公司作为本地工程实施方将持有 3/4 的股权，而投资方中石油持有 1/4 的股权。2021 年 3 月 22 日，中石油和卡塔尔石油公司签订了 200 万吨/年液化天然气长期购销协议。根据协议，从 2022 年起，卡塔尔石油公司将在 10 年期限内每年向中国提供 200 万吨液化天然气。我国和卡塔尔的液化天然气合作越来越密切，签订的长期购销协议也越来越多（崔静文，2020）。

（二）两国能源合作发展趋势

如今，卡塔尔正在寻找新的液化天然气项目贸易伙伴，虽然其国内仍以签订长期出口液化天然气合同为主，但是液化天然气现货占比为 10%。因此，中国油气企业应将签订长期合同的方式转变为储存天然气现货和签订短期合同，以应对短时需求，提高天然气供应的灵活性。此外，在天然气价格下跌的形势下，中国企业应该抓住买方市场机遇，与卡塔尔签订更加灵活的天然气供应协议，对已到修订窗口期的长期购销协议进行谈判修订。

卡塔尔自 2018 年开始策划提升液化天然气产出，计划在 2027 年将液化天然气产出提升至 1.26×10^8 吨/年。在此背景下，在扩建项目的开展过程中，中国企业可以考虑参与卡塔尔北方气田项目开发、液化天然气工程服务、液化天然气产能扩建项目、运输环节等产业链合作，但是需要预先进行项目的前期研究，通过多次研讨制定合作策略。我国要考虑的核心合作领域包括参与北方气田项目开发和提高进口卡塔尔的液化天然气量等；在合作方式上，可考虑和其他国家的油气企业进行合作，这也有助于保障我国液化天然气进口稳定（尚艳丽，2021）。

八、马来西亚

（一）能源优势互补是中马能源合作的基础

马来西亚是东南亚地区油气资源储量仅次于印度尼西亚的国家，其天然气产量近年来稳步提升，在 2016 年超越印度尼西亚，成为东南亚区域中天然气产量最高的国家，同时也是东南亚天然气出口量最大的国家。马来西亚的天然气行业发展势头较好，国内从事天然气相关产业的企业众多，且马来西亚政府十分重视国内天然气带来的经济收益，构建了相对完善的天然气管道架设网络。从 2006 年开始，中国海油与马来西亚国家石油公司在液化天然气领域展开合作。在战略合作谅解备忘录框架下，中国海油与马来西亚国家石油公司将在现有液化天然气中短期和现货贸易、海外天然气产业上游项目合作的基础上，将双方合作扩大至天然气整个产业链，寻求包括重点战略区域天然气勘探开发、液化天然气资源购销、液化天然气基础设施建设、船舶加注、可再生能源、特种化学品及新化工材料、润滑油、油田和工程服务等方面的合作机会。2020 年 1 月 17 日，申能集团有限公司与马来西亚国家石油公司签署了一项新的液化天然气中长期购销框架协议（HOA），合同期限为"12＋12"年，每年液化天然气供应量为 150×10^4 吨。

（二）现存能源合作问题与发展方向

诸多外部因素也影响两国的双边关系发展，导致我国和马来西亚的液化天然气合作进展较为缓慢（刘明德等，2018）。为了更进一步扩展我国和马来西亚的液化天然气合作，我国需要从以下几个方面入手：

第一，共同打击海盗、恐怖组织。两国联合行动组织共同打击海盗和恐怖势力有利于我国的液化天然气进口及马来西亚能源进出口安全，同时可以加强政治信任，促进两国天然气进出口合作。

第二，积极参与能源项目建设。我国油气企业应积极参与马来西亚国内能源项目，共同开发南海天然气资源。2017
年1月10日，我国多家油气公司与马来西亚马迈思控股集团
签署谅解备忘录，这有助于增加我国从马来西亚进口的液化
天然气量。

九、印度尼西亚

（一）中国和印度尼西亚能源合作基础

第一，能源优势互补。印度尼西亚是亚洲最大的天然气生产
国，也是仅次于卡塔尔和马来西亚的世界第三大液化天然气出口
国。印度尼西亚一直是中国实施天然气国际化、多元化战略的重
要合作对象。自1990年开始，两国便展开了油气能源合作，中
国不断增长的天然气需求和印度尼西亚丰富的天然气资源是中国
和印度尼西亚天然气合作的充分必要条件。

第二，两国发展战略的需要。目前，印度尼西亚为了推进国
内天然气相关产业的发展，相继出台了诸多有利于外资投资参与
气田勘探开发的相关政策。而中国能源技术快速发展，拥有足够
的资金和优秀的设备制造能力，可以加入印度尼西亚的天然气勘
探、开采等项目，以保障我国从印度尼西亚获取充足的天然气
（耿伟伟，2019）。随着印度尼西亚气田老化，传统区域的天然气
产量不断下降，印度尼西亚开始进行非常规天然气的勘探。因
此，我国油气企业投资参与到印度尼西亚非常规气体的开发项目
中是非常有利的。

（二）中国—印度尼西亚能源合作面临的挑战

第一，中方的挑战是如何保障和扩大印度尼西亚对我国的天然气出口量。天然气作为一种有限资源，印度尼西亚出口的优质廉价的天然气资源对于我国发展意义重大。但在进出口市场中，中国进口印度尼西亚的天然气资源受到外界因素制约：一方面，印度尼西亚一直致力于提升国内的天然气成交金额，这一举动必然会使其天然气资源的出口量受到影响；另一方面，天然气主要是买方竞争市场，印度尼西亚有更稳定、出口体量更大的贸易伙伴。这意味着我国从印度尼西亚进口天然气数额可能得不到保障。

第二，印度尼西亚当地基础设施落后，且当地民主制度不完善，多出现贪污腐败、审批复杂等问题，这些都是中国能源企业投资的阻碍，也增加了中国企业在印度尼西亚经营的难度和成本（耿伟伟，2019）。

十、美国

（一）中美天然气能源合作基础

随着美国页岩气开采技术的突破，美国能源信息署认为2020～2050年美国将成为能源净出口国，天然气将会是美国的重要出口资源（周庆凡，2021）。美国逐渐成为天然气进出口国的这段时期，也是我国近30年的能源革命时期。因为中美之间的贸易摩擦，美国停止向中国出口天然气。随着中国减免了部分进口关税，自 2020 年 3 月起，首次有美国企业将液化天然气出售到中国。

中国对天然气日益增加的需求可以通过从美国进口液化天然气来缓解，而且这一举动将有利于缓解中美围绕贸易和页岩油气竞争引发的贸易争端。美国成为天然气净出口国这一转变，有利于我国从更广泛的国际市场选择进口天然气等能源，能减轻对澳大利亚、土库曼斯坦等国家的进口依赖，减少进口成本。此外，我国适当地从美国获取一定量的天然气资源，满足美国的天然气出口需求，可以有效缓解两国的紧张对立关系。同时，扩大天然气供应来源也有利于优化中国天然气供应格局。

（二）中美能源合作现存障碍

中美天然气贸易阻碍很大程度上受到政治因素的影响。首先，中美签订的天然气贸易仍旧具有较大不确定性，2015 年美国减弱对原油出口的控制，中国由此加大和美方的原油合作，居于美国原油出口国家名单前列。但近些年来受中美贸易摩擦影响，2018 年中国在美国的原油进口量急速减少，美方未如约履行签订的协议，中美能源贸易安全难以保障。

此外，在中美能源贸易中，美国掌握天然气定价权，中国处于劣势地位，难以掌握定价权，进口成本较高，对我国经济造成了一定损失。除此之外，美国多次向我国施压，试图阻碍中国能源产业的发展，降低中国在国际社会中的竞争力和影响力，因此在未来要进一步把握中美贸易的合作形势。

综上所述，进口来源国的风险多样，决定了我国在选择天然气进口来源国时要进行综合考虑。经济实力雄厚的国家可能资源储备较为薄弱，资源储量丰富的国家也可能存在政治秩序不稳定的问题。对于各项因素影响程度的权衡选择是我国目前面临的一个难题。总之，应全面地评估天然气进口风险，不能只根据单个因素片面地下结论。我国依然在积极寻求天然气进口来源地的多元化，希望与新兴的有能源开采潜力的国家进行合作，以缓解天然气源地给我国天然气进口安全带来的风险，这也是我国天然气行业现阶段的重要任务。

第四节　我国天然气进口运输路线

管道运输和海上运输是我国天然气进口的两种基本运输方式。两种运输方式都有其优点和缺点。管道运输受陆地地形和距离的限制，但比海运更稳定。海运不受地理和距离的限制，但运输途中的风险高于管道运输，按目前的技术水平，远距离的运输没有比海上运输更好的方式。天然气输送管道的建设，一般要从地形条件、途经国家、管道铺设长度等方面进行考虑，海上运输要考虑途经的海域、采取的路线和海盗袭击的可能性。

一、管道天然气

中国的管道天然气进口主要集中在北方，主要来自哈萨克斯坦、缅甸、土库曼斯坦和俄罗斯。从周边国家进口天然气，运输路线短，成本低，符合经济效益原则，供应稳定、快速。目前，中国拥有西北的中亚、西南的缅甸和东北的俄罗斯三条天然气运输通道，为"西气东输"通道的天然气供应提供了积极、稳定的保障（董鑫，2019）。我国天然气进口管道运输路线如表3-2所示。

表3-2　　　　　　　　我国天然气进口管道运输路线

管道	天然气运输路线	天然气来源地
中亚管线	A、B线：格达依姆—乌兹别克斯坦—哈萨克斯坦—阿拉山口—中国新疆霍尔果斯； C线：格达依姆—乌兹别克斯坦—哈萨克斯坦—中国新疆霍尔果斯； D线：土乌边境—乌兹别克斯坦—塔吉克斯坦—吉尔吉斯斯坦—中国新疆乌恰	土库曼斯坦 哈萨克斯坦
中缅管线	缅甸西海岸皎漂市—曼德勒—中国云南瑞丽	缅甸
中俄管线	西西比利亚气田—中国黑龙江黑河	俄罗斯

（一）中亚管线

目前，中亚与我国建立的天然气输送管道总共分为A、B、C、D四线，其中A、B两线同时进行双线铺设，全长大约1万千米，是世界上最长的天然气管道。从阿姆河右岸出发，途经乌兹别克斯坦和哈萨克斯坦两国，在阿拉山口进入中国境内，之后从新疆霍尔果斯开始分别向东输送到上海，向南输送到广州。

（二）中缅运输路线

数据统计，中缅天然气管道一期于2013年7月正式投产，截至 2020 年 1 月 1 日，该管道已经累计向中国市场输送 246 亿立方米天然气，成为我国重要的天然气供应渠道之一。① 与此同时，此条运输路线从陆上行进，绕开了海上要地——马六甲海峡，可以减少我国对马六甲海峡的依赖，对降低海上进口天然气的风险、保障能源安全有重大意义。

（三）中俄运输路线

中俄东线天然气管道包括俄罗斯西伯利亚管道和中俄东线天然气管道。俄罗斯的这条管道全长约 3000 千米，从俄罗斯东西伯利亚开始，从布拉戈维申斯克一直到中国黑龙江省的黑河市。中国的新管道长 3371 千米，现有管道长 1740 千米。

二、液化天然气

海上能源运输有单次运量大、运输成本低、通过能力强的特点，是国际贸易中最主要的运输方式，也是我国能源资源进口的主要运输通道。与管道气受限于地理位置相比，海上运输有着更广阔的发展空间，并且资源国的选择也更多。由于我国南方临海，海上运输天然气集中在南方，主要从中东、西非、北非、东南亚，以及澳大利亚等地进口液化天然气。同时，由于海上运输的距离较长，速度较慢，沿途还会有海盗袭击等突发状况，这给

---

① 中缅油气管道未因疫情停工 3 个月输送原油超 200 万吨［EB/OL］. 国家能源局网. https：//www. nea. gov. cn/2020 − 04/30/c_139021373. htm.

我国天然气进口带来了相关的风险。我国液化天然气进口航线如表 3 - 3 所示。

表 3 - 3 　　　　　　　　我国液化天然气进口航线

海上航线	液化天然气运输路线	天然气来源国
大洋洲航线	澳大利亚东南海域港口—珊瑚海海域—所罗门海域—菲律宾东部海域—中国南海	澳大利亚
东南亚航线	马六甲海峡附近的杜迈等港口—新加坡海域—马来西亚海域—越南海域—菲律宾西部海域—中国南海	印度尼西亚 马来西亚
中东航线	波斯湾—霍尔木兹海峡—阿曼湾—巴基斯坦沿海—印度西海岸—马尔代夫北部海域—斯里兰卡南部海域—印度洋东北部—马六甲海峡—马来西亚海域—越南海域—菲律宾海域—中国南海	也门 卡塔尔
北非航线	利比亚海湾—埃及地中海海域—苏伊士运河—红海—苏丹海域—厄立特里亚海域—也门海域—吉布提海域—曼德海峡—亚丁湾—阿拉伯海—马尔代夫北部海域—斯里兰卡南部海域—印度洋东北部—马六甲海峡—马来西亚海域—越南海域—菲律宾海域—中国南海	埃及
西非航线	尼日利亚海域—喀麦隆海域—赤道几内亚海域—加蓬海域—刚果海域—安哥拉海域—纳米比亚海域—南非海域—好望角—莫桑比克海域—马达加斯加岛南部海域—印度洋东北部—马六甲海峡—马来西亚海域—越南海域—菲律宾海域—中国南海	尼日利亚 赤道几内亚

资料来源：王旻昊，2015。

其中，主要海上节点有以下四个：

一是马六甲海峡。马六甲海峡位于苏门答腊岛和马来半岛之间，长约 1090 千米，是重要的海上咽喉要道。它由印度尼西亚、马来西亚和新加坡共同管理，在海上交通中发挥着重要作用。

二是霍尔木兹海峡。有"海湾的咽喉"之称的霍尔木兹海峡位于亚洲西部，在战略和航运方面有重要地位，也因此成为西方国家争夺控制权的重要战略目标。霍尔木兹海峡是我国从中东、非洲进口能源的必经之路，在我国能源进口安全中的战略地位不容小觑。

三是苏伊士运河。苏伊士运河贯通苏伊士地峡，沟通地中海和红海，是世界上最繁忙的运河，其通行的船舶数量和货运量与其他国际运河相比，当属世界之最。

四是好望角。连接大西洋和印度洋的唯一途径。尽管苏伊士运河的开通缩短了欧洲与亚洲之间的贸易距离，但对于承载资源重量30万吨以上的巨轮，仍需要绕过好望角进行输送，因此，好望角在世界能源运输线上也是一个重要节点。

我国自2006年开始进口天然气到现在，选择的天然气出口国不断增多，进口路线也在不断增加。从运输距离来看，我国管道天然气的进口路线相对海上进口路线来说较为安全。海上运输距离较长，且大多数都需要经过马六甲海域、中国南海到达我国境内，其中马六甲海峡是突发事件的高频发生区域，恐怖主义事件和海盗袭击经常发生。

第五节　我国天然气进口价格

一、国际天然气市场定价和"亚洲溢价"

欧盟、北美，以及以日本为中心的亚洲是目前国际上的三大天然气市场。我国液化天然气的进口价格在整个天然气国际市场上要高于管道气的进口价格，因此，相比之下，管道天然气更具有经济优势。但是与欧盟和北美的天然气价格相比，我国天然气进口价格处在价格高位，这是由于我国所处的亚太市场始终没有形成成熟的交易系统，缺乏对油气价格制定的话语权，存在"亚洲溢价"现象。

天然气的进口价格受到多方面因素的影响。从长期波动来看，天然气的进口价格往往与国际原油价格挂钩，而国际原油价格波动较为频繁、波动的大小不可预见且没有明显的变化规律。在世界贸易格局多元化的今天，无论是石油、天然气还是其他能源的价格波动，都受到了世界经济变动造成的影响。更为重要的是，天然气与石油相比更加具有不可替代性，这些因素都使天然气价格变化更加不确定和不可预测。

天然气进口价格的波动与社会经济发展息息相关，尤其是我国正处于能源结构转型的关键时期，天然气价格的变化不可避免地会通过影响我国天然气进口成本从而影响我国天然气进口需求倾向。我国地处亚洲，在未来天然气行业发展中应该朝着成为亚洲天然气交易市场中心、掌控天然气定价权的方向努力，打破"亚洲溢价"的束缚。

二、管道天然气价格

我国主要从中亚地区的土库曼斯坦、乌兹别克斯坦和哈萨克斯坦三国以及缅甸、俄罗斯进口管道天然气，天然气的进口价格与管道运输距离有关。

根据《天然气情报周刊（第 33 期）》数据，从中亚三国来看，哈萨克斯坦的运输距离最近，气价最低，2017 年、2018 年的进口价格均低于 1.5 元/立方米；土库曼斯坦在三国中距离最远，天然气价格最高，且价格同上一年的价格相比增速最快，2017 年、2018 年分别增长 14.87%、18.70%；2019 年，从乌兹别克斯坦进口的天然气价格同比增长 31.62%。

2019 年，从俄罗斯输入黑龙江的天然气均价为 1.495 元/立方米，与中亚气价相近。相比之下，从缅甸进口的天然气价格远高于中亚和俄罗斯，始终处于 2.4 元/立方米的高位。

三、液化天然气价格

在我国天然气进口总量中，液化天然气进口比重逐年增加，且在 2017 年首次超过管道气，2018 年我国液化气进口量占天然气进口总量的 59%，并成为全球第一大液化天然气进口国。澳大利亚、卡塔尔、马来西亚、印度尼西亚等是我国近年来主要的液化天然气进口来源国。

在 2018 年、2019 年，我国液化天然气平均进口价格分别是 2.485 元/立方米、2.692 元/立方米。在 2010~2019 年管道天然气和液化天然气均价对比中，除 2010 年管道进口天然气的平均价格高于液化天然气进口的平均价格外，整体上我国液化天然气的进口价格要高于管道天然气进口价格。从 2013 年开始，管道气均价和液化气均价的差距渐渐拉大，到 2014 年差距达到 0.715

元/立方米。之后两年，差距慢慢回缩，从 2017 年开始差价重新回升，在 2018 年液化天然气的进口均价大幅拉高后，价格差距达到了 0.886 元/立方米的历史高位，2019 年再次回落。我国管道气和液化天然气进口均价如表 3 - 4 所示。

表 3 - 4　　　　　　我国管道气和液化天然气进口均价对比　单位：元/立方米

年份	管道气均价	液化天然气均价	差价
2010	1.897	1.567	- 0.330
2011	2.134	2.346	0.212
2012	2.462	2.720	0.258
2013	2.208	2.812	0.604
2014	2.197	2.912	0.715
2015	1.653	2.151	0.498
2016	1.378	1.752	0.374
2017	1.597	2.215	0.618
2018	1.742	2.628	0.886
2019	1.953	2.430	0.476

资料来源：①2015 年 1 月至 2019 年 12 月进口主要商品量值表［EB/OL］. 海关总署网．http：//www.customs.gov.cn/customs/302249/302270/302277/302276/310072/index.html.
②《BP 世界能源统计年鉴 2020》［EB/OL］. BP 公司网．https：//www.bp.com/en/global/corporate/energy - economics.html.
③CEIC 宏观经济数据库［DB/OL］. https：//insights.ceicdata.com.cn.

在能源转型的战略情形下，可以预估未来我国天然气的进口量会增加、对外依存度也会进一步上升，因此，我国如何积极寻求更具经济性的天然气进口价格，降低进口成本，建立以我国为中心的亚洲天然气交易市场是我国一直寻求解决的重大问题。

第六节　本章小结

　　国内天然气供需缺口不断扩大和国际形势复杂多变使能源进口安全成为我国现在关注的主要问题。天然气进口价格成本低、进口来源地多元、进口运输路线安全这三个环节的实现与否共同决定了天然气的进口安全。因此，本章分别对天然气进口来源地、进口运输路线以及天然气进口价格的安全现状及问题进行了一个简单的剖析。进口来源地带来的风险指进口来源国因其政治、经济、资源、军事等因素在现在或者未来可能发生不确定性变动从而导致进口国能源供应中断的威胁，进而给进口国的社会、经济带来一系列负面影响。进口来源地的风险来源多样，决定了在选择进口来源国时不能单一地从一方面进行考虑，根据实际情况选择合适的天然气运输路线以及最大限度地降低天然气运输路线的风险是保障国家天然气安全至关重要的一环。

第四章

全球天然气进出口
网络特征分析

　　由于全球天然气资源分布不均及供需双方的时空差异，天然气资源难以实现区域范围的市场均衡，从而导致天然气资源在全球范围内流动（肖建忠等，2013）。天然气在贸易国间的流动形成了全球天然气贸易网络，即天然气在全球的流动具有显著的网络特征（李佳蔓，2019）。由于全球天然气储存、生产及消费区域分布极度不均衡，各国需求增长将导致全球天然气贸易网络愈加复杂，贸易活动的增加将提升天然气进口风险（张宏等，2020；Lu et al.，2014）。复杂网络本质上的非同质拓扑结构，决定了网络中每个节点的重要程度是不同的，少数拥有大量连接度的重要节点对网络的整体性能起着关键作用（王甲生等，2012）。天然气贸易网络中重要节点的变化对于整个贸易网络具有巨大的影响，将会改变贸易量或流动方向，甚至会导致天然气贸易网络运作瘫痪（谢丰等，2011）。因此，厘清天然气贸易节点重要性变化，将有助于我国解决天然气进口源头单一、依赖高等问题，保障我国天然气进口安全。

　　复杂网络理论被广泛应用于天然气贸易网络的结构特征和网络节点关联关系等方面的研究，主要集中在以下三个方面：①从整体层面，相关文献运用网络密度、最短路径和聚类系数等指标，探讨了全球或区域天然气贸易的网络拓扑结构和贸易集群现象。全球天然气贸易网络呈现无标度分布，液化天然气贸易网络的连接更为紧密（Jiang et al.，2014）。全球天然气贸易关系分布具有幂律性，网络密度总体较低，局部表现出聚集性（杨鑫等，2012）。此外，也有学者运用复杂网络理论对"一带一路"沿线国家和地区的天然气贸易网络进行分析。"一带一路"天然气贸易网络具有"区域小世界"特性，区域内贸易紧密度呈波动上升趋势（温馨等，2020）。"丝绸之路经济带"天然气贸易网络紧密度不断增加，但网络密度还较低，"核心—边缘"结构并不稳定，不断发生着重组与变更（马远等，2017；徐俐俐等，2017）。②从节点层面，相关文献依据节点度值和介数中心性等指标，分析了节点国家在天然气网络中的地位和作用。刘劲松（2016）利用节点度值等指标，分析了全球天然气贸易网络中的主要贸易节点国家，指出我国对全球天然气贸易的影响力在逐渐上升。马远等（2017）运用节点度值、异质性和中介性等指标，分析了"一带一路"天然气贸易网络中的核心贸易国家，指出我国凭借进口规模的扩大，在网络中的贸易影响力逐渐增强，加权度中心性仅次于俄罗斯。③对全球天然气贸易网络优化、网络竞争格局和网络连接链路模拟等进行了研究和分析（Halit et al.，2014；Chen et al.，2016；Sida et al.，2017）。

　　复杂网络中节点重要性是指节点的影响力、地位或者其他因素的综合。从网络拓扑结构选取评价指标是研究这类问题常用的方法之一，常用的评价指标大多针对某种具体问题提出，从某个角度探讨节点的重要性，都有着自身的优缺点（于会等，2013）。例如，基于节点度中心的重要性评价方法强调节点和邻居节点连边的数量，在一定程度上体现了节点在网络的直接影响力，但具有相同度值的节点，在网络中的重要性不一定相同；介数中心性刻画了节点或边对网络中能量流的控制能力，该指标一般按照最短路径定义，然而在实际网络中，能量流不一定沿着最短路径流动，而是根据实际需求进行路径选择；接近中心性考虑了节点间连通的独立性，即与其他节点连通的可能性对连通所需中间媒介的最少个数的依赖程度，但该指标很大程度上依赖于网络的拓扑结构，并非所有网络可用（刘建国等，2013）。天然气贸易网络复杂且千变万化，节点的重要性与网络的整体结构和网络自身功能相关，仅用单一指标很难准确判断出贸易节点重要性（郭晓成等，2017）。因此，对于全球天然气贸易复杂网络的节点重要性评价，本章将从静态复杂网络结构特征和动态网络功能维度选取多个评价指标，构建健全的评价体系，以对全球天然气贸易格局进行全面综合分析，避免单一指标评价的不足。

　　综上所述，现有文献已对全球或区域天然气贸易的网络结构特征、贸易格局及贸易集聚性等方面进行了相关的研究，为本书研究提供了很好的借鉴。

第一节 研究方法及数据来源

复杂网络包含多个节点和多条节点之间的连边，节点之间根据一定的规则连接，不同的连接规则，会形成不同的网络。本书将天然气贸易国家作为节点，贸易关系作为边，贸易流向作为方向，贸易量作为权重，构建有向加权的全球天然气贸易复杂网络模型。记集合 $G = (U, E)$ 表示某年的有向加权的全球天然气贸易复杂网络。其中，U 表示网络中的节点集合，$|U| = n$ 表示网络中的节点总数，即当年参与全球管道天然气贸易的国家总数；E 表示网络中的边集合，即当年参与全球管道天然气贸易的国家之间贸易关系的集合。

数据来源于《BP 世界能源统计年鉴》。选取有关全球天然气进出口国家的贸易实际数据，对 2013～2019 年全球天然气贸易复杂网络演化情况进行分析。为了简化计算，未考虑规模小于 0.05×10^9 立方米的贸易主体国家。

首先，本书从静态复杂网络结构特征角度，选取度中心性、聚类系数、介数中心性和接近中心性等节点国家重要性评价指标。其次，本书从动态网络功能维度，以节点国家的天然气贸易流动占比为指标，利用节点国家进出口贸易量的大小来评价节点国家重要性程度。

1. 度中心性

在全球天然气贸易网络之中，节点国家的度值大小，表示与之有直接贸易关系往来国家的多少。度值越大，说明与之有贸易往来的国家越多，该节点国家贸易关系越复杂，节点国家重要性程度越大；反之，则越小。在一个包含 n 个节点国家的网络中，节点国家最大可能的度值为 $n-1$，便于比较进行归一化处理，得到节点国家度中心性指标：

$$DC_i = \frac{k_i}{n-1}$$

其中，DC_i 表示节点国家 i 的度中心性；k_i 表示节点国家 i 的度值；n 表示节点国家总数。

2. 聚类系数

在全球天然气贸易网络之中，聚类系数的大小，表示一个节点国家和相邻节点国家发生贸易往来的可能性大小，是衡量节点联系强度与网络紧密程度的指标。节点国家和邻近节点国家之间联系越多、联系强度越大，则聚类系数越大；反之，则越小。节点国家 i 的聚类系数 C_i 的计算公式如下：

$$C_i = \frac{2e_i}{k_i(k_i-1)}$$

其中，C_i 表示节点国家 i 的聚类系数；e_i 表示节点国家 i 与邻居节点国家之间的连边数；k_i 表示节点国家 i 的度值。

3. 介数中心性

介数中心性大小，反映了该节点对于网络流动的控制能力，即作为"桥"（节点之间连通的线）的程度。在全球管道天然气贸易之中，介数中心性衡量出节点国家对天然气资源的控制程度和枢纽能力。介数中心性越大，该节点国家在网络之中的影响力越大，重要性越大；反之，则越小。节点国家 i 的介数中心性 BC_i 的计算公式如下：

$$BC_i = \sum_{i \neq c \neq r} \frac{g_{cr(i)}}{g_{cr}}$$

其中，BC_i 是节点国家 i 的介数中心性；$g_{cr(i)}$ 表示从节点国家 c 到节点国家 r 会经过节点国家 i 的最短路径条数；g_{cr} 表示从节点国家 c 到节点国家 r 的所有最短路径条数。

4. 接近中心性

接近中心性表示节点到复杂网络中其他所有节点的距离平均值的倒数。在全球管道天然气贸易之中，接近中心性的大小，则衡量了节点国家距离贸易网络中心位置的远近，也在一定程度上体现贸易发生的可能性大小。接近中心性越大，节点越靠近贸易网络中心；反之，则越远离。节点国家 i 的接近中心性 CC_i 的计算公式如下：

$$CC_i = n/\sum_{c=1}^{n} d_{ic}$$

其中，CC_i 表示节点国家 i 的接近中心性；d_{ic} 表示节点国家 i 到节点国家 c 的距离；n 表示节点国家总数。

5. 出口、进口流动占比

全球天然气贸易复杂网络的功能体现在天然气资源的流动。节点国家每年出口、进口量占该年份所有国家出口、进口总量的大小，反映出该节点国家在该年份的天然气资源流动过程中所作的贡献大小。所占份额越大，重要性程度越高；反之，则越低。

$$Q_i^{out}(t_s) = \frac{X_i^{out}(t_s)}{\sum\limits_{i=1}^{n} X_i^{out}(t_s)}$$

$$Q_i^{in}(t_s) = \frac{X_i^{in}(t_s)}{\sum\limits_{i=1}^{n} X_i^{in}(t_s)}$$

其中，Q_i^{out} 和 Q_i^{in} 分别表示节点国家 i 在第 t_s 年的天然气出口流动占比和进口流动占比；$X_i^{out}(t_s)$ 和 $X_i^{in}(t_s)$ 表示在第 t_s 年节点国家 i 的天然气出口总量和进口总量，$\sum\limits_{i=1}^{n} X_i^{out}(t_s)$ 和 $\sum\limits_{i=1}^{n} X_i^{in}(t_s)$ 表示在第 t_s 年所有节点国家的天然气出口总量和进口总量。

第二节 动态综合评价模型

本书结合"熵值法"和"时序加权平均（TOWA）算子"构建全球天然气贸易复杂网络的节点重要性动态综合评价模型，首先，采用"熵值法"确定各个重要性指标在不同时刻的权重系数，运用线性加权综合模型进行第一次加权集结；其次，利用"时序加权平均算子法"进行第二次加权集结，突出时间影响，确定各个节点国家在整个时间段的重要性综合评价值。

一、指标无量纲化

由于评价指标量纲不同，本书采用极值法对指标数据进行无量纲化处理。

$$x_j' = \frac{x_j}{x_{j(\max)}}, \quad j = 1, 2, \cdots, 5 \qquad (4-1)$$

其中，x_j' 为无量纲化处理后的指标值；x_j 为指标值；$x_{j(\max)}$ 为极大值。

二、第一次加权集结、第二次加权集结

首先，采用熵值法得到 t_s 时刻指标 x_j 的权重系数 $V_j(t_s)$，运用线性加权综合模型求出节点国家 i 在 t_s 时刻的综合评价值 $y_i(t_s)$。其中，$t_1 \sim t_7$ 表示 2013～2019 年 7 个不同时刻：

$$y_i(t_s) = \sum_{j=1}^{5} x_j' V_j(t_s) \quad i = 1, 2, \cdots, n;$$
$$s = 1, 2, \cdots, 7; \quad j = 1, 2, \cdots, 5 \qquad (4-2)$$

其次，评价对象、评价指标和时间共同构成三维立体数据，引入 TOWA 算子对第一次加权集结得到的综合评价数值 $y_i(t_s)$ 进行"时间维度"的第二次加权集结，即：

$$h_i = F(<t_1, y_i(t_1)>, <t_2, y_i(t_2)>, \cdots, <t_7, y_i(t_7)>)$$
$$= \sum_{s=1}^{7} w_s b_{is} \qquad (4-3)$$

其中，h_i 为节点国家 i 的重要性综合评价值，$W = (w_1, w_2, \cdots, w_7)^T$ 是时间权向量，b_{is} 是 t_s 时刻所对应的 TOWA 算子对中的 $y_i(t_s)$。

三、时间权向量的确定

由上述计算公式（4-3）可知，科学地确定时间权向量

$W = (w_1, w_2, \cdots, w_p)^T$ 将是得到节点国家重要性评价结果的关键。时间权向量 W 体现对不同时刻的重视程度，在求解之前，先提出时间权向量的"熵" I 和"时间度" λ 的定义式：

$$I = -\sum_{s=1}^{p} w_s \ln w_s \, ; \, \lambda = \sum_{s=1}^{p} \frac{p-s}{p-1} \qquad (4-4)$$

时间权向量的"熵"反映在数据集结过程中权重包含信息的程度，熵值越大，所包含的信息量越小。"时间度" λ 体现了数据集结过程中对时序的重视程度，λ 在 $[0,1]$ 中取值，取值越小，越重视近期数据；反之，则越注重远期数据。

采用数学规划模型求解时间向量 $W = (w_1, w_2, \cdots, w_p)^T$：

$$\begin{cases} \max\left[-\sum_{s=1}^{p} w_s \ln w_s\right] \\ \text{s. t.} \; \lambda = \sum_{s=1}^{p} \frac{p-s}{p-1} w_s \, ; \, \sum_{s=1}^{p} w_s = 1 \, ; \, w_s \in [0,1] \, ; \, p = 7 \end{cases}$$

$$(4-5)$$

第三节　全球天然气进出口的结构特征

采用"极值法"对指标数据进行无量纲化处理，利用"熵值法"计算 2013～2019 年全球天然气出口节点国家和进口节点国家评价指标的权重系数，分别如表 4-1 和表 4-2 所示。

表 4 - 1   2013 ~ 2019 年全球天然气出口节点国家

重要性评价指标的熵权重   单位：%

指标权重	年份						
	2013	2014	2015	2016	2017	2018	2019
节点度中心性	11.89	11.35	12.46	11.40	10.38	7.99	9.08
聚类系数	20.69	18.71	19.62	25.86	24.21	26.53	24.66
介数中心性	44.21	47.28	46.52	41.95	43.46	42.25	44.15
接近中心性	1.37	1.38	2.69	1.52	1.08	1.89	4.27
出口流动占比	21.84	21.28	18.71	19.27	20.87	21.34	17.84

表 4 - 2   2013 ~ 2019 年全球天然气进口节点国家

重要性评价指标的熵权重   单位：%

指标权重	年份						
	2013	2014	2015	2016	2017	2018	2019
节点度中心性	9.45	9.83	10.16	8.95	8.61	6.75	7.53
聚类系数	15.66	16.43	14.57	18.90	19.63	17.49	15.69
介数中心性	36.05	36.09	37.99	34.73	34.14	37.92	38.87
接近中心性	27.63	27.25	26.90	27.18	27.38	26.29	26.84
进口流动占比	11.21	10.40	10.38	10.24	10.24	11.55	11.07

从表中可以看出，2013 ~ 2019 年全球天然气贸易格局稳定。

管道天然气出口格局为：①俄罗斯凭借自身丰富的天然气资源及地理位置，与很多欧洲国家、部分中东国家、部分亚洲国家建立了长期的管道天然气贸易关系。俄罗斯常年占据贸易复杂网络的核心位置，对全球管道天然气贸易复杂网络有绝对的流量控制能力。②荷兰、美国和英国在全球管道天然气贸易复杂网络中承担较多的贸易流动枢纽作用。这几个国家会进口大量管道天然气，将超过本国需求部分出口给邻居节点国家，以获取中转贸易利润，同时也推动管道天然气贸易流动。但由于运输条件和成本的限制，其中转范围一般保持在地理位置较近的节点国家，一般不会出现大范围中转情况。③哈萨克斯坦、乌兹别克斯坦和挪威的天然气产量丰富，出口对象国家都较为稳定，贸易关系较为单一，位于全球管道天然气贸易复杂网络中心附近。

全球管道天然气进口格局为：①俄罗斯、哈萨克斯坦和伊朗虽然进口量不多，但是由于它们在进口网络之中的枢纽作用，对邻居节点国家影响力较大或距离管道天然气贸易中心的距离较近。②荷兰、美国和英国虽然进口量较多，但是进口的大部分被用于二次贸易，让天然气流动到周围邻居节点国家，在贸易网络之中作为枢纽节点，贸易往来关系较为复杂。③德国、法国、比利时、墨西哥、意大利和中国进口目的是解决国家自身天然气需求问题，在进口端占据绝对地位。此外，通过管道进口天然气的国家数量有所下降。

相较于亚太、中东等地区，欧洲、美洲等地区的天然气资源更加丰富，区域间管道天然气贸易往来密切且复杂，存在多个中转枢纽国家，市场化程度更高，贸易流转频率更加快速。非洲虽然天然气市场化不高，但是地理位置优越，天然气储备资源丰富。相较于中东、亚洲等地区，欧洲国家间的管道天然气贸易往来频繁且复杂，进口、出口量较大，且天然气价格由市场所决定。中东、亚洲等地区基本没有小区域范围内的管道天然气贸易，管道天然气贸易基本是被迫进行，天然气价格无法由市场决定，更多是由出口节点国家决定。全球管道天然气贸易流向，大范围是从欧洲、美洲向亚洲、中东流动，贸易往来关系较为单一，贸易关系较稳定，贸易量有所下降；小范围则是在欧洲、美洲内部国家间的流动，贸易往来关系复杂，贸易关系变化较大，贸易量变化不大。整体管道天然气贸易区域化情况为：大范围是从中欧、美洲向亚洲、中东流动，贸易往来关系较为稳定，随着液化天然气运输方式的发展，贸易量有所下降；小范围则是在欧洲、美洲内部国家之间流动，贸易往来关系复杂，贸易双方变化频繁，但是贸易量变化不大。

早年间，全球液化天然气贸易核心国较少，主要集中在欧洲，出口核心区域主要集中在北欧的挪威等地，进口核心区域主要是西欧等地。近几年来，由于海运航线四通八达、费用低、灵活性强，全球液化天然气贸易核心分布广泛，基本实现了一体化格局，各国家的液化天然气贸易合作选择将更加多样化，天然气获得价格更低。

我国从 2003 年开始进口天然气，2006～2009 年我国主要从澳大利亚以海运的方式进口液化天然气，天然气进口来源国单一，对澳大利亚气源依赖程度很大。我国在 2013～2019 年管道天然气进口总量的 76.74% 都来源于土库曼斯坦，其余部分则来源于哈萨克斯坦、乌兹别克斯坦及缅甸。由此可见，我国管道天然气进口过度依赖土库曼斯坦。随着中俄管道的正常运作，从不同国家进口管道天然气的比例应该会有所调整，有助于巩固我国管道天然气供应安全。随着液化天然气贸易迅速发展，"亚洲溢价"逐渐消失，我国不再被长期管道天然气合同牵制，逐渐开始采取多区域、多国家的液化天然气进口模式。此外，由于中俄管道的开通，我国增加了与中亚三国及缅甸的谈判资本，可考虑进行双边或多边的谈判，构建出合理的管道天然气进口定价机制。

目前，我国管道天然气进口路径包括中亚天然气管道、中缅天然气管道及中俄天然气管道。中亚天然气管道 A、B、C、D 线的构建完成，将我国和土库曼斯坦、哈萨克斯坦及乌兹别克斯坦联系起来，完善了我国西北方向管道天然气进口通道。中亚天然气管道可继续向南建设，与阿塞拜疆和里海地区相连接。中缅天然气管道的启用，标志着中国西南方向管道天然气进口通道的完善，减少了我国对马六甲海峡的依赖程度，降低了我国海上进口天然气的风险。利用中缅天然气管道，可继续开拓"巴西—印度尼西亚—伊朗"及中巴经济走廊的管道天然气贸易，也可以考虑从中东、非洲进口天然气，走中缅管道进入中国。中俄天然气管道的构建，打通了中国东北方向管道天然气进口路径，进一步完善了我国管道天然气进口路径多元化，进而降低了我国天然气进口风险。

第四节　本章小结

本章构建全球天然气贸易复杂网络，从静态网络结构特征与动态网络功能维度选取多个指标，运用"熵值法"和"时序加权平均算子"构建节点国家重要性动态综合评价模型，利用2013～2019 年全球天然气贸易数据进行实证分析。结果表明：从全球管道天然气出口视角看，俄罗斯占据核心地位；哈萨克斯坦和挪威等靠近网络中心、出口稳定；荷兰、美国和英国起贸易枢纽作用；阿尔及利亚和加拿大等虽出口量大，但贸易关系单一。德国、法国和中国等国家受限于能源禀赋，在进口端占据重要地位。美洲、欧洲地区管道天然气贸易流转速率和市场化程度优于中东、亚太和非洲地区。全球液化天然气贸易核心分布广泛，基本实现了一体化格局，各国的液化天然气贸易合作选择将更加多样化，天然气获得价格更低。全球管道天然气贸易格局为：大范围是从欧洲、美洲向亚洲、中东流动，贸易往来关系较为单一，贸易关系较稳定，贸易量有所下降；小范围则是在欧洲、美洲内部国家间流动，贸易往来关系复杂，贸易关系变化较大，贸易量变化不大。整体管道天然气贸易区域化情况为：大范围是从中欧、美洲向亚洲、中东流动，贸易往来关系较为稳定，随着液化天然气运输方式的发展，贸易量有所下降；小范围则是在欧洲、美洲内部国家之间流动，贸易往来关系复杂，贸易双方变化频繁，但是贸易量变化不大。

第 五 章

我国天然气进口复杂
网络结构分析

　　天然气进口与其他国际货物进口一样存在复杂性和关联性，涉及的国家和地区众多，进口往来关系复杂，具有明显的复杂网络特性。天然气进口效率和稳定性很大程度上取决于进口网络结构。因此，采用复杂网络理论，能够更好地了解天然气进口网络中各个主体之间的关系，从而优化网络运作，提升流动效率（钟维琼，2016）。

　　复杂网络理论是研究网络结构特征和节点之间关系的有效手段，能够有效分析各个贸易主体之间的关系，被广泛应用于各种国际货物进出口研究（汪小帆，2007）。塞拉诺等（Serrano et al. , 2003）最先采用复杂网络理论对国际贸易进行研究，且发现国际贸易网络表现出典型的复杂网络特性，具有无标度分布、小世界属性和高集聚系数等特征。国内外学者采用复杂网络理论对矿产资源进出口、手机进出口及石油进出口等进行了细致的研究（余慧等，2021；刘清等，2021；夏四友等，2020）。

　　国内外学者将复杂网络理论应用于天然气进口研究之中，取得了较多成果。其一，从网络节点层面，利用节点入（出）度、节点中心性和介数中心性等指标，分析节点国家在网络之中的地位和作用。刘劲松（2016）利用网络中心性、节点中心度等指标，分析出天然气网络中主要节点国家有俄罗斯、土库曼斯坦、挪威、日本、韩国、意大利和中国，且中国在全球天然气进口网络中的影响力快速上升。崔巍等（2020）基于 BBV 网络演化模型，引入国家距离和国家液化天然气贸易吸引度指标，发现各个国家的液化天然气伙伴数量增加，其中美国、中国和日本在网络中的核心程度增加。马远等（2017）采用节点强度、中介性等指标，分析出俄罗斯、卡塔尔、新加坡和中国属于"一带一路"天然气网络的中心国；中国凭借进口规模的扩大，在网络中的影响力逐渐增强，加权度中心性仅次于俄罗斯（温馨等，2020）。其二，从网络整体层面，采用网络密度、聚类系数和网络最短路径等相关指标，探讨了全球或区域天然气流动格局、网络结构特征和集群现象。全球天然气进口网络不是典型的无标度网络，但存在异质性（贸易不均匀），局部表现出聚集性，整体为核心边缘结构（张宏等，2020）。全球天然气进口网络密度较低，进口关系具有幂律性和群簇性，主要涉及国家有俄罗斯、土库曼斯坦、荷兰和中国等（杨鑫等，2012）。其中，管道天然气进口网络的集聚效应更加明显，而液化天然气进口网络密度要明显大于管道天然气进口网络密度（Geng et al.，2014）。此外，也有学者采用复杂网络理论分析"一带一路"沿线的天然气进口网络，发现"一带一路"天然气进口网络具有鲁棒性和小世界特性，进口格局符合"马太效应"，中国凭借进口规模的扩大，在网络中的影响力逐渐增强（李载驰等，2019）。"丝绸之路"经济带的天然气进口网络紧密度在不断增长，天然气进口网络存在异质性，进口联系不够紧密，"核心—边缘"结构并不稳定，不断发生着重组与变更（马远等，2021；徐俐俐等，2017）。其三，还有学者对全球天然气网络优化、网络竞争格局和网络连接链路模拟等进行了分析和研究（Halit et al.，2014）。

第一节　经典复杂网络模型

目前，学者们基于对实际复杂网络特征的潜心研究，逐渐在文献中创建了诸多以复杂网络基础模型为框架的扩散模型。构建网络模型可以较好地解决实际问题，通过网络不仅能直观地描述抽象连接中的关系，同时还能较为形象地折射出网络中节点间通过边发生的动力学演化行为。常见的经典复杂网络模型，包括随机网络模型、小世界网络模型和无标度网络模型。

一、随机网络

随机网络是节点连接时随机选择和相邻节点连接而生成的复杂网络，研究发现有多种具体的配置方式。目前，由埃尔德什和雷尼提出的经典随机网络模型是较为常用的基础模型。随机网络模型又被称为 ER 随机网络模型，具体的生成步骤如下：

（1）模型初始化：随机产生 N 个互不连接、孤立的网络节点。

（2）节点之间的连接：随机从 N 个孤立的节点中选取 2 个节点，若这两个节点间不存在连接关系，则从整体网络中抽取任意个节点以大小为 p 的概率增加，使这两个节点产生联系。

（3）持续重复上一步：直至完成 $N(N-1)/2$ 组节点对。

根据 ER 随机网络的形成途径可知，在 ER 随机网络中随机挑选一个节点，该节点的度值是 k 的概率会服从二项分布，即：

$$p(k) = \binom{N-1}{k} p^k (1-p)^{N-k-1}$$

网络的平均度为：

$$\langle k \rangle = p(N-1) \approx pN$$

当 ER 随机网络中节点总数 N 的数量呈理想化状态，趋近于无穷大时，其度分布能够被近似看成泊松分布，即：

$$p(k) = e^{-\langle k \rangle} \frac{\langle k \rangle^k}{k!}$$

由于 ER 随机网络中任意两个节点之间相连的概率都为 p，可以得 ER 随机网络的聚类系数为：

$$C = \frac{\langle k \rangle}{N-1}$$

特别是当节点数量 N 趋向于无穷大时，整个复杂网络的聚类系数 C 趋近于零。

假设 ER 随机网络的平均路径长度为 L，在节点个数为 N 的网络中，可以证明 $\langle k \rangle / L = N$，其平均路径长度为：

$$L = \frac{\ln N}{\ln(PN)} = \frac{\ln N}{\ln \langle k \rangle}$$

二、小世界网络

"六度分离理论"（社会化的人员之间平均经过六个人便能够产生联系）提出后，人们逐渐认识到即使是真实世界中看似庞大无解的网络结构也是具有小世界特征的，即整个网络具有较小的平均路径长度和较大的聚集系数。为了具体刻画现实网络中的小世界特征，瓦茨和斯特罗加兹（1998）提出了最经典的小世界网络模型，又称 WS 网络模型。WS 网络模型可以通过下面的方法进行构建：

（1）从规则网络出发：假设网络的节点总数为 N，其中的每一个节点都会与它相邻的 $K/2$ 个节点相连接，K 是数字 2 的整数倍。

（2）断开后重新连接：以概率 p 断开每一条连接边，且连接边的一端节点不会变化。然后，另外一端重新随机选择一个其他节点进行连接。注意：在重新连接的过程中，不能够出现重边和自环的情况。

取消连接边的概率 p 会对整个复杂网络的结构产生影响，随着概率 p 逐渐增大，复杂网络结构从规则网络性质转变成为小世界网络性质，最后完全演化成随机网络，网络结构随着断开概率 p 变化而变化，如图 5-1 所示。当 $p=0$ 时，生成的网络是一个平均最短路径长、聚集系数高的完全规则网络；当 $0<p<1$ 时，通过调整概率 p 的大小，能够控制复杂网络从规则到随机的变化，随着 p 的逐渐增大，网络的平均路径长度急剧下降，聚类系

数也随之减少，但减少幅度没有平均距离大；此外，在 $p=1$ 的情况下，所有节点都是随机连接的，此时产生的网络是类似于 ER 网络的随机网络，且具有较小的平均距离和聚类系数。

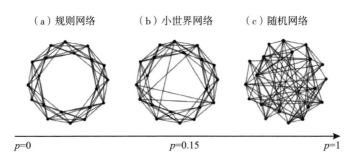

图 5-1　网络结构随着断开概率 p 变化而变化

小世界网络的聚类系数计算公式如下：

$$C(p) = \frac{3(K-2)}{4(K-1)}(1-p)^3$$

纽曼、摩尔（Moore）和瓦茨构建网络时给出了小世界网络的平均路径长度的近似表达式：

$$L(p) = \frac{2N}{K}f(NKp/2)$$

表达式中的 $f(u)$ 为普适标度函数，且满足以下条件：

$$f(u) = \begin{cases} const & u \ll 1 \\ (\ln u)/u & u \gg 1 \end{cases}$$

小世界网络的度分布计算公式如下：

在小世界网络模型中，当 $k \geqslant K/2$ 时（网络中每个节点的度值至少为 K），小世界网络的度分布为：

$$p(k) = \sum_{n=0}^{\min\left(k-\frac{K}{2}, \frac{K}{2}\right)} C_n^{K/2} (1-P)^n p^{\frac{K}{2}-n} \frac{(pK/2)^{k-\frac{K}{2}-n}}{(k-K/2-n)!} e^{-\frac{pK}{2}}$$

而当 $k < K/2$ 时，则有 $p(k) = 0$。

三、无标度网络

小世界网络和随机网络的度分布函数都接近于泊松分布，即大部分节点的度值都接近平均度 $\langle k \rangle$。然而，对科学合作网络、互联网等现实世界中的网络进行实证研究发现：真实网络中的有些节点的度值很大，有些节点的度值很小，其大小并不是完全同平均度值相近。将这种各个节点的度分布不集中、不均匀的网络称为无标度网络（BA 网络）。该模型的生成步骤如下：

（1）初始化模型，生成一个含有 m_0 个节点的全连通网络。

（2）在每个时间步长都添加一个新的节点，并和之前的 m 个节点进行随机连接，且 $m \leq m_0$。同时，假设新增加节点和网络中已有的度值为 k_i 的节点连接的概率为：

$$\pi_i = \frac{k_i}{\sum_j k_j}$$

从上式可以看出，新加入的节点更倾向于选择网络中度值较大的节点相连接。

$$\pi_i = \frac{k_i}{\sum_j k_j}$$

（3）重复步骤（2），直到网络中的节点数量达到 N。

通过上述的办法，就可以生成一个度分布为 $p(k) \sim k^\alpha$ 的 BA

复杂网络。BA 网络的特征如下：

第一，平均路径长度。BA 网络的平均路径长度为：

$$L \propto \frac{\log N}{\log \log N}$$

这体现了 BA 网络的小世界特点。

第二，聚类系数。BA 网络的聚类系数为：

$$C = \frac{m^2 (m+1)^2}{4(m-1)} \Big[\ln\Big(\frac{m+1}{m}\Big) - \frac{1}{m+1} \Big] \frac{[\ln(t)]^2}{t}$$

第三，度分布。有多种方法可以求取 BA 网络的度分布：一是主方程法；二是速率方程法；三是平均场理论。通过平均场理论计算可得到 BA 网络度分布：

$$p(k) = \frac{2m(m+1)}{k(k+1)(k+2)} \propto 2m^2 k^{-3}$$

第二节　我国天然气进口复杂网络模型

天然气进口包含多个节点和多条节点之间的连边，节点之间按照一定的规则连接，不同的连接规则，会形成不同的网络。记集合 $G = (U, E)$ 表示我国天然气进口网络。其中，U 表示网络中的节点集合，$|U| = N$ 表示网络中的节点总数，即我国天然气进口来源国、天然气进口途径的关键节点（海峡、管道）和国内接收天然气的港口。E 表示网络中的连边集合，即节点之间的天然气进口关系，天然气进口流动趋势就是网络中连边的方向。记 $F = \{f_{bc}\}$ 表示当年网络中节点之间的天然气进口联系，权重 f_{bc} 表

示当年从节点 b 到节点 c 之间的天然气进口量，且 b，c = 1，2，…，n。我国各个年份的天然气进口关联矩阵可以表示为：

$$F = \begin{bmatrix} f_{11} & \cdots & f_{1n} \\ \vdots & \cdots & \vdots \\ f_{n1} & \cdots & f_{nn} \end{bmatrix}$$

第三节　我国天然气进口网络特征指标

　　复杂网络最基本的网络度量参数有平均距离、集聚系数、度分布和介数（雷凯，2016）。基于复杂网络理论，本书分别从节点、网络层面选取复杂网络静态结构特征指标，对我国天然气进口网络结构特征进行分析。从节点层面选取"进口入度"和"加权入度"指标，分析天然气进口来源国家和天然气进口总量的变化；选取"介数中心性"指标，对网络中特殊节点的流动控制能力进行分析。从网络层面选取"网络密度""平均路径长度"对我国天然气进口网络的整体密度和天然气进口效率进行分析。

一、我国天然气进口网络的度

　　在无向网络中，度值通常指节点的连边总数；而在有向网络中，则根据与节点相连接的边的指向不同可以划分为"入度"和"出度"。很显然，我国天然气进口网络是有向网络，故在研究天然气进口网络特征时主要考虑我国天然气进口网络节点的"入度"变化，其计算公式为：

$$k_{i,t}^{in-degree} = \sum_{j=1}^{n} a_{ij,t} \qquad (5-1)$$

其中，如果在第 t 年我国（i）从天然气进口来源国家（j）进口天然气，则我国（i）和天然气进口来源国家（j）存在连接边，$a_{ij,t}=1$；否则，不存在连接边，$a_{ij,t}=0$。$k_{i,t}^{in-degree}$ 表示在第 t 年我国（i）的 $a_{ij,t}$ 总和，即在第 t 年我国天然气进口网络中进口来源国家的总数。

在我国天然气进口网络中，"加权入度"表示当年我国（i）从天然气进口来源国家（j）进口的天然气总量，计算公式为：

$$s_t^{in}(t) = \sum_{j=1}^{n} w_{ij}(t) \qquad (5-2)$$

其中，$w_{ij}(t)$ 表示我国在第 t 年从天然气进口来源国家（j）进口的天然气总量。$s_t^{in}(t)$ 表示我国在第 t 年的天然气进口总量。

二、特殊节点（管道、海峡）的介数中心性

介数中心性大小，反映了该节点对于网络中资源或信息流动的控制能力，即作为"桥"（节点之间连通的线）的程度。在我国天然气进口网络之中，介数中心性衡量特殊节点对天然气资源流动的控制能力。介数中心性越大，该特殊节点在网络中的控制能力越强；反之，则越弱。各个年份网络中特殊节点 m 的介数中心性 BC_m 的计算公式如下：

$$BC_{m,t} = \sum_{m \neq i \neq j} \frac{g_{ij(m),t}}{g_{ij,t}} \qquad (5-3)$$

其中，$BC_{m,t}$ 表示在第 t 年节点 m 的介数中心性；$g_{ij(m),t}$ 表示在第 t 年从任意进口来源国家 (j) 到我国 (i) 会经过特殊节点 m 的最短路径条数；$g_{ij,t}$ 表示在第 t 年从任意进口来源国家 (j) 到我国 (i) 的所有最短路径条数。

三、我国天然气进口网络的密度

网络密度是指复杂网络中实际存在联系和所有可能联系的比例。由 N 个节点构成的我国天然气进口网络中，最多可能存在的进口联系为 $N(N-1)$。网络密度是反映我国天然气进口关系密切程度的指标，网络密度越大，我国与网络中进口来源国家的关系越密切。各个年份的网络密度 Δ 的计算公式如下：

$$\Delta = \frac{K}{N(N-1)} \qquad (5-4)$$

其中，K 表示网络中实际存在的联系，N 表示在第 t 年我国天然气进口网络中的节点总数，$N(N-1)$ 表示在第 t 年我国天然气进口网络最多可能存在的联系。

四、我国天然气进口网络的平均路径长度

在复杂网络中任意选取两个节点，将连通这两个节点的最少连接边数量，定义为这两个节点的路径长度，网络中所有路径长度的均值，定义为网络的平均路径长度。常采用平均路径长度衡量资源或信息在复杂网络中的传输效率。在我国天然气进口网络

之中，网络平均路径长度越短，越有助于我国天然气进口，可提升我国天然气进口运输效率、降低天然气进口成本。

$$L_{i,j,t} = \frac{1}{N(N-1)} \sum_{i \neq j} d_{ij,t} \qquad (5-5)$$

其中，$d_{ij,t}$ 表示在第 t 年我国天然气进口网络中任意进口来源国家（j）到我国（i）的路径长度；N 表示在第 t 年我国天然气进口网络中的节点总数。

第四节　我国天然气进口复杂网络结构分析

在不考虑进口过程中会经过的特殊节点（海峡或管道）时，可以发现我国液化天然气进口呈现出多区域、多国家的多元化特征，天然气进口战略也逐步实现液化天然气和管道天然气进口同步化。网络中天然气进口来源国家的数量快速增长，从 2010 年的 14 个增长到 2020 年的 28 个，如图 5-2 所示。网络中天然气进口来源国家的变化情况可以划分为以下三个阶段：（1）2010~2014 年，我国开始规模化地进口天然气，从主要依靠液化天然气进口转变成为液化、管道天然气进口并行，进口地区主要包括东南亚、中东和非洲。此时，网络中重点的进口来源国家包括澳大利亚、卡塔尔、马来西亚、印度尼西亚和土库曼斯坦等。2014 年我国管道天然气实现在中亚地区土库曼斯坦、哈萨克斯坦和乌兹别克斯坦的多国进口模式。（2）2014~2016 年，随着我国天然气开采技术不断发展，天然气自产加上进口量已经能够满足我国天然气需求，网络中天然气进口来源国家的整体数量变化并不大。（3）2016～2020 年，随着"清洁发展机制"的不断推行，我国天然气需求逐渐扩大，为保障我国天然气供应稳定，我国加快实施进口多元化战略，天然气进口来源国家由 21 个增长至 31 个。我国不仅保持了与传统天然气进口来源国家之间的联系，而且打通了中俄天然气管道，并与加拿大、荷兰、法国和美国等出口大国构建了液化天然气进口关系。

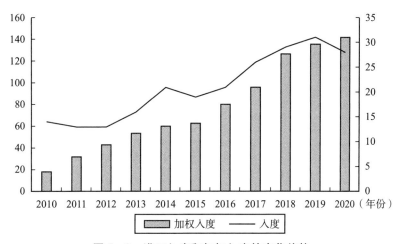

图 5 - 2 进口入度和加权入度的变化趋势

我国天然气进口总量可分为两个阶段：（1）2010～2014 年，随着我国天然气进口规模的不断扩大，我国天然气进口总量开始逐渐增长，以液化天然气进口为主。（2）2015～2020 年，随着天然气战略地位的不断上升，我国天然气进口量快速攀升，液化天然气在我国天然气进口量中所占比例呈现先减低后增长的趋势，而管道天然气在我国天然气进口量中所占比例呈现不断攀升的趋势，近几年我国天然气进口总量增长速度渐渐放缓。

在 2013 年之前，我国主要实施液化天然气进口多元化战略，液化天然气进口来源国家较为固定，主要包括：卡塔尔、澳大利亚、印度尼西亚和马来西亚等。随着我国天然气消费需求的不断扩大，为保障天然气供应的持续和稳定，我国开始扩大天然气进口来源。我国开始从东南亚、中亚和欧美地区进口液化天然气，也逐渐开始从缅甸、乌兹别克斯坦、哈萨克斯坦和俄罗斯获取管道天然气。目前，我国已经基本完成了四大天然气进口通道的建设，包括以俄罗斯的东西伯利亚气田为源头的东北管道天然气进口通道、以中亚三国为气源的西北天然气进口通道、以缅甸皎漂港登陆的液化天然气为气源的西南天然气进口通道和东南沿海地区液化天然气进口通道。受经济增长、《巴黎协定》以及替代能源竞争等影响，我国天然气需求进一步增长，我国天然气进口总量逐渐攀升。因此，大规模进口国外天然气势必成为我国难以避免的能源战略选择，我国必须加快延伸东北、西北和东南三大管道天然气进口通道以及东南沿海液化天然气进口通道，不断扩大和优化我国天然气进口网络，以保障我国天然气进口的持续性和稳定性。

从 2010 年开始，我国开始规模化地进口液化天然气，网络中液化天然气进口来源国家主要位于东南亚、中东和非洲，主要的运输航线包括东南亚航线（东南亚地区—马六甲海峡—中国）、中东航线（波斯湾—霍尔木兹海峡—马六甲海峡—中国）、西非航线（西非地区—好望角—马六甲海峡—中国）和大洋洲航线（所罗门海域—菲律宾海峡—中国），可以发现大部分运输航线都会经过马六甲海峡，所以导致马六甲海峡的介数中心性长期较大如图 5 - 3 所示，该运输节点对我国液化天然气进口流动具有绝对的控制力。我国从中东地区和非洲地区进口天然气则会先经过亚丁湾、霍尔木兹海峡或好望角海峡，再经过马六甲海峡进入我国。因此，这些海峡在我国液化天然气进口过程中也占据了重要地位，对我国液化天然气进口有较为重要的影响。

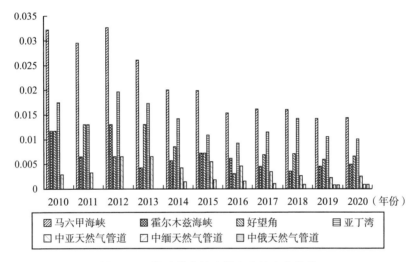

图 5 - 3　特殊节点的介数中心性变化趋势

在 2014 年以前，网络中液化天然气进口来源国家主要分布在局势动荡的中东地区，部分则来源于国内政局波动较大、经济发展较缓慢的非洲地区，导致我国液化天然气进口中断风险较大。因此，为了保障天然气进口供应稳定，我国对天然气进口战略进行调整。我国逐渐扩大从印度尼西亚、马来西亚、卡塔尔和澳大利亚等国内政局稳定、天然气行业发展稳定、天然气资源储备较为丰富的国家进口的液化天然气数量。近些年，我国也逐渐开始从加拿大、荷兰、法国、挪威、美国和秘鲁等欧美地区国家进口液化天然气。因此，亚丁湾、霍尔木兹海峡和好望角海峡对于我国液化天然气进口流动的控制能力逐渐消退，如图 5-3 所示，但是我国对于马六甲海峡的过度依赖依然存在。

为了进一步降低对于马六甲海峡的过度依赖，我国开始构建管道天然气进口路线，增加管道天然气进口来源国家，完善天然气进口网络。我国自 2010 年开始通过管道从土库曼斯坦进口天然气，随后持续完善中亚天然气管道，打通了从哈萨克斯坦和乌兹别克斯坦至我国的天然气管道。我国也陆续打通了与缅甸、俄罗斯之间的天然气管道，进一步丰富了我国管道天然气进口来源。随着我国管道天然气进口多元化的逐渐完成，我国对马六甲海峡的过度依赖明显下降，马六甲海峡的介数中心性也逐渐降低，如图 5-3 所示。俄罗斯和中亚三国丰富的天然气资源、较为完善的天然气基础设施建设、稳定的国内政治环境和优越的地理位置，不仅能够满足我国对于天然气的需求，还能够降低我国天然气进口的整体风险。缅甸虽然天然气资源开采设备较为落后，但是我国仍然需要与缅甸保持长期的管道天然气进出口关系，原因在于：一方面，缅甸的天然气资源可以用于满足我国西南地区的天然气需求；另一方面，缅甸优越的地理位置，可以使天然气资源绕过马六甲海峡输送至国内，进而降低我国对于马六甲海峡的过度依赖。

我国天然气进口的密度呈现逐年递减的趋势，表明我国和天然气来源国家之间的密切程度有所下降，如图 5-4 所示。伴随着我国天然气进口规模的不断扩大，网络密度却从 2010 年的

0.079 下降至 2020 年的 0.048。我国天然气进口密度下降的原因
如下：一方面，网络仅考虑了天然气进口来源国家与我国的天然
气进口关系，而没有考虑进口来源国家之间的天然气进出口联
系；另一方面，随着我国天然气进口多元化战略的实施，各个进
口来源国家对我国的重要性均在下降，过度依赖某个或几个进口
来源国家的情况有所好转。与此同时，我国天然气进口的平均路
径长度从 2010 年的 1.684 下降至 2016 年的 1.565，而后从 2016
年的 1.565 增长到 2020 年的 1.686。由于平均路径长度与复杂网
络传输效率呈现反向变动关系，由此可判断出，2010～2016 年我
国的天然气进口效率呈现递增趋势，但是随着我国天然气进口需
求不断增长，我国开始从挪威、法国、加拿大和喀麦隆等国进口
液化天然气，导致我国天然气进口效率有所下降。中俄天然气管
道的开通运行，会缓解我国液化天然气进口需求，我国天然气获取
成本将随之有所降低，天然气进口效率也将有所提升。

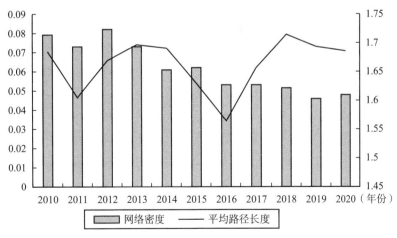

图 5-4　网络密度和平均路径长度的变化趋势

2010 年、2015 年和 2020 年我国天然气进口结构图如图 5 - 5 所示。

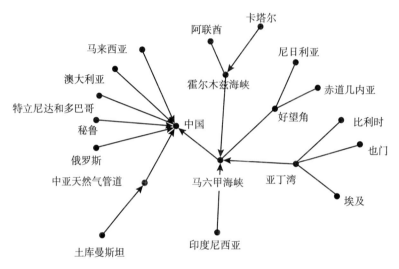

（a）2010年我国天然气进口拓扑结构

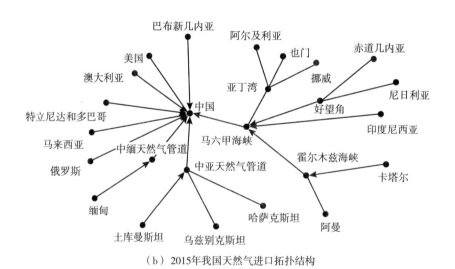

（b）2015年我国天然气进口拓扑结构

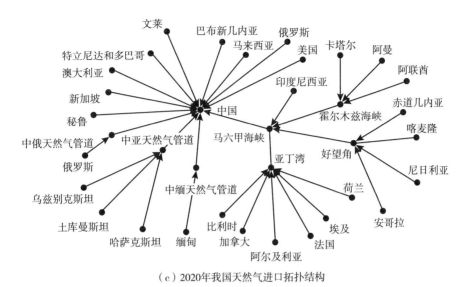

（c）2020年我国天然气进口拓扑结构

图 5-5　2010 年、2015 年、2020 年我国天然气进口拓扑结构

　　由于我国天然气消费需求增长，我国开始实施液化天然气进口战略，加强了与中东、非洲的液化天然气合作。我国陆续打通了与尼日利亚、赤道几内亚和埃及的液化天然气进口通道。此时，我国主要走中东航线、西非航线和北非航线进口液化天然气。随后，受制于中东、非洲地区的不稳定政治环境和对于马六甲海峡的过度依赖，我国天然气进口稳定性受到影响，开始将天然气进口来源国家向东南亚、亚太和中亚地区转移。我国天然气进口战略也从液化天然气进口转变为液化天然气进口和管道天然气进口并行，与卡塔尔、澳大利亚、印度尼西亚、马来西亚、中亚三国（土库曼斯坦、乌兹别克斯坦和哈萨克斯坦）建立了长期的天然气合作。我国液化天然气进口路线以大洋洲航线、东南亚航线和中东航线为主，并打通了中亚天然气管道。而后，为了防

范传统进口来源国家的天然气出口中断，导致我国天然气进口供应不足，我国完善了中亚和中缅天然气管道建设，并与俄罗斯共同修建了中俄天然气管道，也开始从欧洲地区、美洲地区进口液化天然气。同时，我国开始从加拿大、法国、美国和荷兰进口液化天然气，扩大了从俄罗斯、缅甸、哈萨克斯坦和乌兹别克斯坦进口管道天然气的比例。我国液化天然气进口路线以大洋洲航线、东南亚航线和北美航线为主，完善了中亚天然气管道和中缅天然气管道，打通了中俄天然气管道。此外，我国也开始积极参与"冰上丝绸之路"项目，不仅可以获取北极地区丰富的天然气资源，还可以打通到欧洲地区的近道，开拓新的天然气进口来源，完善我国天然气进口网络。

此外，我国天然气进口份额也逐渐得到调整，对于某些国家或地区的过度依赖得以降低。从亚太地区进口的天然气份额由 2010 年的 57.20% 迅速下降至 2020 年的 44.35%；从东南亚进口的天然气份额由 2010 年的 24.06% 下降至 2020 年的 14.68%；从中东进口的天然气份额由 2010 年的 15.52% 下降至 2020 年的 9.43%，从非洲进口的天然气份额由 2010 年的 2.07% 上升至 2020 年的 3.62%，从中亚地区及俄罗斯的天然气进口份额由 2010 年的 24.79% 上升到 2020 年的 35.98%。整体而言，我国加强了从澳大利亚、马来西亚、印度尼西亚和卡塔尔等国内政治稳定、经济发展较好的国家的液化天然气进口。我国管道天然气进口则逐渐扩大了从哈萨克斯坦、乌兹别克斯坦和缅甸进口的份额，同时打通了与俄罗斯的天然气管道，进而削弱对土库曼斯坦的过度依赖。

第五节 本 章 小 结

本章构建了我国天然气进口复杂网络基本模型，从"局部节点层面"和"网络整体层面"，对我国天然气进口结构特征进行细致分析，研究发现：（1）我国液化天然气进口呈现出多区域、多国家的多元化特征，天然气进口战略也逐步实现液化天然气和管道天然气进口同步化；（2）我国天然气进口的密度呈现逐年递减的趋势；（3）我国天然气进口份额也逐渐得到调整，对于某些国家或地区的过度依赖得以降低。本章研究为我国天然气进口风险的评价及防范奠定了基础。

第六章

我国天然气进口量预测研究

由于天然气自身的特殊性、地缘政治和经济格局调整等因素的影响，我国天然气进口供应处于不稳定状态。一方面，与欧盟和北美地区的天然气进口价格相比，我国天然气进口价格处在价格高位，这是由于我国所处的亚太市场始终没有形成成熟的交易系统，缺乏对天然气价格制定的话语权，"亚洲溢价"和"价格倒挂"问题尚未解决。另一方面，2019 年我国最大的天然气供应国土库曼斯坦减少了对我国的天然气供应，导致国内出现大范围的"气荒"，暴露了我国天然气在进口端的供应保障能力和应急能力短板。目前，我国作为天然气最大进口国，对进口方面重视程度与日俱增，准确预测天然气进口趋势对我国天然气进口能力的评估及进口安全具有重要意义。

本书构建多变量灰色预测、支持向量机和卷积神经网络三种机器学习模型来拟合 2006～2020 年我国天然气进口量数据，并将拟合结果进行对比分析，以期选出拟合精度最高的预测模型对我国 2021～2026 年天然气进口量进行准确预测，旨在为我国天然气进口安全提供有益的启示。

第一节　天然气进口的预测指标体系构建

目前关于天然气预测方面的研究大多聚焦在国内天然气总体需求上，对天然气进口量的预测还鲜有研究，因此还没有构建出一个完善的天然气进口预测指标体系。通过梳理天然气需求预测的相关文献（Li et al.，2011；Omer et al.，2019；Zhang et al.，2015；Ding，2018；Zhou et al.，2020；Liu et al.，2021；Chen et al.，2020），结合天然气进口的特殊性以及当下能源背景，本书从经济发展指标、人口指标、天然气行业指标和能源消费指标四个方面综合考虑，构建了天然气进口量预测指标体系，如表 6 – 1 所示。

表 6 – 1　　　　　　　　天然气进口量预测指标

一级指标	二级指标
经济发展指标	$X1$ 国内生产总值（GDP） $X2$ 产业结构（第二产业增加值占 GDP 的比重）
人口指标	$X3$ 城镇人口数量 $X4$ 天然气使用人数
天然气行业指标	$X5$ 国内天然气管道长度 $X6$ 国内天然气产量 $X7$ 天然气对外依存度
能源消费指标	$X8$ 能源消费总量中天然气占比 $X9$ 能源消费总量中煤炭占比 $X10$ 单位 GDP 能耗

第二节　预测模型的构建

在能源预测方法中，时间序列（焦文玲等，2001）、灰色系统模型（叶志宏等，2018）、多元线性回归（马妍等，2021）等传统预测方法因具备简单、运行速度快等优点在过去受到研究者们的青睐，但这些方法在单独使用时存在精确度较低且难以刻画复杂的非线性演变趋势等缺陷。为了提升预测精度，有学者对预测模型进行优化改进，有学者（Song，2018）设计了一种能自动适应天然气消费特征的非线性优化且自适应初始值的灰色预测模型；有学者（Zhou，2020）对传统灰色模型进行了优化，设计了一种非线性的新型离散灰色模型，进一步提升了模型的性能，减少预测误差；还有学者（Liu，2021）提出可具有时间幂项的离散分数灰色模型。虽然优化后模型的预测精度有所提升，但其所求解的权系数固定不变，对于受多种复杂因素影响的天然气进口量预测并不是最合适的。机器学习模型与传统算法相比，不仅弥补了上述缺陷且具有高精度、自适应和动态学习的优势（Chen et al.，2020）。本书采用多变量灰色预测、支持向量机和卷积神经网络三种方法预测我国天然气进口量，这些预测方法能够适应动态数据，对样本数量要求不高且性能稳定，是强大的机器学习工具。

一、多变量灰色模型

GM(1，1) 是最常用的灰色模型，其原理是利用少量数据预测未来一段时间的发展趋势。由于整个样本仅为一组时间序列数据构成，并未深入挖掘外界多种复杂因素对其产生的影响，模型精度较低。GM(1，N) 模型虽然预测原理与 GM(1，1) 相似，但弥补了 GM(1，1) 的缺陷，将对因变量有影响的 N 个因素纳入模型，构造 N 个 n 元一阶常微分方程结合求解，以提升预测精度。在本章中，GM(1，N) 模型构建如下：

（一）数据准备

设有系统特征数据系列 $X_1^{(0)} = [\, X_1^{(0)}(1)，X_1^{(0)}(2)，\cdots，X_1^{(0)}(n)\,]$，相关因素序列（子序列）为：

$$X_2^{(0)} = [\, X_2^{(0)}(1)，X_2^{(0)}(2)，\cdots，X_2^{(0)}(n)\,]$$

$$X_3^{(0)} = [\, X_3^{(0)}(1)，X_3^{(0)}(2)，\cdots，X_3^{(0)}(n)\,]$$

$$\cdots\cdots$$

$$X_N^{(0)} = [\, X_N^{(0)}(1)，X_N^{(0)}(2)，\cdots，X_N^{0}(n)\,]$$

（二）计算累加序列，生成邻值序列

令 $X_i^{(0)}(i=1，2，\cdots，N)$ 的 1 – AGO 序列为 $X_i^{(1)}$，其中：

$$X_i^{(1)}(k) = \sum_{k-1}^{n} x_i^{(0)}(k)，i = 1，2，\cdots，n$$

生成 $X_1^{(1)}$ 紧邻均值序列 $Z_1^{(1)}$，其中：

$$Z_1^{(1)}(k) = \frac{1}{2}\left[X_1^{(1)}(k) + X_1^{(1)}(k-1)\right], \ k = 2, 3, \cdots, n$$

得 GM(1, N) 模型：$x_1^{(0)}(k) + aZ_1^{(1)}(k) = \sum_{i=2}^{N} b_i x_i^{(1)}(k)$

其中，a 为发展系数，b_i 为驱动系数，$b_i x_i^{(1)}(k)$ 为驱动项。

（三）引入矩阵向量记号

令：

$$u = \begin{bmatrix} a \\ b_1 \\ b_2 \\ \vdots \\ b_n \end{bmatrix}, \ B = \begin{bmatrix} -Z^{(1)}(2) & x_2^{(1)}(2) & \cdots & x_N^{(1)}(2) \\ -Z^{(1)}(3) & x_2^{(1)}(3) & \cdots & x_N^{(1)}(3) \\ \vdots & \vdots & \vdots & \vdots \\ -Z^{(1)}(n) & x_2^{(1)}(n) & \cdots & x_N^{(1)}(n) \end{bmatrix}, \ Y = \begin{bmatrix} x_1^{(0)}(2) \\ x_1^{(0)}(3) \\ \cdots \\ x_1^{(0)}(n) \end{bmatrix}$$

用最小二乘法求解得：

$$u = \begin{bmatrix} a \\ b \end{bmatrix} = (B^T B)^{-1} B^T Y$$

则称 $\dfrac{dx_1^{(1)}}{dt} + ax_1^{(1)} = b_2 x_2^{(1)} + b_3 x_3^{(1)} + \cdots + b_N x_N^{(1)}$ 为白化方程。

其解为：

$$x_1^{(1)}(t) = e^{-at}\left[\sum_{i=2}^{N}\int b_i x_i^{(1)}(t) e^{at} dt + x_1^{(1)}(0) - \sum_{i=2}^{N}\int b_i x_i^{(1)}(0) dt\right]$$

$$= e^{-at}\left[x_1^{(1)}(0) - t\sum_{i=2}^{N} b_i x_i^{(1)}(0) + \sum_{i=2}^{N}\int b_i x_i^{(1)}(t) e^{at} dt\right]$$

当 ($i = 1, 2, \cdots, N$) 变化幅度最小时，将 $\sum_{i=2}^{N} b_i x_i^{(1)}(k)$ 视为灰常量，则 GM(1, N) 模型 $x_1^{(0)}(k) + aZ_1^{(1)}(k) = \sum_{i=2}^{N} b_i x_i^{(1)}(k)$ 的

近似时间响应式为：

$$\hat{x}_1^{(1)}(k+1) = \left[x_1^{(0)}(1) - \frac{1}{a}\sum_{i=2}^{N} b_i x_i^{(1)}(k+1) \right] e^{-ak}$$

$$+ \frac{1}{a}\sum_{i=2}^{N} b_i x_i^{(1)}(k+1)$$

最后将其做累减解得还原值，得到近似数据数列如下：

$$\hat{x}_1^{(0)}(k+1) = \hat{x}_1^{(1)}(k+1) - \hat{x}_1^{(1)}(k)$$

利用该模型对我国天然气进口量进行预测。

二、支持向量机回归模型

支持向量机是一种稳健而精确的数据挖掘技术，可以用于样本的分类与预测，当支持向量机用于回归解决预测问题时，称为支持向量机回归（SVR）。SVR 的目的是使函数最大限度偏离实际输出的不敏感消耗函数，通过同时增加函数和平坦度降低过度检测风险从而减少误差。本书首先将天然气进口量预测评价指标组成的 10 维数据样本进行训练，以找到拟合效果最佳的函数模型和参数，然后利用拟合所得函数输出某一时间段的预测值。

SVR 从函数角度表示为：

$$f(x) = w * \varphi(x) + b \tag{6-1}$$

其中，$\varphi(x)$ 为核变换函数，其将输入数据映射为高维数据，w 和 b 是参数。系数通过最小化正则化风险函数计算，得：

$$R(f) = c\frac{1}{n}\sum_{i=1}^{n} L_\varepsilon[y_i, f(x_i)] + \frac{1}{2}w^2 \tag{6-2}$$

其中，ε 为容差值。

其不敏感损耗功能为：

$$L_\varepsilon[y, f(x)] = \begin{cases} 0, & |y-f(x)| < \varepsilon \\ |y-f(x)| - \varepsilon, & |y-f(x)| \geqslant \varepsilon \end{cases} \quad (6-3)$$

当估计值在介电常数管内，损耗为 0。另外，引入两个松弛变量 ξ_1 和 ξ_2，分别表示介电常数区的正偏差和负偏差。式（4-1）以新的约束形式重新表述为：

$$\min \frac{1}{2}w^2 + c\sum_{i=1}^{n}(\xi_i + \xi_i^*) \quad (6-4)$$

且服从于：

$$[w*\varphi(x_i) + b] - y_i \leqslant \varepsilon + \xi_i^*$$
$$y_i - [w*\varphi(x_i) + b] \leqslant \varepsilon + \xi_i$$
$$\xi_i, \xi_i^* \geqslant 0 \quad (6-5)$$

通过式（6-6）的拉格朗日乘子法的约束优化问题：

$$\min \frac{1}{2}w^2 + c\sum_{i=1}^{n}(\xi_i + \xi_i^2) - \sum_{i=1}^{n}\beta_i[w*\varphi(x_i) + b - y_i + \varepsilon + \xi_i]$$
$$- \sum_{i=1}^{n}\beta_i^*[y_i - w*\varphi(x_i) - b + \varepsilon + \xi_i^*] - \sum_{i=1}^{n}\alpha_i\xi_i + \alpha_i^*\xi_i^*$$
$$(6-6)$$

对偶拉格朗日形式为：

$$\max \sum_{i=1}^{n}y_i(\beta_i - \beta_i^*) - \varepsilon\sum_{i=1}^{n}(\beta_i - \beta_i^*)$$
$$- \frac{1}{2}\sum_{i=1}^{n}\sum_{j=1}^{n}y_i(\beta_i - \beta_i^*) \times (\beta_j - \beta_j^*)K(x_i, x_j) \quad (6-7)$$

其服从于：

$$\sum_{i=1}^{n}(\beta_i - \beta_i^*) = 0 \quad 0 \leqslant \beta_i \leqslant c \quad 0 \leqslant \beta_i^* \leqslant c$$
$$i = 1, 2, 3, \cdots, n \quad (6-8)$$

最后得到回归函数：

$$f(x) = (\beta_i - \beta_i^*) K(x_i, x_j) + b \qquad (6-9)$$

其中，$K(x_i, x_j)$ 为核函数，其值等于特征空间 φ_{x_i} 和 φ_{x_j} 中两个向量 x_i 和 x_j 的内积。本书采用多项式核进行天然气进口预测，其计算简单且提高算法速度。多项式核表示为：

$$K(x_i, x_j) = (a_1 x_i x_j + a_2)^d \qquad (6-10)$$

其中，d 表示为阶数，a_1 和 a_2 为常数。

该模型的预测性能取决于超参数（c，ε）和核参数（d）的设置，即 c 提供了训练误差和模型鲁棒性之间的折中，c 取值过大，则目标函数的经验风险将最小化。参数 ε 与支持向量的数量一致，并决定 SVR 中耗损函数的宽度。

三、卷积神经网络模型

人工神经网络是一种反向传播算法，由于神经网络中存在大量参数，容易产生过拟合或训练时间长的情况。卷积神经网络（convolution neural network，CNN）是一种深度学习模型，典型的卷积神经网络结构包含卷积层、池化层和全连接层三个环节，每层卷积层由一组卷积核组成，CNN 依靠卷积层中的卷积核识别输入数据的特征，通过池化层提取输入数据的有效特征，并通过局部连接对输入数据的相关性进行分析、权值共享和子采样，提取出全局特征一般需要多次卷积才能完成。与传统神经网络相比，卷积神经网络降低了相同网络规模下的训练参数量和计算量，适应性更强，同时降低了模型的复杂度以及过拟合的风险。CNN 本质上是一种输入到输出的映射，训练过程一般包括两个阶段：第一阶段，向前传播阶段。输入卷积网络，计算出与之对应的实际输出值。在这个阶段，信息从输入层经过逐级变换传送到输出层。第二阶段，向后传播阶段。计算实际输出值与理想输出值间的差距，按照极小化误差的方法调整权值矩阵。判断指标是否满足精度要求，不满足则返回第一阶段继续迭代。当训练结束则认为各个权值达到稳定，分类器已形成。一维卷积公式如下：

$$y_t = \sum_{k=1}^{k} w_k x_{t-k+1} + b$$

其中，y_t 为输出的特征数据，w_k 为卷积核，x_{t-k+1} 为输入数据，b 为偏置，k 为数据长度。

第三节 我国天然气进口量预测

一、数据说明

本书采用 2006～2020 年我国天然气进口相关历史数据，来源于历年《中国统计年鉴》，如表 6-2 所示。

表 6-2　　　　2006～2020 年我国天然气进口相关历史数据

X1 (亿元)	X2 (%)	X3 (万人)	X4 (万人)	X5 (公里)	X6 (亿立方米)	X7 (%)	X8 (%)	X9 (%)	X10 (吨标准煤/万元)
219429	47.6	58288	8319	121498	586	1.6	2.7	72.4	1.37

续表

X1 （亿元）	X2 （%）	X3 （万人）	X4 （万人）	X5 （公里）	X6 （亿立方米）	X7 （%）	X8 （%）	X9 （%）	X10 （吨标准煤/万元）
270092	46.9	60633	10190	155251	692	5.8	3	72.5	1.29
319245	47	62403	12167	184084	803	5.9	3.4	71.5	1.21
348518	46	64512	14544	218778	853	8.5	3.5	71.6	1.16
412119	46.5	66978	17021	256429	958	15.3	4	69.2	0.88
487940	46.5	69927	19028	298972	1053	21.6	4.6	70.2	0.86
538580	45.4	72175	21208	342752	1106	28.9	4.8	68.5	0.83
592963	44.2	74502	23783	388473	1209	31.6	5.3	67.4	0.79
643563	43.1	76738	25973	434571	1302	32.4	5.6	65.6	0.76
688858	40.8	79302	28561	498087	1346	32.2	5.8	63.7	0.63
746395	39.6	81924	30856	551031	1369	34.4	6.1	62	0.59
832036	39.9	84343	33934	623254	1480	38.7	6.9	60.4	0.58
919281	39.7	86433	36902	698043	1602	45.3	7.6	59	0.56
986515	38.6	88436	39025	767946	1754	43.5	8	57.7	0.55
1015986	38.8	90220	41302	850552	1925	43	8.4	56.8	0.54

　　将各指标分别代入遍历不同参数的差分整合移动平均自回归模型（autoregressive integrated moving average model，ARIMA）（韩永贵等，2021）。各模型拟合结果中均方根误差（RMSE）取值最小的组合视为该指标拟合最好的模型，并获取 2021～2026年的预测值，预测结果如表 6-3 所示。

表 6 - 3   2021～2026 年各指标预测值

X1 (亿元)	X4 (%)	X5 (万人)	X6 (万人)	X8 (公里)	X9 (亿立方米)	X10 (%)	X11 (%)	X12 (%)	X13 (吨标准煤/万元)
1062669	37.1	92117	43573	935218	2084	42.9	8.87	55.5	0.52
1107564	36.3	94003	45844	1024824	2244	42.7	9.33	54.2	0.51
1152461	35.5	95889	48115	1119072	2404	42.6	9.79	53	0.49
1197358	34.7	97775	50386	1217960	2564	42.4	10.2	51.8	0.47
1242255	34.0	99660	52657	1321489	2724	42.2	10.7	50.5	0.46
1287152	33.2	101546	54929	1429658	2884	42.0	11.2	49.3	0.44

结果显示，各指标的变化趋势和历史数据基本保持一致：2021～2026 年我国能源消费总量中天然气消费占比提升，煤炭消费占比减少；天然气使用人口数量和城镇人口数量增加；国内天然气自产增加，天然气对外依存度缓慢降低；GDP 增加；国内天然气管道长度增加；单位 GDP 能耗降低；产业结构中第二产业占 GDP 比重下降。

二、预测结果分析

将 2006～2020 年各评价指标的历史数据作为输入变量，2006～2020 年天然气实际进口量作为输出变量比较三种模型的预测拟合精度。其中，2006～2013 年数据作为训练组，用来建立预测模型，2014～2020 年数据作为验证组，验证模型精度。验证组中预测数据与真实数据的拟合值及相对误差百分比如表 6 - 4 所示。

表6-4　　　　　　　　三种模型天然气进口量拟合结果对比

年份	实际进口值（亿立方米）	GM(1, N) 模型		SVR 模型		CNN 模型	
		预测值（亿立方米）	相对误差百分比（%）	预测值（亿立方米）	相对误差百分比（%）	预测值（亿立方米）	相对误差百分比（%）
2014	591	617.3	4.45	593.58	0.44	600.45	1.6
2015	611	668.4	9.39	753.06	23.25	681.65	11.56
2016	746	802.3	7.55	971.21	30.19	770.09	3.23
2017	945	1136	25.6	1220.10	29.11	918.47	2.81
2018	1246	1445	15.97	1484.34	19.13	1071.46	14.01
2019	1325	1400	5.66	1603.79	21.04	1169.36	11.75
2020	1391	1434	2.95	1587.33	14.11	1270.23	8.68

资料来源：天然气实际进口值数据来源于历年《BP世界能源统计年鉴》。

通过表6-4可知，SVR模型预测结果的误差最大且波动最剧烈，拟合结果中相对误差百分比最小到0.44%，最大到30.19%，此外有4个年份的相对误差百分比均大于20%。GM(1, N) 模型和CNN模型的相对误差波动较小。接下来选取均方误差（MSE）、均方根误差（RMSE）和平均绝对百分比误差（MAPE）三种常用的误差评价指标进一步对比三种模型精度，结果如表6-5所示。

表6-5　　　　　　　　　三种模型预测误差对比

误差评价指标	GM(1, N) 模型	SVR 模型	CNN 模型
MSE	92.29	194.06	83.1
RMSE	113.73	213.70	103.95
MAPE	10.22	19.6	7.68

一般来说，MAPE 小于 10% 时，模型被认为预测精度较高（苗敬毅等，2014），MSE 和 RMSE 的数值越小，说明模型误差越小、精度越高。从表 6 - 5 可以看出，CNN 模型三个误差评价指标的数值均最小，其次是 GM（1，N）模型，数值最大的是 SVR 模型，同时 CNN 模型的 MAPE 值小于 10%，GM（1，N）和 SVR 模型的 MAPE 值均大于 10%。由此可见，CNN 模型的预测精度较高，用此模型预测的未来天然气进口值最富参考价值。下面将表 6 - 3 中各评价指标预测值代入训练好的 CNN 模型中，得到 2021 ~ 2026 年天然气进口量预测结果，如表 6 - 6 所示。

表 6 - 6   2021 ~ 2026 年天然气进口量预测结果

年份	进口量（亿立方米）	增长量（亿立方米）	增长速度（%）
2021	1495. 15	104. 15	7. 49
2022	1593. 27	98. 12	6. 56
2023	1694. 36	101. 09	6. 34
2024	1796. 32	101. 96	6. 02
2025	1900. 93	104. 61	5. 82
2026	2005. 53	104. 6	5. 50

预测结果显示，2021 ~ 2026 年我国天然气进口趋势与历史数据保持一致，进口量持续增加；进口增速缓慢下降，整体增速波动较小，均在 10% 以内；2026 年，天然气进口量为 2005.5 亿立方米。从我国能源政策来看，与供应可靠性不稳定的新能源相比，天然气仍是未来调整能源消费结构、实现"碳达峰"目标的"主力军"，天然气进口需求仍会持续增加，未来中国的天然气进

口体量上升是大势所趋。

同时，风电、光伏发电等在政策扶持下具备了一定的市场竞争性，绿色低碳能源政策的导向使风电、光能等清洁能源所占比重有所上升，国内能源政策将推动可再生能源替代计划，完善绿色低碳转型体制机制，氢能等可再生能源或许会成为未来能源政策的另一重点，除此之外，我国对页岩气开发的重视和开采技术的进步促使国内天然气产量增加，这些在一定程度上缓解了天然气进口端的供应压力，因此天然气进口增速呈下降趋势。

第四节　本章小结

天然气进口预测受到多种因素影响，本章从天然气自身特殊性和当下能源背景考虑，设计了具有客观性的天然气进口预测评价指标体系。构建机器学习预测模型，对比三种机器学习模型预测天然气进口量的拟合精度，选取最优模型进行最终预测。综合结论有以下几点：

第一，能源消费结构中天然气消费占比是天然气进口的最主要驱动因素。另外两个主要驱动因素是城镇人口数量和天然气使用人数，这两个驱动因素从居民用气需求角度影响天然气进口需求。此外，天然气对外依存度、煤炭消费占比以及国内生产总值也会对天然气进口产生一定影响。

第二，ANN 模型具有极强的数据处理能力，且避免了训练时间长和出现过拟合的情况，是性能较高的机器学习模型，通过与

GM(1，N) 模型和 SVR 模型对天然气进口预测拟合结果的对比，也显示出其精度更优、拟合误差更小的优势。因此用 ANN 模型预测出的天然气进口结果具有参考价值。

第三，预测结果显示，2021～2026 年天然气进口量增长速度在逐步减缓，但天然气进口量仍在不断上升，预计 2026 年天然气进口量将突破 2000 亿立方米。结合影响因素简单预测，判断 2021～2026 年我国天然气进口量、天然气产量和对外依存度呈现高—低—高的局面，在发展中应重视我国天然气进口能力的提升，避免出现天然气短缺等能源供应问题，同时采取措施降低天然气对外依存度。

第七章

我国天然气进口风险因素
识别及评价指标体系构建

党的十八届六中全会提出要大力发展环保的洁净能源,尤其是天然气。天然气作为相对高清洁环保的能源,肩负着我国从高碳化石能源结构向可再生能源结构转变的重要使命。因此,我国在2060年前实现碳中和的目标,短期来看,还离不开天然气。目前,我国对天然气的进口依存度不断提高,天然气的进口量在不断增加。据《中国石油天然气股份有限公司2016年度报告》预测,到2030年中国年均天然气进口量将跃升至2700亿立方米。然而,在天然气进口过程中会遇到各种风险问题,这些风险问题会威胁天然气进口安全。国内缺乏对天然气进口风险问题的系统性研究,有关天然气进口风险的研究仍处于初始探索阶段(檀学燕,2012)。威胁天然气进口网络安全的因素正变得越来越复杂,现有简单的进口风险评价体系难以描述天然气进口风险高维度特性和差异性。因此,有必要对威胁天然气进口网络安全因素进行重组。

第一节　风险因素分析

天然气进口安全就是能够以合理的价格进口足够的天然气并安全地运送至国内，以满足一国经济社会持续发展对天然气的需要（马桂瑛等，2007）。所以，天然气进口网络风险主要包括三大类：岸前风险（地缘政治风险）、岸岸风险（运输风险）和岸后风险（市场价格风险）。（1）从地缘政治角度对天然气进口来源地安全的研究。天然气供应中断不仅可以由供应国发起（内乱），还可以由过境国和消费国发起（地缘政治问题）（Colgan，2013；Mathias，2007；Stefan & Caroline，2012；Brenda，2013）。另外，政策环境风险、成本压力风险和资源获取风险是天然气进口气源地风险的主要风险因素（肖建忠等，2014；鲍玲等，2014；殷建平等，2013）。保证能源安全的重要举措之一是进口气源地不断多元化（Vlado，2009）。我国天然气进口来源地主要集中在中东、中亚、亚洲，以及俄罗斯等地，这些国家和地区的天然气资源有限，还需进一步拓宽进口渠道，争取实现天然气来源的多元化以寻求更好的稳定性（王旻昊，2015）。目前，我国从地缘政治角度对天然气进口来源地安全的研究还集中在对外策略的探索阶段，缺乏全面、综合、长远的防范机制。（2）对天然气进口运输安全的研究。天然气的进口运输方式主要通过管道和海上船只运输两种方式。张淑英、万大忠（2007）指出航海技术风险、技术管理风险、政治因素风险等是海上运输存在的主要风险因素。鲍玲等（2014）指出运力不足风险、航线单一风险、袭击风险是运输风险的主要风险因素。目前，关于中国进口天然气路径安全，尤其是海上运输风险的研究相对较少。（3）对天然气进口价格安全的研究。中国能源将长期、大比重地依赖国际市场已是不可避免的战略选择，我国油气安全面临的首要威胁是价格风险（陈淮，2002）。全球天然气气价市场并未形成统一的格局，耿江波（2014）指出市场主要集中在三大价格区域，即北美地区、欧洲地区和以日本为中心的亚洲地区。我国应跟踪国际原油价格，判断及预测未来天然气价格，以制定长期天然气的进口量（殷建平等，2012）。目前，我国进口天然气购销价格严重倒挂，这使接收站建成后一直处于亏损状态（周淑慧等，2013）。

第二节　天然气进口网络风险因素识别

　　天然气进口风险是由很多不确定的因素引起，本书从天然气进口网络的构成要素角度进行识别分类。在天然气进口中天然气进口来源国、运输途经海峡和到岸港口/码头都可视为网络中的节点，节点间的业务关联视为进口网络中的边。本书从天然气进口供应中断的角度将天然气进口网络风险分为"点中断风险"和"边中断风险"，如表 7-1 所示。

表7-1 天然气进口风险识别

	定义描述	风险因素
点中断风险	指我国天然气进口中的节点因为潜在因素或突发性事件而导致其无法正常发挥其职能的风险	(1) 外部依赖风险（董秀成，2017；李宏勋等，2018；杨宇，2020；张珺；2020）； (2) 政治风险（李宏勋等，2018；周云亨等，2020；崔巍，2021）； (3) 经济风险（王晓宇，2015；周云亨等，2020；范秋芳，2020；崔巍，2021）； (4) 资源风险（蔡流，2014；董秀成，2017）
边中断风险	指破坏我国天然气进口节点之间的协作关系，导致节点之间天然气资源流动中断的风险	(1) 运输风险（郭庆妮，2013；董秀成，2017；苏强，2019；范秋芳，2020；崔巍，2021）； (2) 管理风险（徐松涛等，2019）

一、外部依赖风险

外部依赖度是综合反映我国对某一天然气进口来源国的依赖程度和我国整体天然气进口多元化程度的风险水平的指标。研究发现，天然气进口依存度和进口来源多样化对天然气供应安全有重要影响。

外部依赖度可以在一定程度上反映我国国内天然气的供需状况，天然气需求外部依赖程度高表示我国天然气的自产能力远远少于天然气的需求。如果天然气进口来源单一，天然气进口来源国一旦出口中断将对我国产生严重的消极影响。我国对天然气进口的依赖程度应保持在合理的范围内，以减少因天然气对外依赖程度过高而在价格、外汇等方面受制于人，给我国经济带来负面影响（王涛，2004）。李宏勋等（2018）认为对外依存度是影响我国天然气供应安全的主要因素。

另外，我国可以从多个气源国进口天然气，这样将会提高我国天然气整体进口多元化程度，以降低对单个进口来源国的依赖程度，从而在宏观层面降低天然气供应中断的风险，因此，天然气进口多样化被认为是降低外部依赖和供应风险的最有效的措施之一。陆家亮（2010）指出进口气源多元化是保障中国天然气长期供应安全的关键。白建华等（2005）也在石油供应安全研究中阐述了石油进口多元化战略的意义，认为石油来源的多元化、多变化是规避石油供应风险的有效途径之一，世界石油大国大都采用直接进口来源多元化战略以及鼓励石油企业参与海外石油资源的勘探开发，与石油生产大国建立石油战略伙伴关系。杨等（2014）采用多样化指数的方法，评估石油进口国的外部石油供应风险，并指出美国能维持其外部石油供应的安全是因为实现了石油进口的多元化。董等（2016）以消费者视角分析指出天然气消费者面临进口受到地缘政治、运输条件和天然气价格等风险因素的影响，同时，他也认为评估天然气进口风险对国民经济的影响是必要的，通过考虑国家、运输和外部依赖风险对中国天然气进口风险进行量化。

二、政治风险

我国天然气进口来源国的政治稳定程度对我国天然气供应非常重要，进口来源国的政治稳定程度越高，天然气供应越稳定安全。布伦达·谢弗（2013）指出天然气贸易国之间普遍存在的政治关系是影响供应中断的因素之一，供应国、运输国和消费国都有可能造成供应中断。洛克纳等（Lochner et al.，2012）分析了北非内乱对欧洲天然气供应的影响，指出在评估欧洲天然气进口安全性时考虑供应国政治稳定性的重要性。目前，政治稳定的计算有一个在国际上受到认可、相对权威的计量标准，即国际国家风险指南（international country risk guide，ICRG）。有学者（Yang et al.，2014）利用国家风险对石油进口多元化指数进行了修正。海伦·卡巴鲁（2009）选择地缘政治风险指数来评估亚洲国家的天然气脆弱性。有学者（Sun et al.，2014）将国家风险定义为石油出口国因政治变革或内部冲突而引起的政治风险，同时地缘政治会对运输风险中的航线风险产生影响。还有学者（Duan et al.，2018）基于国际安全风险指南选取数据，对中国"一带一路"沿线50个国家的能源投资风险从政治、经济、金融等方面进行了评级。基于以上研究分析，政治风险是导致我国天然气进口网络点中断风险的重要原因。

三、经济风险

经济安全衡量的是能源国家经济运行状况，评估一个国家经济风险的方法是权衡当前经济的优势与劣势，一般来说，当优势大于劣势时经济风险低，劣势大于优势会带来很高的经济风险，能源出口国良好的经济基础可以在一定程度上保证能源进口国进口能源的安全。阿吉贾等（2021）指出人均国内生产总值和自由贸易协定对所有非石油出口都产生了重大的积极影响。弗拉茨舍尔等（2013）指出随着油价上涨，美元汇率贬值，石油进口国的贸易平衡可能恶化。马哈穆德（2018）的研究表明，汇率变动对出口价值具有显著影响，如果货币贬值，国外对商品的需求将增加，出口价值也将增加。有学者（Liu et al.，2016）列出用来衡量国家风险的宏观经济变量，包括人均 GDP、年度 GDP 增长、通货膨胀率等，人均 GDP 是某一特定年份的估计人均 GDP，实际 GDP 增长表示的是以某年的价格为标准，某一国家 GDP 的年度变化（增加或减少的百分比），有学者（Duan et al.，2018）使用人均 GDP、实际 GDP 增长、年通货膨胀率等来评价经济风险。天然气价格的形成和交易由天然气买卖双方决定，同时会受到其他因素的影响，如天然气作为一种商品，具有商品的基本属性，与其他能源之间存在替代竞争的关系，天然气价格会受到其他能源价格的影响。天然气进口价格过高或是变动频繁都会使天然气进口国的进口安全受到威胁。

四、资源风险

出口潜力是指天然气进口来源国的潜在出口能力，主要从出口国天然气资源禀赋、开采技术、生产能力和出口政策等方面来评估。天然气进口来源国的出口潜力直接影响到天然气进口国的实物可获得性。詹森等（2004）认为资源枯竭会对能源供应安全产生影响。斯特恩（Stern，2004）通过分析英国天然气进口风险，指出天然气安全最重要的威胁是满足峰值需求的能力下降，会使英国在未来从天然气出口国变为天然气进口国。布莱斯等（Blyth et al.，2004）认为每个出口国的潜在出口能力是从该国继续进口的关键因素。有学者（Yang et al.，2014）认为与出口潜力大的石油出口国建立稳定的贸易关系至关重要，能有效地保证长期能源进口稳定，因此将潜在出口能力引入多元化指数来衡量外部石油供应安全，同时认为，石油出口国的潜在出口能力主要由探明储量、石油产能和出口政策决定，因此选取储量/产量比和出口国在世界出口中的份额来构建一个潜在的石油出口指数。有学者（Duan et al.，2018）选取石油总产量、原油探明储量、干气产量、天然气探明储量、原油蒸馏能力、成品油出口总量等指标，对"一带一路"沿线50个国家的资源潜力进行评估。进口来源国天然气储采比可以衡量天然气进口来源地的开采技术，它关系到天然气进口国能否直接获取所需能源，若一国的天然气资源储量非常丰富但开采技术有限，也无法长期稳定地向天然气进口国输送天然气。进口来源国出口总量可以看出天然气进口来源国的出口能力，也可以在一定程度上体现出口国的出口政策。

五、运输风险

天然气进口运输方式主要有管道运输和海上运输，从运输风险来说，海上运输比管道运输的风险来源更加复杂和具有不确定性，海上运输风险是进出口贸易风险的主要组成部分，通常与运输距离、海盗袭击和国境线沿线的军事干预有关，虽然近年来多国海警联合行动改善了海上运输环境，但马六甲等主要航道仍是海盗活动猖獗的海域。

　　由于海上运输是我国液化天然气海上进口的主要方式，所以国内外许多学者对其运输和输配过程中的风险十分关注并进行了广泛研究。董秀成等（2017）从天然气进口数量、运输距离、恶劣天气和军事干扰等因素考虑，构建了一个综合指标对液化天然气运输风险进行量化。资源的供应安全主要受到运输距离长短和运输受干扰、控制程度的影响，同时也受到对资源运输通道的控制能力的影响。运输距离是从天然气进口来源国到天然气进口国的航线距离，一般来说，运输距离越长，运输途中发生突发事件风险的可能性越大。海盗袭击事件对海上贸易运输造成了巨大的威胁，每一次海盗袭击都会威胁船舶财产和船上人员的人身安全，更不用说将货物安全地送达。尽管各国海警对海上运输方面的关注度提高了，但海盗在攻击船舶时携带枪支的比例正不断上升，在抵御海盗方面的困难也升级了。吕靖等（2018）利用数据分析，构建网络结构对海上运输通道的安全影响因素进行敏感性分析，得到了海盗、恐怖主义和风浪等对海上运输活动有较大影响。高天航等（2017）提出一种识别海上运输通道风险因素的新型方法，通过对中欧海上运输通道安全的研究，得到在单因素风险中，海上犯罪和海况是最大的风险因素，在多因素风险中，海况和地理条件与海况和船舶密度是耦合效应中最强的两组风险因素。另外，对运输航线的控制能力与国家的军事力量相关，对航线的控制可以分为无控制、单个控制、部分控制、基本控制和完全控制五个等级。一般情况下，一国对运输航线的军事影响力越强，对运输航线的控制力就越强，能源进口风险就越低，一国对运输航线的军事影响力越弱，对运输航线的控制力就越弱，能源进口风险就越高。

六、管理风险

运输公司管理也是天然气进口网络风险的关键影响因素之一。运输公司协调能力越高，就越能降低天然气进口网络风险因素。另外，运输公司应急能力越强，应急速度越快，就越能有效地化解天然气进口风险。

第三节　天然气进口网络风险指标的构建

基于第二节分析发现威胁天然气进口安全因素错综复杂，本书综合测度我国天然气进口风险评价及防范的现状，考虑"共性"，也要重视"个性"，做好普适性和差别化的结合。在现有研究成果的基础上，结合我国天然气进口的现状，根据科学性、系统性、独立性、主成分性、层次性的原则，从外部依赖度风险、政治风险、经济风险、资源风险、运输风险和管理风险六个维度选择使用频率较高的 29 个天然气进口风险评价指标，如表 7 - 2 所示。

表 7 - 2　　　　　　　我国天然气进口风险初始评价指标

准则层	指标层	单位
外部依赖风险	进口依存度	%
	进口份额	%
	进口多元化程度	%
政治风险	进口来源国政府稳定性	—
	进口来源国内部冲突	—
	进口来源国外部冲突	—
	进口来源国腐败程度	—
	进口来源国法律和秩序	—
	进口来源国民主问责制	—
	地缘政治风险	—
	外交关系	—
经济风险	人民币兑换美元汇率	—
	人均 GDP	美元
	天然气进口价格	美元/百万英热单位
资源供应风险	进口来源国天然气年产量	十亿立方米
	进口来源国探明储量	十亿立方米
	进口来源国天然气储采比	%
	进口来源国出口总量	十亿立方米
	天然气供应稳定性	—
	进口来源国出口潜力	—
运输风险	运输量	十亿立方米
	途经海峡数	个
	过境地稳定性	—
	运输距离	海里
	运输线路上事故率	—
	对运输航线控制力	—

准则层	指标层	单位
管理风险	运输公司管理水平	—
	协调能力	—
	应急能力	—

结合我国天然气进口的实际情况，从理论分析，根据我国天然气行业高质量发展要求和天然气进口安全关系进行综合考虑，对遴选出的评价指标进行初次调整，选择具有代表性的指标。然后结合专家打分法对初次挑选出的指标的重要性和独立性进行评判，筛选出使用频率较高的指标。具体打分方法和步骤如下：

（1）专家选择，选取六名具有能源技术经济及管理和管理专业背景的副教授及以上级别的专家。

（2）列表，给定初选出来的环境评价指标的打分范围为 [0，100]。

（3）打分，发给每个专家一份列表，让其进行打分。

（4）将六名专家对初选出来的32个环境评价指标评分构成矩阵 D，其中，行表示一位专家对所有指标的评分，列表示所有专家对某个指标的评分。

$$D = \begin{bmatrix} d_{1,1} & d_{1,2} & \cdots & d_{1,32} \\ d_{2,1} & d_{2,2} & \cdots & d_{2,32} \\ \vdots & \vdots & \vdots & \vdots \\ d_{6,1} & d_{6,2} & \cdots & d_{6,32} \end{bmatrix}$$

（5）将每一行的指标评分相加，得所有指标的总分，然后将总分除该行的每个指标的评分，得每个指标的权重。如 $r_{ij} = d_{i,j}/$ $(d_{i,1} + d_{i,2} + \cdots + d_{i,32})$，其中 $i = 1$，2，$\cdots$，6，$j = 1$，2，$\cdots$，32。将所有指标的权重构成新的矩阵 E，有：

$$E = \begin{bmatrix} r_{1,1} & r_{1,2} & \cdots & r_{1,32} \\ r_{2,1} & r_{2,2} & \cdots & r_{2,32} \\ \vdots & \vdots & \vdots & \vdots \\ r_{6,1} & r_{6,2} & \cdots & r_{6,32} \end{bmatrix}$$

（6）求出每个评价指标的平均权重，即 $(r_{1,j} + r_{2,j} + \cdots + r_{6,j})/6$，$j = 1$，2，$\cdots$，32。

（7）选出权重较高的评价指标。

通过专家打分法最终得到 19 个指标，如表 7 – 3 所示。具体筛选流程如图 7 – 1 所示。

表 7 – 3   我国天然气进口风险的评价指标体系

准则层	指标层	单位
外部依赖风险	X1 进口依存度	%
	X2 进口份额	%
	X3 进口多元化程度	%
政治风险	X4 地缘政治风险	—
	X5 外交关系	—
经济风险	X6 人均 GDP	美元
	X7 天然气进口价格	美元/百万英热单位
	X8 人民币兑换美元汇率	—
资源供应风险	X9 天然气供应稳定性	—
	X10 进口来源国出口潜力	—

续表

准则层	指标层	单位
运输风险	X11 运输量	十亿立方米
	X12 途经海峡数	个
	X13 过境地稳定性	—
	X14 运输距离	海里
	X15 运输线路上事故率	—
	X16 对运输航线控制力	—
管理风险	X17 运输公司管理水平	—
	X18 协调能力	—
	X19 应急能力	—

图 7 - 1   我国天然气进口风险评价指标筛选流程

第四节   本 章 小 结

　　本章从天然气进口网络的"点中断风险"和"边中断风险"角度,同时结合我国天然气行业高质量发展的要求和天然气进口的现状,从外部依赖风险、政治风险、经济风险、资源风险、运输风险和管理风险六个层面初选 29 个使用频率较高的天然气进口网络风险评价指标。然后结合专家打分方法最终得到 19 个指标风险评价指标,构建我国天然气进口风险评价指标体系。

第 八 章

我国天然气进口风险评价研究

有学者（Dong et al.，2016）量化了天然气进口风险对我国经济的影响，发现进口风险增加 10% 会导致我国 GDP 下降 0.24%。因此，如何防范天然气进口风险已经成为我国急需解决的关键问题。

国内外学者采用多种研究方法对我国天然气进口网络风险进行评价，同时提出了风险防范策略。陆家亮（2010）对全球天然气可开采储量和天然气市场进行分析，提出"构建天然气进口多元化、强化国家合作、提升战略储备、坚持独立自主"战略，以保障我国天然气供应稳定。王旻昊（2015）从天然气进口来源地、进口路线和进口价格出发，通过加权得分的方式评估三个方面的风险状态，提出对应的进口风险防范策略。谢赫等（Shaikh et al.，2016）利用生态网络分析法（ENA）对我国天然气供应安全进行评价，证明了天然气自产能力对天然气供应安全有重要意义。董秀成等（2017）以供应链为基础，构建了我国天然气进口风险指标体系，采用"熵权法"计算权重，分析了我国 2011～2014 年从不同出口国家进口天然气的风险，提出优化进口来源、加强运输安全、扩大海外投资和提升自产能力的建议。潘月星等（2018）对我国液化天然气发展现状进行研究时，发现液化天然气进口价格、市场竞争、海上运输和进口合约上都存在严重问题，为此提出了我国需要加强液化天然气进口监管、理顺进口价格机制、实现协同发展、开拓液化天然气进口多元化、创新合作方式和优化进口成本的建议。李宏勋等（2019）借用灰色关联分析法得到影响我国天然气进口安全的主要风险因素。钟皓月（2017）使用多目标规划模型，考虑液化天然气进口成本、进口国家政治风险和运输风险，分析不同风险权重下我国液化天然气进口安全策略，并提出具有针对性的风险防范策略。崔巍等（2022）利用生态网络分析方法构建了我国天然气供应安全网络模型，从网络信息、结构和效用等角度，评价了我国（2006～2020年）天然气供应系统的稳定水平、不同节点的贡献权重和网络共生水平，提出了保障内部生产来源、加强进口多元化、优化天然气消费结构和提升天然气战略储备的建议，以保障我国天然气供应稳定。范秋芳（2007）应用反向传播（BP）神经网络模型建立了中国石油进口安全预警系统，并进行了实证研究。还有很多学者尝试建立油气安全评价指标体系、评价标准和安全等级，运用层次分析法、模糊综合评价法、两阶段数据包络分析（DEA）法和多目标优化模型对我国石油安全状况进行综合评价（林艳，2007；张华林等，2005；吴文盛，2002；Dong et al.，2016；Geng et al.，2017；Zhang et al.，2017）。然而，模糊综合评价法和层次分析法在权重确定的问题上存在人为任意性（王志良等，2001；陈守煜等，2005；Yang，2011）。神经网络模型需要相当大的样本数据，易陷入局部极小点，且网络结构还需要确定（罗先香，2001）。模糊聚类在描述分类指标空间与类型空间之间的非线性关系上具有一定的困难（陈守煜等，2005）。投影寻踪分类也是一种处理多因素复杂非线性问题的统计方法（Friedman，1974），该模型在因素评价等方面有广泛的应用（金菊良等，2002；Huang，2014）。倪长健（2007）结合动态聚类思想，提出了投影寻踪动态聚类模型，该模型在环境评价和风险评价中得到了较好的应用（张力军等，2011；张彦周，2014）。

综观国内外研究的现状，主要表现出以下特点：一是国外对风险评估的研究综合运用风险管理学、地缘政治经济学等多个学科的思路与方法，其研究成果颇丰，为我国防范天然气进口风险提供了很好的借鉴；有学者认为如何科学地运用国外学者的研究来改善我国天然气进口风险防范的工作，是当前我国天然气能源政策研究的重点。二是在研究方法上，国内借助层次分析法、模糊综合评价法和神经网络法进行风险评价研究，但这些方法存在一些缺陷和局限性。三是在研究内容上存在一些缺陷。关于风险评价方法，目前多数成果停留在宏观理论层面，缺乏实证统计分析和多层次的风险评价体系设计，对于风险评价多为描述性分析。四是当前亟须解决以下问题：①我国天然气进口风险因素的测度工具构建。②曲线投影寻踪动态聚类风险评价模型构建。③提出有利于进口天然气健康发展的能源政策。

本书在现有文献研究的基础上，构建曲线投影寻踪动态聚类天然气进口风险评价模型，利用2010～2020年的样本数据定量评价我国天然气进口风险，研究天然气进口的风险特征和趋势，并提出我国天然气进口健康发展的政策建议。

第一节　曲线投影寻踪动态聚类的方法原理

曲线投影寻踪动态聚类模型是采用曲线投影的方式，根据投影寻踪的思想建立的模型，将高维数据空间向低维数据空间进行投影，通过分析低维数据空间的投影特征来研究高维数据特征（邢文婷等，2016）。与一般的投影寻踪聚类模型相比，曲线投影寻踪动态聚类模型能更好地反映事物的变化过程。另外，曲线投影寻踪动态聚类模型不受样本容量的限制，且能同时确定最佳的聚类结果和聚类数，这有利于提高计算的客观性（倪长健等，2006；倪长健等，2010）。

第二节　曲线投影寻踪动态聚类模型

假设天然气进口风险评价指标为 x_{ij}（$i=1, 2, 3, \cdots, n$；$j=1, 2, 3, \cdots, m$；n 为样本个数，m 为评价指标个数）。本书采用投影寻踪和动态聚类相结合的方法，并引入曲线的投影方式（邢文婷等，2016），来构建我国天然气进口风险的定量评价模型。

一、数据标准化

由于天然气进口风险评价指标的数值范围和量纲不完全相

同，因此，为消除量纲影响，本书对各项风险评价指标进行极值归一化处理。

对于越小越优的指标：

$$x_{ij} = \frac{x_{j\max} - x_{ij}^0}{x_{j\max} - x_{j\min}} \quad\quad (8-1)$$

对于越大越优的指标：

$$x_{ij} = \frac{x_{ij}^0 - x_{j\min}}{x_{j\max} - x_{j\min}} \qu\quad (8-2)$$

其中，$x_{j\max}$，$x_{j\min}$ 分别表示第 j 个风险评价指标的样本最大值和最小值；x_{ij}^0 为第 i 个样本第 j 个指标的初始数值（$i = 1$，2，3，$\cdots$，n；$j = 1$，2，3，$\cdots$，m）。

二、曲线投影

用双曲正切函数来描述风险要素变化过程是合理的（倪长健等，2006）。双曲正切曲线的特点是先缓慢增加、然后快速增加、后逐渐稳定，其被用来描述事物发展的过程，有着广泛的应用（王顺久等，2009）。双曲正切函数：

$$y = \frac{1 - e^{-x}}{1 + e^{-x}} = \frac{e^x - 1}{e^x + 1} \quad\quad (8-3)$$

投影就是将 m 维数据综合成以 $\vec{a} = (a_1, a_2, \cdots, a_m)$ 为投影方向的一维特征值 z_i，则曲线的投影特征值可表示为：

$$z_i = \frac{e^{\sum_{j=1}^{m} a_j x_{ij}} - 1}{e^{\sum_{j=1}^{m} a_j x_{ij}} + 1} \quad (i = 1, 2, 3, \cdots, n) \quad\quad (8-4)$$

其中，a_1，a_2，$\cdots$，a_m 分别为 m 个风险评价指标的权重，$\sum\limits_{j=1}^{m} a_j^2 = 1$，且满足 $-1 \leqslant a_j \leqslant 1$。

三、投影动态聚类指标的构建

采用动态聚类方法（倪长健等，2006）构造新的投影指标。双曲正切函数曲线的投影特征值序列为 z_1，z_2，z_3，$\cdots$，z_n，其评价等级为 $p(p \leqslant n)$。$\Theta_t(t = 1，2，3，\cdots，p)$ 表示第 t 类的样本投影特征值的集合，有：

$$\Theta_t = \{z_i \mid d(A_t - z_i) \leqslant d(A_h - z_i)\}$$

$$h = 1，2，3，\cdots，p \quad t \neq h$$

其中，$d(A_t - z_i) = |z_i - A_t|$，$d(A_h - z_i) = |z_i - A_h|$，$A_t$，$A_h$ 分别表示第 t 级和第 h 级的聚核，这里假设聚核为单调递减函数。

用类内的长度和表示类内样本的聚集程度，即：

$$d(\vec{a}) = \sum_{i=1}^{p} \left[\max(\Theta_t) - \min(\Theta_t)\right]$$

这里 $d(\vec{a})$ 越小表示类内样本的聚集度越高。

样本间的离散程度可用样本间的分散度表示，即：

$$s(\vec{a}) = \sum_{i,k \in n, i \neq k} |\Theta_i - \Theta_k|$$

$s(\vec{a})$ 越大表示样本间分散度越高。

投影寻踪动态聚类的思想就是要求类内样本尽量聚集，类间样本尽量分散。据此，定义曲线投影寻踪动态聚类指标为：

$$Q(\vec{a}) = s(\vec{a}) - d(\vec{a}) \qquad (8-5)$$

第三节　天然气进口风险评价优化模型

$Q(\vec{a})$ 取值越大，越能满足投影寻踪动态聚类的思想，得到的聚类结果和聚类数就越好。当 $Q(\vec{a})$ 取得最大值时，能同时实现类间样本尽量分散、类内样本尽可能聚集的目的，即 $Q(\vec{a})$ 取得最大值时，可以得到最能反映数据特征的最优聚类结果和最优投影方向向量。因此，我国天然气进口风险评价的定量模型可以描述为以下的非线性优化问题：

$$
\begin{cases}
\max Q(\vec{a}) \\
\text{s. t.} \quad \sum_{j=1}^{m} a_j^2 = 1 \\
\quad -1 \leqslant a_j \leqslant 1
\end{cases}
\tag{8-6}
$$

第四节　风险评价指标说明

在第六章构建的我国天然气进口风险评价指标体系中，人均 GDP（$X6$）、人民币兑换美元汇率（$X8$）、运输量（$X11$）等可以根据现有数据直接得到。需要特别说明的是：

1. 进口依存度（$X1$）

该指标反映我国天然气供应对国外天然气的依赖性。计算公式为：

$$X1_i = \frac{q_i}{\sum_i^n q_i} \qquad (8-7)$$

其中，q_i 为我国从天然气进口来源国 i 进口的天然气量，n 为天然气进口来源国的总数量。

2. 天然气进口份额（$X2$）

该指标反映我国天然气进口量在国际市场的占比。计算公式为：

$$X2_i = \frac{q_i}{e_i} \qquad (8-8)$$

其中，e_i 为我国天然气进口总量。

3. 进口多元化程度（$X3$）

该指标能反映我国的天然气进口多元化程度，以及天然气进口来源国供应占比。有学者（Yang et al.，2014）利用赫斯曼—赫芬达尔指数（HHI）对石油进口多元化进行了研究，同时指出 HHI 指数值越高，石油进口多元化程度越低。

本书采用赫斯曼—赫芬达尔指数（HHI）计算进口多元化程度，有：

$$HHI = \sum_{i=1}^{n} \left(\frac{q_i}{\sum q_i} \right)^2 \qquad (8-9)$$

$$X3_i = 1 - \frac{HHI_i}{HHI} \qquad (8-10)$$

4. 地缘政治风险（$X4$）

该指标反映我国天然气进口来源国的政治稳定性，其量值参考国家风险指南（ICRG）。

5. 外交关系（X5）

该指标反映天然气进口来源国和我国关系友好度。本书利用国家关系级别来表示外交关系，外交关系量化标准（贺书锋等，2009；潘震等，2015），如表 8 - 1 所示。

表 8 - 1　　　　　　　　　　外交关系量化标准

外交关系	赋值	外交关系	赋值	外交关系	赋值
全天候战略合作伙伴	5	全面战略伙伴	3.5	友好合作伙伴	1.5
全面战略合作伙伴	4.5	战略伙伴	3	合作伙伴	1
战略合作伙伴	4.5	全方位/全面友好合作伙伴	2.5	正常建交	0.5
全方位战略伙伴	4	全方位/全面合作伙伴	2	未建交	0

6. 天然气进口价格（X7）

该指标反映我国天然气进口成本。我国天然气进口平均价格和日本天然气进口价格具有一定关联度，并在年度计算时忽略一个月滞后期的影响（刘贵贤等，2016）。其计算公式为：

$$X7 = 0.428JNG + 2.836 \qquad (8-11)$$

7. 天然气进口来源国出口潜力（X10）

该指标指潜在的出口能力，反映了天然气进口来源国的天然气资源、生产能力和出口政策，直接关系到天然气进口国的实物可获得性。杨等（2014）将出口潜力引入多元化指数来衡量外部石油供应安全，认为与出口潜力大的供应商建立稳定的贸易关系至关重要，从而有效保证长期进口稳定。其数据来源于《BP 世界能源统计年鉴》（李宏勋等，2020）。

8. 途经海峡数（$X12$）、运输距离（$X14$）、对运输航线控制力（$X16$）

我国天然气进口路线，如表 8 - 2 所示。本书参考了维沃达（Vivoda，2009）和魏一鸣等（2010）的研究，对途经海峡数 $X12$、运输距离 $X14$、对运输航线控制力 $X16$ 三个指标进行量化，如表 8 - 3 所示。

表 8 - 2   天然气进口线路情况

路线	运输距离（海里）	途经海峡数（个）	来源国
中东航线	5477	4	卡塔尔、也门、阿曼
大洋洲航线	4800	1	澳大利亚、巴布亚新几内亚
西非航线	9440	3	尼日利亚、安哥拉、赤道几内亚
北非航线	14481	5	埃及、阿尔及利亚等
东南亚航线	4514	2	印度尼西亚、马来西亚
南美航线	9285	6	美国
中亚管线	1833	4	土库曼斯坦、乌兹别克斯坦、哈萨克斯坦
中缅管线	2806	1	缅甸
中俄管线	3968	1	俄罗斯

表 8 - 3   运输安全评价指标量化标准

分值	途经海峡数（个）	运输距离（海里）	对运输路线控制力
1	≥5	>9000	无控制
2	4	7000 ~ 9000	单个控制

续表

分值	途经海峡数（个）	运输距离（海里）	对运输路线控制力
3	3	5000 ~ 7000	部分控制
4	2	3000 ~ 5000	基本控制
5	1	< 3000	完全控制

9. 天然气供应稳定性（$X9$）、过境地稳定性（$X13$）、运输线路上事故率（$X15$）、运输公司管理水平（$X17$）、协调能力（$X18$）、应急能力（$X19$）

本书参考行业标准及结合专家打分法，将天然气供应稳定性（$X9$）、过境地稳定性（$X13$）、运输线路上事故率（$X15$）、运输公司管理水平（$X17$）、协调能力（$X18$）、应急能力（$X19$）五个指标进行量化处理，如表 8 – 4 所示。

表 8 – 4　　　　　　　　运输及管理风险指标量化标准

评价指标	量化标准
天然气供应稳定性	分为：不稳定、一般、稳定、非常稳定；取值分别为：［0.1，0.2）、［0.2，0.5）、［0.5，0.8）、［0.8，1］
过境地稳定性	分为：不稳定、一般、稳定、非常稳定；分别取值为：［0.1，0.2）、［0.2，0.5）、［0.5，0.8）、［0.8，1］
运输线路上事故率	事故率为［0，0.005）的取值［0.1，0.3），事故率为［0.005，0.01）的取值［0.3，0.6），事故率大于 0.01 的取值［0.6，1］
运输公司管理水平	分为：较差、一般、好；分别取值：［0.1，0.3）、［0.3，0.6）、［0.6，1］
协调能力	分为：较差、一般、好；分别取值：［0.1，0.3）、［0.3，0.6）、［0.6，1］
应急能力	分为：较差、一般、好；分别取值：［0.1，0.3）、［0.3，0.6）、［0.6，1］

第五节 实证分析

一、风险等级划分

以 2010～2020 年为监测年，并对第六章中构建的天然气进口网络风险评价指标的统计数据进行无量纲化处理，如表 8－5 所示。根据能源安全等级划分标准（吴初国等，2011），本书将我国天然气进口风险评价确定了很安全（1 级）、安全（2 级）、临界安全（3 级）、不安全（4 级）和极不安全（5 级）5 个评价等级。同时参考国内外相关文献资料，确定评价标准指标值，如表 8－6 所示。

表 8－5　　　我国天然气进口风险指标统计数据预处理

样本年份	评价指标数据的预处理									
	X1	X2	X3	X4	X5	X6	X7	X8	X9	X10
2010	1.00	1.00	0.26	0.00	0.00	0.00	0.60	0.17	0.85	0.27
2011	0.71	0.86	0.69	0.86	0.46	0.15	0.21	0.58	0.42	0.69
2012	0.54	0.76	1.00	0.96	0.99	0.24	0.00	0.78	0.00	0.82
2013	0.50	0.65	0.93	0.92	0.58	0.34	0.06	0.93	0.35	0.00
2014	0.45	0.57	0.51	0.96	0.53	0.43	0.04	1.00	0.46	0.22
2015	0.24	0.58	0.65	1.00	1.00	0.51	0.66	0.89	0.92	0.65
2016	0.33	0.47	0.50	0.64	0.99	0.60	1.00	0.34	1.00	0.61

续表

样本年份	评价指标数据的预处理									
	$X1$	$X2$	$X3$	$X4$	$X5$	$X6$	$X7$	$X8$	$X9$	$X10$
2017	0.21	0.32	0.36	0.56	0.70	0.75	0.88	0.19	0.96	0.55
2018	0.00	0.14	0.15	0.50	0.49	0.89	0.68	0.37	0.77	0.53
2019	0.06	0.09	0.14	0.47	0.46	0.95	0.69	0.10	0.85	1.00
2020	0.09	0.00	0.00	0.46	0.58	1.00	0.91	0.00	0.88	0.98

样本年份	评价指标数据的预处理								
	$X11$	$X12$	$X13$	$X14$	$X15$	$X16$	$X17$	$X18$	$X19$
2010	1.00	0.11	0.17	0.15	0.00	0.34	0.10	1.00	0.33
2011	0.86	0.65	0.50	0.35	0.63	0.80	0.00	0.89	0.00
2012	0.76	0.78	0.83	0.43	0.50	0.93	0.20	0.44	0.29
2013	0.66	1.00	1.00	0.00	0.53	1.00	0.15	0.56	0.79
2014	0.59	0.00	0.17	0.61	0.33	0.00	0.17	0.67	0.56
2015	0.59	0.56	0.00	1.00	0.36	0.67	0.21	0.44	0.22
2016	0.47	0.42	0.67	0.91	0.77	0.57	0.26	1.00	0.02
2017	0.28	0.38	0.83	0.37	0.80	0.56	0.36	1.00	0.78
2018	0.00	0.39	0.50	0.47	0.87	0.59	0.12	0.11	0.56
2019	0.10	0.36	0.67	0.60	1.00	0.62	1.00	0.00	0.33
2020	0.05	0.43	0.50	0.89	0.87	0.60	1.00	0.67	1.00

表 8 - 6　　　　　　　　进口风险评价标准指标值

等级标准	评价指标									
	$X1$	$X2$	$X3$	$X4$	$X5$	$X6$	$X7$	$X8$	$X9$	$X10$
（1级）很安全	12.5	3	60	100	60	60	50	5	5	8.0
（2级）安全	20.0	5	70	90	70	70	60	4	4	5.0
（3级）临界安全	30.0	7	80	80	85	85	70	3	3	3.6
（4级）不安全	45.0	9	90	70	90	90	80	2	2	2.5
（5级）极不安全	60.0	15	100	60	100	100	90	1	1	1.5

续表

等级标准	评价指标									
	$X11$	$X12$	$X13$	$X14$	$X15$	$X16$	$X17$	$X18$	$X19$	
（1级）很安全	6.0	6.4	100	100	5	200	5	1	5	
（2级）安全	6.8	6.6	90	90	4	160	4	2	4	
（3级）临界安全	7.5	7.0	80	80	3	120	3	3	3	
（4级）不安全	8.5	8.0	70	70	2	70	2	4	2	
（5级）极不安全	10.0	10.0	60	60	1	30	1	5	1	

二、风险评价过程

本书在每个风险指标等级标准的等级范围内随机生成 20 个样本，这样就把 5 个风险等级扩展为 100 个样本序列。然后根据随机生成的样本数据，建立我国 2010～2020 年曲线投影寻踪动态聚类的天然气进口风险评价模型，其中 $n = 100$，$p = 5$，$m = 19$。采用改进的蚁群算法进行求解我国天然气进口风险的非线性优化评价模型，利用 MATLAB 软件计算得到最大投影函数值 $\max Q(\vec{a}) = 3.262$；最佳投影方向向量 $\vec{a} = （0.3577、0.3397、0.2121、0.2355、0.1672、0.1452、0.3259、0.1879、0.2377、0.2477、0.2723、0.2499、0.2257、0.2534、0.0775、0.2484、0.1093、0.0075、0.1279）$。

最优投影向量是各分量平方和为 1 的单位向量。a_1^2，a_2^2，a_3^2，$\cdots$，a_m^2 表示能够反映各指标对进口风险影响程度的指标权重。通过对最优投影向量的平方，可以得到各风险因素对我国天然气进口风险评估系统的影响程度，并根据影响程度对 19 项指标进行排序，如表 8 - 7 所示。五个评价等级标准的投影特征值范围，如表 8 - 8 所示。根据最优投影方向向量计算 2010 ~ 2020 年我国天然气进口风险的特征值，如表 8 - 9 所示。同时，计算出 2010 ~ 2020 年我国天然气进口来源国的综合风险值，如表 8 - 10 所示。

表 8 - 7 天然气进口风险评价指标的影响程度

评价指标	$\vec{a}$	$\vec{a}^2$	影响程度（%）	评价指标	$\vec{a}$	$\vec{a}^2$	影响程度（%）
X1	0.3577	0.1279	12.795	X11	0.2723	0.0741	7.415
X2	0.3397	0.1154	11.540	X12	0.2499	0.0625	6.245
X3	0.2121	0.0450	4.499	X13	0.2257	0.0509	5.094
X4	0.2355	0.0555	5.546	X14	0.2534	0.0642	6.421
X5	0.1672	0.0280	2.796	X15	0.0775	0.0060	0.601
X6	0.1452	0.0211	2.108	X16	0.2484	0.0617	6.170
X7	0.3259	0.1062	10.621	X17	0.1093	0.0119	1.195
X8	0.1879	0.0353	3.531	X18	0.0075	0.0001	0.006
X9	0.2377	0.0565	5.650	X19	0.1279	0.0164	1.636
X10	0.2477	0.0614	6.136				

表 8 - 8 我国天然气进口风险评价等级标准特征值范围

等级标准	特征值
（1 级）很安全	$1.000 < z \leqslant 2.000$
（2 级）安全	$2.000 < z \leqslant 2.500$
（3 级）临界安全	$2.500 < z \leqslant 3.000$
（4 级）不安全	$3.000 < z \leqslant 3.500$
（5 级）极不安全	$z > 3.500$

表 8-9 我国天然气进口风险评价结果

样本年份	特征值	评价结果	样本年份	特征值	评价结果
2010	2.421	安全	2016	2.746	临界安全
2011	3.564	极不安全	2017	3.327	不安全
2012	3.156	极不安全	2018	3.284	不安全
2013	3.153	极不安全	2019	2.637	临界安全
2014	3.168	极安不全	2020	2.841	临界安全
2015	2.634	临界安全			

表 8-10 2010～2020 年我国进口来源国的综合风险值

年份	土库曼斯坦	澳大利亚	印度尼西亚	卡塔尔	马来西亚	安哥拉	尼日利亚	也门
2010	0.630	0.678	0.678	0.596	0.640	—	0.540	0.510
2011	0.722	0.625	0.624	0.602	0.611	—	0.556	0.523
2012	0.758	0.623	0.661	0.605	0.621	—	0.570	0.476
2013	0.659	0.607	0.655	0.613	0.535	0.482	0.508	0.486
2014	0.672	0.629	0.620	0.603	0.618	0.500	0.512	0.450
2015	0.627	0.614	0.656	0.625	0.591	—	0.532	0.537
2016	0.643	0.627	0.640	0.631	0.556	—	0.644	
2017	0.656	0.670	0.621	0.643	0.587	0.635	0.591	
2018	0.644	0.668	0.609	0.636	0.632	0.614	0.545	—
2019	0.636	0.710	0.668	0.655	0.632	0.634	0.604	
2020	0.661	0.648	0.639	0.636	0.631	0.576	0.622	—
平均值	0.664	0.645	0.643	0.622	0.605	0.573	0.566	0.497

年份	特立尼达和多巴哥	阿尔及利亚	秘鲁	阿曼	埃及	美国	阿联酋	巴布亚新几内亚
2010	0.606	—	0.500		0.575	—	0.473	—
2011	0.515	—	0.486		0.560	0.462	—	

续表

年份	特立尼达和多巴哥	阿尔及利亚	秘鲁	阿曼	埃及	美国	阿联酋	巴布亚新几内亚
2012	0.580	0.538	—	0.478	0.496	—	—	—
2013	0.541	0.519	—		0.430	—	—	—
2014	0.507	0.466	—	0.476	0.420	—	—	0.423
2015	0.520	0.470		0.458	—		—	0.429
2016	0.527	—	0.493	0.460	0.442	0.436		0.401
2017	0.496	0.466	0.471	0.482	0.505	0.456		0.417
2018	0.525	0.501	0.430	0.473	0.436	0.475		0.442
2019	0.530	0.477	0.497	0.510	0.429	0.464	0.402	0.454
2020	0.515	0.490	0.521	0.511	0.514	0.467	0.473	0.473
平均值	0.533	0.491	0.485	0.481	0.481	0.460	0.449	0.434

年份	挪威	哈萨克斯坦	文莱	乌兹别克斯坦	缅甸	俄罗斯	
2010	—	—	—	—	—	0.339	
2011	—	—	—	—	—	0.351	
2012	—	—	—	—	—	0.340	
2013	—	0.459	—	—	—	—	
2014	0.454	0.437	0.421	0.377	0.404	0.359	
2015	0.421	0.426	—	0.334	0.393	0.379	
2016	0.445	0.453	0.386	0.341	0.338	0.372	
2017	0.456	0.440	0.409	0.367	0.406	0.349	
2018	0.467	0.472	0.371	0.422	0.353	0.380	
2019	0.436	0.499	0.420	0.399	0.331	0.367	
2020	—	0.480	0.452	0.404	0.354	0.356	
平均值	0.446	0.458	0.410	0.378	0.368	0.359	

注："—"表示当年我国未从该进口来源国进口天然气。

三、结果分析

（一）指标评价

从表 8 - 7 中可以发现 $X1$、$X2$、$X7$、$X11$、$X14$、$X12$、$X16$ 指标的权重相对较大，它们是威胁我国天然气进口安全的重要风险因素，其他指标为一般影响因素。需要指出的是，虽然重要因素和一般因素对我国天然气进口网络影响是不同的，但它们之间并没有绝对的关系。

（1）进口依存度高和进口份额大是造成我国天然气进口供应安全状况日益严峻的主要原因。虽然，我国逐渐扩大天然气进口的多元化，打通了哈萨克斯坦、乌兹别克斯坦、缅甸和俄罗斯的管道天然气进口通道，但是进口量占比较低。目前，我国天然气进口依然过度依赖澳大利亚、卡塔尔和土库曼斯坦。

（2）天然气进口价格对我国天然气进口安全影响较大。过高的进口价格或进口价格波动性较大，都会对我国天然气供应安全造成威胁。目前，亚太地区天然气价格主要与日本原油价格挂钩，我国天然气进口议价能力较弱，只能被动地接受天然气的定价。

（3）天然气运输量、运输距离、途经海峡数及对运输航线控制力是我国天然气进口安全的主要影响因素。中东航线（波斯湾—霍尔木兹海峡—马六甲海峡—中国），虽然运输距离不算太长，但途经海峡数较多，面临地区军事冲突和战争的威胁，该航线运输风险也较大。西非航线（西非地区—好望角—马六甲海峡—中国）、南美航线与北非航线运输距离较远、途经海峡和海盗袭击频发区域较多、运输航线遭受军事干预程度较高，运输风险较大。东南亚航线运输距离较近、运输航线上的海盗袭击事件较少、运输航线遭受军事干预程度较弱、运输风险相对较小。另外，中缅和中俄管道运输距离较短，但存在人为破坏和爆炸的风险。目前，我国对天然气进口运输航线控制力还很薄弱，不能完全控制重要海峡和有效打击对管线的人为破坏，在天然气进口运输安全方面还面临着严峻的挑战。

（二）综合评价

从表8－9我国天然气进口风险评价结果可知，在2010～2020年，我国天然气进口网络经历了"安全—极不安全—临界安全—不安全—临界安全"五种状态。结合我国天然气现状，具体分析如下：

（1）2010年，我国天然气进口网络处于安全状态。虽然在该阶段我国天然气消费需求在增长，但国内产量也在增长，基本能够实现天然气自给自足，对天然气进口依存度不高，天然气进口份额在国际市场上占比低，故面临的风险和威胁较小。

（2）2011～2014年，我国天然气进口网络处于极不安全状态。首先，由于在2011年布伦特油价剧烈波动，加上亚太地区没有成熟的天然气交易市场，天然气价格具有较大的不确定性，造成我国天然气进口价格由2010年的7.51美元/百万英热上升到2011年的9.14美元/百万英热。其次，我国天然气供应缺口越来越大,我国天然气进口依存度加大。再次,虽然 2011 年我国天然气进口多元化程度有所增长,但还是过分依赖卡塔尔、印度尼西亚、澳大利亚、土库曼斯坦和马来西亚等国,天然气进口结构不完善也是造成该阶段我国天然气进口网络达到极不安全状态的主要因素。另外,天然气进口运输量由 2010 年的 1.647×10^{10} 立方米增大到 2011 年的 3.115×10^{10} 立方米,运输航线主要途经霍尔木兹海峡、马六甲海峡、亚丁湾海峡、曼德海峡等事故多发的过境地,经常受到区域冲突、海盗袭击和恐怖主义的威胁,即运输压力对该阶段天然气运输安全产生很大的威胁。最后,从 2013 年开始,缅甸爆发了激烈的武装冲突,缅甸国内局势的不稳定,加大了我国天然气进口中缅运输线路的风险,进而影响我国天然气进口网络供应安全。

（3）2015～2016 年,我国天然气进口网络处于临界安全状态。在 2015 年,我国管道天然气的进口量占我国天然气总进口量的 56.2%,降低了我国天然气进口对马六甲海峡的严重依赖,从而降低了天然气运输风险。另外,随着液化天然气市场崛起,我国不再受困于管道天然气长期合同的约束,"亚洲溢价"逐步消失,在该阶段天然气进口价格相对具有经济性。

（4）2017～2018 年,我国天然气进口网络处于不安全状态。首先,在该阶段,低碳转型和"煤改气"政府工程的推进,使我国国内天然气需求增长 30% 左右,加上我国天然气储采比下降,导致国内天然气供需缺口拉大,天然气进口压力加大,对外依存度增至 45.2%。其次,由于设备故障,我国最大的天然气进口来源国土库曼斯坦减少天然气供应,导致我国最大的天然气进口通道——中亚管线天然气供应不足，对我国天然气进口网络安全造成一定程度的影响。最后，中美贸易摩擦升级，美日、美欧零关税贸易协定和美韩新的自由贸易协定的签署，对我国天然气进口网络安全造成严重威胁。

（5）2019～2020 年，我国天然气进口网络处于临界安全状态。2019 年 1 月，土库曼斯坦由于供电基础设计老化造成意外停电，故向我国减少了天然气的供应，给我天然气供应带来很大的威胁；2019 年 12 月中俄东线管道正式通气，虽然具有经济性的天然气进口价格对我国天然气进口网络安全是利好的，但管线气源不足，2020 年从俄罗斯进口天然气的量仅占我国天然气进口总量的 7.77%。2020 年受新冠疫情的影响，全球天然气需求下降，但我国防疫措施得当有效，企业有序复工复产，我国对天然气的需求仍然强劲，对外依存度依然很高，同年底，土库曼斯坦再次由于电力故障，临时向我国中断出口，我国天然气进口网络再次受到冲击。再加上全球液化天然气集群效应明显，我国与卡塔尔、澳大利亚等天然气贸易国的贸易关系不稳定，呈现出了"合作—中止—合作—终止"的态势，这种情况给我天然气进口网络安全带来很大影响。我国在 2019～2020 年天然气进口网络面临很大的风险，并未达到安全状态。

从表 8－10 可以看出，2010～2020 年我国天然气进口来源国的综合风险较高的有土库曼斯坦、澳大利亚、印度尼西亚、卡塔尔、马来西亚、安哥拉和尼日利亚。这些国家是我国天然气主要来源国，虽然我国天然气进口逐渐多元化，但目前我国仍然过分依赖这些国家。土库曼斯坦不对外公开其天然气行业的相关数据，且有对华减少天然气供应的情况，导致我国无法全面评估该国的天然气资源潜力；中澳关系不稳定，风波迭起，且澳大利亚对华实行"对冲战略"，政治安全互信受到很大制约；印度尼西亚通过东南亚国家联盟（东盟）合作机制等地区多边主义限制我国；马来西亚与我国关于南海丰富的资源存在争端；从安哥拉和尼日利亚运输风险较大，两国国内经济发展较为缓慢、天然气产业处于发展之中且国内政局波动较大。我国天然气进口来源国的综合风险相对较低的有：哈萨克斯坦、文莱、乌兹别克斯坦、缅甸和俄罗斯。2019年12月中俄东线天然气管道正式投产通气，俄罗斯开始向我国供应天然气，协议期限长达30年，天然气管道向中方每年供应3.8×10^{11}立方米。充足的气源供应、稳定的外交关系，再加上合理的天然气进口价格能够很好地保障我国天然气供应安全。我国也应该抓住"一带一路"倡议的契机，积极开展与沿线天然气资源国的贸易合作，以有效降低其他天然气出口国对我国能源安全造成的威胁。

第六节 本 章 小 结

本章基于曲线投影追踪动态聚类风险评价模型，对2010～2020年我国天然气进口安全进行评价。由评价结果可知，进口依存度、进口份额、天然气进口价格、运输量、运输距离、途经海峡数、对运输航线控制力、进口来源国出口潜力和天然气供应稳定性等风险评价指标对我国天然气进口安全影响较大，即天然气进口外部依赖是我国天然气进口网络安全的短板，进口气源稳定性、天然气进口价格波动和国际政治安全也给我国天然气进口网络安全带来很大的挑战，运输安全也是我国天然气进口网络安全的关键；在2010～2020年，我国天然气进口网络经历了"安全—极不安全—临界安全—不安全—临界安全"五种状态；2010～2020年我国天然气进口来源国的综合风险较高的有土库曼斯坦、澳大利亚、印度尼西亚、卡塔尔、马来西亚、安哥拉和尼日利亚；我国天然气进口来源国的综合风险相对较低的有哈萨克斯坦、文莱、乌兹别克斯坦、缅甸和俄罗斯。

第 九 章

我国天然气进口风险扩散研究

我国天然气进口复杂网络节点具有高度的关联性，任何节点或者外部因素干扰产生的风险都会在天然气进口过程中进行累计，然后通过一定的方式进行扩散，并将最终影响我国天然气进口安全。另外，由于我国天然气进口复杂网络节点的功能差异及外部环境干扰产生的风险源多样性，故风险在天然气进口网络中的扩散具有明显的复杂性和动态性。本章客观揭示了我国天然气进口复杂网络风险扩散的过程及其内在机理，是有效防范我国天然气进口风险的重要前提。

第一节　我国天然气进口复杂网络
风险扩散成因分析

天然气进口复杂网络中节点受到内部和外部各种风险因素干扰时，首先，该节点会采取措施对风险进行控制和自我防御，在这个阶段风险仅仅会对该节点造成一定影响，而不会在天然气进口网络中进行扩散。但是，当各种风险因素经过复杂的耦合并超过该节点的风险阈值时，风险就会以一定的形式对与该节点有直接业务关联的节点造成影响，进而在天然气进口网络中蔓延和扩散。扩散过程如图9-1所示。

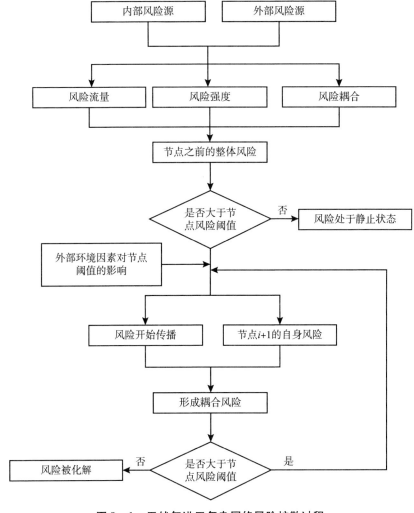

图9-1　天然气进口复杂网络风险扩散过程

在我国天然气进口复杂网络中，风险不会自动向我国进口天然气的企业（风险接受者）进行扩散，而需要一定的驱动力：天然气进口业务流程、天然气进口复杂网络自身结构、网络节点的抗风险能力及信息不对称等。这种驱动力就是风险传播形成的原因。

一、天然气进口业务流程

天然气进口风险是伴随着天然气进口业务流程的实施而进行扩散的，故天然气进口业务流程是天然气进口风险扩散的最大动力。我国天然气进口业务流程如图 9 - 2 所示。

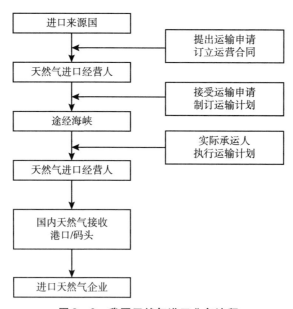

图 9 - 2　我国天然气进口业务流程

从图 9-2 中可以看出，天然气进口各个业务环节间具有清晰的逻辑关系，同时，将天然气进口复杂网络中相关节点密切地联系在一起。整个进口流程包含天然气、相关人员、途经海峡、港口/码头，资金及各类信息，这将极易导致天然气进口风险扩散。另外，天然气进口业务流程各个环节的先后顺序也表明天然气进口复杂网络风险扩散的顺序和方向，即风险扩散是正向扩散。

二、天然气进口复杂网络自身结构

我国天然气进口需要依靠进口来源国节点、途经关键海峡节点、国内接收港口/码头节点和连接节点的边一起构成的复杂网络为支撑而得以实现，换言之，网络结构对天然气进口至关重要。天然气进口复杂网络紧密联系和频繁互动的自身结构是开展天然气进口业务的纽带，但这种纽带一方面带来利益的同时，另一方面也为天然气进口网络风险扩散创造了条件。

网络风险通常会在关联度较高的节点间进行扩散（余荣华等，2010）。因此，天然气进口网络结构越紧密，相连接的节点间联系越频繁，风险扩散就越容易发生，风险一旦在节点处形成且超越风险阈值后，便会在天然气进口复杂网络中按一定的路径进行关联扩散。

三、网络节点抗风险能力

每个网络节点自身都具备一定的自适应、自组织和自调节等功能，这些功能使网络节点在一定范围内能够承担风险带来的影响，这个范围的最大值就是节点承受风险的最大能力，即风险阈值。

根据风险扩散理论，风险阈值是各个风险因子在一定条件下的最大累积。当风险小于天然气网络节点风险阈值时，各风险因子处于局部、静止的状态；当风险达到节点风险阈值时，各风险因子开始由局部、静止状态转向活跃的状态，此时各风险因子不断耦合使得风险强度不断加剧，最终突破风险阈值向与该网络节点有关联的节点进行扩散。

四、信息不对称

在我国天然气进口复杂网络中有大量的节点，且它们之间有着复杂的竞争和合作的博弈关系。为了实现自身效益和经营目标的最大化，网络节点必然会将某些重要的信息对其他有竞争关系的节点进行保留，从而造成整个复杂网络节点无法及时全面地掌握外界信息，故在天然气进口复杂网络中信息不对称的现象是普遍且客观存在的。陈爱早（2009）、邱映贵（2010）等指出由于信息的不对称，无法及时了解掌握信息的真实情况，这将会导致网络风险进行扩散。

第二节　我国天然气进口复杂网络结构

本书通过分析，发现我国天然气进口复杂网络呈现二阶的特点，如图9-3所示。

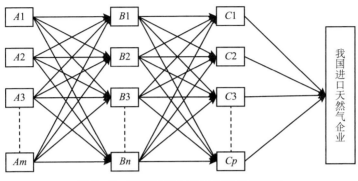

图9-3　我国天然气进口复杂网络结构

图9-3所示A阶中的节点是我国天然气进口来源国，B阶中的节点是运输关键节点（海峡），C阶中的节点是我国国内天然气接收港口/码头。

本书把网络风险由进口来源国向进口国企业方向扩散称为风险正向扩散，反之为风险逆向扩散，即我国天然气进口复杂网络风险扩散为正向扩散。

第三节　我国天然气进口复杂网络风险扩散动力学模型

一、理论基础前提

根据能量释放理论，本书假设我国天然气进口网络中只有直接业务关系的网络节点间才有直接风险扩散，没有直接业务关系的网络节点间的风险扩散是间接的。

根据复杂网络理论（彭俊，2009；殷传洋，2008），天然气进口网络中任何一个节点只有易感和感染两种状态。且当节点处于易感状态时，其没有传播风险的能力，只有接受风险的可能；当其处于感染状态时，可以同时接受风险和传播风险。

二、现实状态前提

从天然气进口风险传播的时间状态看，天然气进口网络节点的风险状态是按时间长度 t 进行离散变化的，当节点受到风险干扰后，每个节点都具有一定的自我修复能力来化解风险的影响。

从天然气进口网络风险传播的空间状态看，网络节点的风险状态不仅受到与其有直接业务关联节点的风险传播影响，还会受到由外部环境因素变化所造成的随机干扰。

天然气进口复杂网络节点所感染的风险不是必然传染到与其有直接业务往来的节点上，而是以一定的概率进行传染。

基于以上前提，本书构建了我国天然气进口网络风险扩散动力学模型，进而揭示其风险扩散机理对于深化天然气进口网络系统运行复杂性特征的认识，并通过仿真模拟对该过程进行描述和分析。

目前，传统经典复杂网络病毒扩散模型（包括 SI 模型、SIS 模型、SIR 模型），虽然应用较为广泛，但其应用需要满足节点均匀分布、均匀混合和遇到风险（病毒）一触即发三个假设条件，这与现实中天然气进口风险扩散问题有较大的差异，因此，这些模型并不适用于我国天然气进口网络风险扩散研究。

本书在国内外关于网络风险扩散动力学模型（Buzna et al.，2006；翁文国等，2007；欧阳敏等，2008；陈长坤等，2014；张明媛等，2014；赵钢等，2015；雷凯，2016）的基础上，构建了我国天然气进口复杂网络风险扩散的动力学模型。

根据我国天然气进口复杂网络的问题研究前提，令 $x_i(t)$ 表示为在 t 时刻第 i 阶（$i=A$，B，C）节点群中处于活跃状态的节点密度，即任选一个第 i 阶节点是感染风险的概率。当 $x_i(t)=0$ 时，说明此时节点不存在风险感染；当 $x_i(t)>0$ 时，说明此时节点存在风险感染，如果风险不断耦合积累超过风险阈值，将会引发该阶节点风险扩散。

$$\frac{dx_A(t)}{dt} = \pi_A[1 - x_A(t)] - \tau_A x_A(t) + \xi_A(t) \qquad (9-1)$$

$$\frac{dx_B(t)}{dt} = -\tau_B x_B(t) + \pi_B[1 - x_B(t)]\sum_{\lambda_A=m_B}^{n_B} P_B(\lambda_A) \times e^{-\beta t_{AB}\tau_B} + \xi_B(t)$$

$$(9-2)$$

$$\frac{dx_C(t)}{dt} = -\tau_C x_C(t) + \pi_C[1 - x_C(t)]\sum_{\lambda_B=m_C}^{n_C} P_C(\lambda_B) \times e^{-\beta t_{BC}\tau_C} + \xi_C(t)$$

$$(9-3)$$

其中，$N_i(i=A$，B，$C)$ 为天然气进口复杂网络中第 i 阶节点总数。$w_{(i-1)i}(i=A$，B，$C)$ 为第 $i-1$ 阶节点到第 i 阶节点的关联程度，则第 i 阶节点平均入度函数为 $f(I_i)=w_{(i-1)i}N_{i-1}$，即 B 阶节点和 C 阶节点的平均入度函数分别为 $f(I_B)=w_{AB}N_A$ 和 $f(I_C)=w_{BC}N_B$。在天然气进口复杂网络中一般有：$N_i \geq f(I_{i+1})$。$P_i(\lambda_{i-1})$

为在第 i 阶节点中随机选一个具有 λ_{i-1} 个位于 $i-1$ 阶的活跃关联节点的概率，由赵钢等（2015）可知，$P_i(\lambda_{i-1}) = \dfrac{[x_{i-1} f(I_i)]^{\lambda_{i-1}}}{\lambda_{i-1}!}$ $e^{-x_{i-1}f(I_i)}$，即有 $P_B(\lambda_A) = \dfrac{[x_A f(I_B)]^{\lambda_A}}{\lambda_A!} e^{-x_A f(I_B)}$，$P_C(\lambda_B) = \dfrac{[x_B f(I_C)]^{\lambda_B}}{\lambda_B!} e^{-x_B f(I_C)}$。$\tau_i(i=A, B, C)$ 为第 i 阶节点的自修复概率。$\pi_i(i=A, B, C)$ 为第 i 阶节点被风险感染的概率。$t_{(i-1)i}$ 为第 $i-1$ 阶节点到第 i 阶节点间的风险影响延迟时间。β 为风险在不同阶节点间扩散过程中的衰减度。$\theta_i(i=A, B, C)$ 为使第 i 阶节点感染风险的上一阶活跃关联节点的最小个数，是第 i 阶节点的风险阈值。$n_i(i=A, B, C)$ 为使第 i 阶节点感染风险的上一阶活跃关联节点的最大个数。$\xi_i(t)(i=A, B, C)$ 为外部环境因素对第 i 阶节点造成的随机干扰，本书假设其服从均匀分布，有 $\xi_i \sim U(0, \Delta u)$，$\Delta u = 0.001$。

式（9-1）～式（9-3）为我国天然气进口复杂网络风险扩散动力学模型，从该模型中可以看出，天然气进口网络风险扩散模型由三部分构成：

（1）网络节点的自我修复。当天然气进口网络节点受到风险因子干扰会导致其自身风险水平偏高，节点会通过自我修复风险能力对风险扰动进行控制和处理。

（2）网络节点间的风险扩散。在天然气进口复杂网络中风险会通过节点间业务关系向其邻近节点进行扩散传染风险。

（3）外部环境因素对我国天然气进口复杂网络节点造成的随机干扰。

当天然气进口复杂网络风险扩散达到稳定状态时，有：

$$\frac{\mathrm{d}x_i(t)}{\mathrm{d}t} = 0 \quad (i = A,\ B,\ C) \tag{9-4}$$

可以求得我国天然气进口复杂网络风险扩散模型的定态解为：

$$\begin{cases} x_A(t) = \dfrac{\pi_A + \xi_A(t)}{\pi_A + \tau_A} \\[4mm] x_B(t) = \dfrac{\pi_B \sum\limits_{\lambda_A = \theta_B}^{n_B} P_B(\lambda_A) \times e^{-\beta t_{AB}\tau_B} + \xi_B(t)}{\pi_B \sum\limits_{\lambda_A = \theta_B}^{n_B} P_B(\lambda_A) \times e^{-\beta t_{AB}\tau_B} + \tau_B} \\[8mm] x_C(t) = \dfrac{\pi_C \sum\limits_{\lambda_B = \theta_C}^{n_C} P_C(\lambda_B) \times e^{-\beta t_{BC}\tau_C} + \xi_C(t)}{\pi_C \sum\limits_{\lambda_B = \theta_C}^{n_C} P_C(\lambda_B) \times e^{-\beta t_{BC}\tau_C} + \tau_C} \end{cases} \tag{9-5}$$

第四节　我国天然气进口复杂网络
风险扩散模型仿真分析

本书以 2020 年我国天然气进口实际情况为例进行仿真分析。2020 年，我国天然气进口来源国家约为 28 个，天然气运输途经海峡约为 24 个，国内沿海液化天然气沿海接收站约为 16 个，即可得出我国天然气进口复杂网络中第 $i(i = A,\ B,\ C)$ 阶节点总数，$N_A = 28$，$N_B = 24$，$N_C = 16$。同时，假设 $\delta_i = \pi_i / \tau_i (i = A,\ B,\ C)$ 为我国天然气进口复杂网络第 i 阶节点群的风险扩散强度。本书利用 MATLAB 软件分别从风险扩散强度、风险扩散延迟时间因子、噪声强度等方面对我国天然气进口复杂网络风险扩散进行仿真分析。

一、风险扩散强度对风险扩散效果的影响

考虑我国天然气进口复杂网络是异质网，本书假设，θ_A、θ_B 和 θ_C 分别为 [1, 28]、[1, 24] 和 [1, 16] 间的均匀分布（$\theta_i \leqslant n_i \leqslant N_i$），$w_{(i-1)i}(i = A, B, C)$ 为 [0.2, 0.9] 之间的均匀分布。风险延迟时间因子 $t_{(i-1)i}(i = A, B, C)$ 满足 χ^2 分布，其均值和方差均为 2，随机干扰 $\xi = 0$，$\beta = 0.01$。将 A 阶活跃节点密度设定为一个大于零的小量，B 和 C 阶活跃节点密度设定为零，每个 δ 值都模拟计算 25 次，以确定风险扩散强度和各阶活跃节点密度的平均值，如表 9 – 1 所示。风险扩散强度与各阶活跃节点密度的关系，如图 9 – 4 所示。

表 9 – 1　　　风险扩散强度与各阶活跃节点密度的平均值

δ	0.1	0.2	0.3	0.4	0.5	0.6	0.7	0.8	0.9	1.0
X_B	0.091	0.167	0.231	0.286	0.333	0.375	0.412	0.444	0.474	0.500
X_C	0.043	0.073	0.104	0.136	0.168	0.204	0.257	0.291	0.326	0.351
δ	1.1	1.2	1.3	1.4	1.5	2.0	3.0	4.0	5.0	6.0
X_B	0.524	0.545	0.565	0.583	0.600	0.667	0.750	0.800	0.833	0.857
X_C	0.383	0.414	0.445	0.476	0.504	0.613	0.701	0.776	0.821	0.845

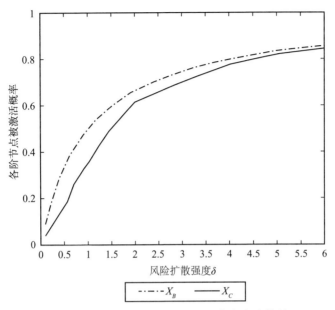

图 9 - 4　风险扩散强度与各阶活跃节点密度的关系

在我国天然气进口复杂网络中，B 阶节点平均入度相对较大，所以，在相同风险扩散强度下，B 阶与 A 阶节点被激活的概率相差不大，C 阶节点平均入度相对较小，故 C 阶节点被激活的概率比 B 阶节点被激活的概率小。同时，从图 9 - 4 中可以看出，当风险扩散强度增大时，各阶节点被激活的概率都逐渐增大，当风险扩散强度增大到一定值时，各阶节点被激活的概率值趋于一致。即在一定的区间内，风险扩散强度越小，C 阶的活跃节点密度较 A 阶和 B 阶的活跃节点密度相差越大。

二、风险扩散延迟时间因子对风险扩散效果的影响

这时 τ_i 和 π_i 满足 χ^2 分布，其均值和方差均为 2，θ_A、θ_B 和

θ_C 分别为 $[1, 28]$、$[1, 24]$ 和 $[1, 16]$ 间的均匀分布（$\theta_i \leqslant n_i \leqslant N_i$），$w_{(i-1)i}(i = A, B, C)$ 为 $[0.2, 0.9]$ 之间的均匀分布，随机干扰 $\xi = 0$，$\beta = 0.01$。得到风险扩散延迟时间因子对各阶节点被激活概率的关系，如图 9-5 所示。

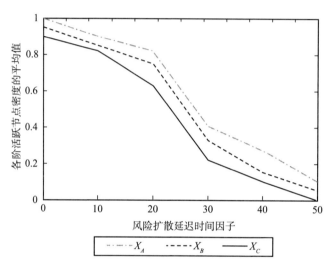

图 9-5　风险扩散延迟时间因子对各阶节点被激活概率的关系

随着风险扩散延迟时间因子增加，各阶活跃节点将逐渐修复，相应的被激活（感染）节点数下降，即随着风险扩散延迟因子在天然气进口网络上的扩散影响程度越来越弱。另外，从图 9-5 可以看出，相同的风险延迟时间因子，A 阶与 B 阶活跃节点没有 C 阶活跃节点修复快，主要是因为 A 阶与 B 阶节点的平均入度较 C 阶节点平均入度高，所以随着风险扩散延迟时间因子的增加，C 阶活跃节点密度降低的幅度较为明显。

三、噪声强度对风险扩散效果的影响

这时 τ_i、π_i 和 $t_{(i-1)i}$ 满足 χ^2 分布，其均值和方差均为 2，θ_A、θ_B 和 θ_C 分别为 $[1, 28]$、$[1, 24]$ 和 $[1, 16]$ 间的均匀分布 $(\theta_i \leqslant n_i \leqslant N_i)$，$w_{(i-1)i}(i = A, B, C)$ 为 $[0.2, 0.9]$ 之间的均匀分布，$\beta = 0.01$。假设所有阶的初始属性值（活跃状态的节点密度）都为零，在每个时间步叠加 $[0, \Delta u]$ 的均匀分布随机噪声，得到噪声强度对各阶节点被激活概率的关系，如图 9 – 6 所示。

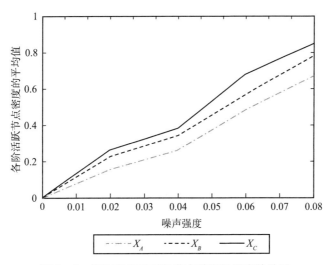

图 9 – 6　噪声强度对各阶节点被激活概率的关系

从图 9 – 6 中可以看出，随着噪声强度的增加，各阶活跃节点密度增加，这与实际天然气进口网络特征一致。

第五节　本章小结

　　本章构建了天然气进口复杂网络风险扩散动力学模型，该模型考虑了复杂网络的共性特征——每阶节点都具有自我修复的功能，能够较好地反映我国天然气进口网络中风险扩散过程及其机理。仿真实验表明：（1）在我国天然气进口网络中 C 阶节点被激活的概率比 B 阶节点被激活的概率小；当风险扩散强度增大时，各阶节点被激活的概率都逐渐增大，当风险扩散强度增大到一定值时，各阶节点被激活的概率值趋于一致。（2）随着风险扩散延迟时间因子增加，各阶活跃节点将逐渐修复，相应的被激活（感染）节点数下降，即随着风险扩散延迟因子在天然气进口网络上的扩散影响程度越来越弱；随着风险扩散延迟时间因子的增加，C 阶活跃节点密度降低的幅度较为明显。（3）随着噪声强度的增加，各阶活跃节点密度增加。模拟结果与实际天然气进口的特征一致，表明本章所构建的风险扩散动力学模型能够较好地模拟我国天然气进口复杂网络的风险演化。

　　模拟结果也表明了加强对我国天然气进口复杂网络节点管理，能够有利于控制网络节点在发生风险时对整个网络造成的不良影响，同时也能有效减少风险在网络中扩散。

第 十 章

我国天然气进口风险
防范策略研究

　　天然气进口复杂网络风险防范是风险扩散问题研究的最终目的，本章在上一章节研究的基础上制定科学有效的天然气进口风险防范策略，以提高我国天然气进口复杂网络的风险管理水平。针对我国天然气进口复杂网络风险防范策略的问题研究，需要选择合适免疫节点并建立相应的免疫机制。

　　目前，主要的复杂网络免疫策略有：随机免疫、目标免疫和熟人免疫（汪小帆等，2006）。另外，也有学者（Kretzschmar et al.，2004；黄新力，2008）提出了环状、接触、优先和分散目标等免疫策略。但是，我国天然气进口复杂网络风险防范控制领域的相关研究还处于空白。为此，本章主要围绕我国天然气进口复杂网络风险的防范控制问题进行相关研究：（1）对我国天然气进口网络来说，哪种免疫机制更为合适？（2）结合我国天然气进口网络风险扩散特征，怎样建立较为优化的免疫策略？（3）对于天然气进口网络中的免疫节点，我国需要采取哪些具体的防范措施来控制我国天然气进口网络风险的扩散？

第一节　传统免疫策略天然气进口网络风险控制效果分析

一、传统免疫策略

（一）随机免疫

随机免疫又为均匀免疫，是最简单的免疫策略，该策略在复杂网络中随机选择部分节点，并实施免疫。对于天然气进口这样的异质网络，该免疫策略下的免疫节点密度的阈值（杨康，2014）为：

$$g_c = 1 - \frac{1}{\lambda} \times \frac{<k>}{<k^2>} \qquad (10-1)$$

其中，λ 为固定的感染概率。

从式（10-1）可以看出，当天然气进口网络规模非常大时，有 $<k^2> \to \infty$，$\lambda_c \to \infty$，则可得 $g_c \to 1$。这表明假如要对规模较大的天然气进口网络进行节点免疫，需要对网络中几乎全部节点实施免疫才能控制风险扩散。

（二）目标免疫

目标免疫策略是通过选取网络中特殊节点进行免疫。刘于天然气进口这种异质网络，其节点分布不均匀，且大部分节点的度都较小，只有小部分节点的度较大。如果针对度值较大的节点进行免疫，将会得到较好的免疫效果。该免疫策略下，异质网络免疫密度阈值（Fu et al.，2008）为：

$$g_c \propto e^{-\frac{2}{m\lambda}} \tag{10-2}$$

（三）熟人免疫

该免疫策略是从网络中随机选取部分网络节点，并针对选出的每个节点，随机选择其某个邻居节点进行免疫。该策略的优点是不需要知道网络中每个节点的度值。对于天然气进口这样的异质网络，一般选择度值较大的节点比度值较小的节点概率大。

综上分析可以看出，随机免疫策略效果最差，其次是熟人免疫，免疫效果最好的是目标免疫。

二、考虑运输量的天然气进口网络风险扩散行为

对于天然气进口复杂网络，节点间天然气运输及其运输量将直接影响风险在网络中扩散行为及扩散能力。即网络中各阶节点受到的风险感染概率与节点的度没有直接的关系，但度值较大的节点一般运输天然气的量较大。换言之，天然气进口网络中节点的度值越大，其受到风险感染的概率就越大。基于此，本书在考虑天然气进口网络运输量的基础上，研究风险在天然气进口网络中的扩散行为，以从根本上控制风险的扩散和蔓延。

在第九章研究的基础上，结合动力学平均场理论及方法

（Meloni et al. , 2009），考虑天然气进口网络中各阶节点具有自我修复功能，本章构建考虑运输量的各阶感染节点密度的动力学模型如下：

$$\frac{d\rho_{k_i}(t)}{dt} = -\rho_{k_i}(t) + \lambda_i \alpha_i N_i B_{alg}^{k_i} [1-\rho_{k_i}(t)] \Theta_i(t) \quad i=A,\ B,\ C$$

$$(10-3)$$

$$\rho_{k_i}(t) = \frac{I_{k_i}(t)}{N_i} \qquad (10-4)$$

式（10-3）为在 t 时刻，天然气进口网络的第 i 阶中易感节点受到来自已感染风险节点的天然气时被感染风险的速率。其中，$I_{k_i}(t)$ 为在 t 时刻，度为 k_i 的第 i 阶中感染风险节点的数量，N_i 为第 i 阶节点的总数，λ_i 为第 i 阶风险有效扩散率，α_i 为第 i 阶中单个节点的单位天然气运输量，$B_{alg}^{k_i}$ 为度 k_i 的第 i 阶节点的算法介数，$\Theta_i(t)$ 为单位天然气运输量经过第 i 阶感染节点并被易感节点感染的概率，其与天然气进口网络单位时间内的天然气运输量及第 i 阶节点的算法介数有关（Meloni et al. , 2009），有：

$$\Theta_i(t) = \frac{\sum_{k_i} B_{alg}^{k_i} P(k_i)\rho_{k_i}(t)}{\sum_{k_i} B_{alg}^{k_i} P(k_i)} = \frac{\sum_{k_i} B_{alg}^{k_i} P(k_i)\rho_{k_i}(t)}{< B_{alg}^{k_i} >}$$

$$(10-5)$$

当天然气进口网络中第 i 阶节点风险扩散达到稳定状态时，有：

$$\frac{d\rho_{k_i}(t)}{dt} = 0 \qquad (10-6)$$

由式（10-3）和式（10-5）可得：

$$\rho_{k_i}(t) = \frac{\lambda_i \alpha_i N_i B_{alg}^{k_i} \Theta_i(t)}{1+\lambda_i \alpha_i N_i B_{alg}^{k_i} \Theta_i(t)} \qquad (10-7)$$

因为天然气进口网络为异质网络，由式（10-5）和式（10-7）得：

$$\Theta_i = \frac{1}{\sum_{k_i} B_{\mathrm{alg}}^{k_i} P(k_i)} \sum_{k_i} \frac{\lambda_i \alpha_i N_i (B_{\mathrm{alg}}^{k_i})^2 P(k_i) \Theta_i}{1 + \lambda_i \alpha_i N_i B_{\mathrm{alg}}^{k_i} \Theta_i} \quad (10-8)$$

在式（10-8）中存在一个零解，如果要存在非零解，需满足：

$$\frac{1}{\sum_{k_i} B_{\mathrm{alg}}^{k_i} P(k_i)} \frac{\mathrm{d}}{\mathrm{d}\Theta_i} \Big[\sum_{k_i} \frac{\lambda_i \alpha_i N_i (B_{\mathrm{alg}}^{k_i})^2 P(k_i) \Theta_i}{1 + \lambda_i \alpha_i N_i B_{\mathrm{alg}}^{k_i} \Theta_i} \Big] > 1$$

$$(10-9)$$

由式（10-9）得到考虑天然气运输量的天然气进口网络风险扩散阈值为：

$$\lambda_{i-m} = \frac{1}{\lambda_i \alpha_i N_i} \times \frac{<B_{\mathrm{alg}}^{k_i}>}{<(B_{\mathrm{alg}}^{k_i})^2>} \quad (10-10)$$

从式（10-10）可以看出，天然气进口网络的风险扩散阈值与各阶节点总数、风险有效扩散率、各阶节点的天然气运输量成反比，同时与各阶节点介数的一阶矩和二阶矩比值有关。也就是说，当我国天然气进口网络规模和风险有效扩散率确定时，随着各阶节点天然气运输量的增加，天然气进口网络风险扩散阈值就越小，风险扩散也就越容易。

三、传统免疫策略天然气进口网络风险扩散阈值分析

结合考虑天然气运输量的各阶被感染节点密度的动力学模型，本节将传统的风险免疫策略控制天然气进口网络中的风险扩

散效果进行对比分析。

（一）随机免疫策略

假设天然气进口复杂网络中各阶免疫节点的密度为 $g_i(0 \leqslant g_i \leqslant 1)$，根据平均场理论，用 $\lambda_i(1-g_i)$ 代替式（10-3）中的 λ_i，可得到在随机免疫策略下考虑天然气运输量的天然气进口复杂网络各阶被感染节点密度的动力学演化方程如下：

$$\frac{\mathrm{d}\rho_{k_i}(t)}{\mathrm{d}t} = -\rho_{k_i}(t) + \lambda_i(1-g_i)\alpha_i N_i B_{\mathrm{alg}}^{k_i}[1-\rho_{k_i}(t)]\Theta_i(t)$$

$$(10-11)$$

由式（10-11）得到天然气进口复杂网络各阶节点风险扩散阈值为：

$$\lambda_{i-ran} = \frac{<B_{\mathrm{alg}}^{k_i}>}{\lambda_i(1-g_i)\alpha_i N_i <(B_{\mathrm{alg}}^{k_i})^2>} \qquad (10-12)$$

将式（10-10）代入式（10-12）中，得：

$$\lambda_{i-ran} = \frac{\lambda_{i-m}}{1-g_i} \qquad (10-13)$$

从式（10-13）可以看出，在天然气进口复杂网络规模和风险有效扩散率确定时，各阶免疫节点数目越多，风险扩散阈值就会越大，免疫效果也就越好。也就是说，天然气进口复杂网络在此免疫策略下需要对网络中各阶节点全部实施免疫才能控制风险在网络中的扩散，这对于天然气进口复杂网络是难以实现的。

（二）目标免疫策略

假设天然气进口复杂网络中各阶免疫节点度的阈值为 k_{i-tar}，

当 $k_i > k_{i-tar}$ 时，各阶节点将全部被免疫，故定义天然气进口复杂网络各阶的免疫节点密度为：

$$g_{k_i} = \begin{cases} 1, & k_i > k_{i-tar} \\ 0, & k_i \leqslant k_{i-tar} \end{cases} \qquad (10-14)$$

天然气进口复杂网络中各阶节点的平均免疫密度为：

$$g_i = \sum_{k_i} g_{k_i} P(k_i) \qquad (10-15)$$

将式（10-15）代入式（10-3）中，得到考虑天然气运输量的天然气进口复杂网络在目标免疫策略下各阶被感染节点密度的动力学演化方程如下：

$$\frac{d\rho_{k_i}(t)}{dt} = -\rho_{k_i}(t) + \lambda_i(1-g_{k_i})\alpha_i N_i B_{alg}^{k_i}[1-\rho_{k_i}(t)]\Theta_i(t)$$

$$(10-16)$$

由式（10-16）计算得到目标免疫策略下，天然气进口复杂网络各阶节点风险扩散阈值为：

$$\lambda_{i-tar} = \frac{< B_{alg}^{k_i} >}{(1-g_{k_i})\lambda_i N_i \alpha_i \sum_{k_i} (B_{alg}^{k_i})^2 P(k_i)}$$

$$= \frac{< B_{alg}^{k_i} >}{\lambda_i N_i \alpha_i[< (B_{alg}^{k_i})^2 > - < g_{k_i}(B_{alg}^{k_i})^2 >]} \qquad (10-17)$$

在式（10-17）中，满足：

$$[< g_{k_i}(B_{alg}^{k_i})^2 >] = g < (B_{alg}^{k_i})^2 > + \delta_i^*$$

$$= g < (B_{alg}^{k_i})^2 > + (g_{k_i} - g_i)$$

$$< [(B_{alg}^{k_i})^2 - < (B_{alg}^{k_i})^2 >] > \qquad (10-18)$$

将式（10-18）代入式（10-17），得：

$$\lambda_{i-tar} = \frac{<B_{alg}^{k_i}>}{\lambda_i N_i \alpha_i \left[(1 - g_{k_i}) < (B_{alg}^{k_i})^2 > - \delta_i^* \right]}$$

$$= \frac{<B_{alg}^{k_i}>}{\lambda_i N_i \alpha_i \{ (1 - g_{k_i}) < (B_{alg}^{k_i})^2 > - (g_{k_i} - g_i) < [(B_{alg}^{k_i})^2 - <(B_{alg}^{k_i})^2>] > \}}$$

$$(10-19)$$

从式（10-18）和式（10-19）可以看出，当 k_{i-tar} 值较大时，有 $\delta_i^* < 0$；反之，当 k_{i-tar} 值很小时，有 $\delta_i^* > 0$（Fu et al.，2014），因此可得：

$$\lambda_{i-tar} > \frac{<B_{alg}^{k_i}>}{\lambda_i N_i \alpha_i (1 - g_{k_i}) < (B_{alg}^{k_i})^2 >} = \lambda_{i-ran} \quad (10-20)$$

在天然气进口复杂网络风险扩散行为受天然气运输量影响的情况下，不管是对各阶度值较大的节点实施免疫，还是对各阶介数较大的节点实施免疫，只要天然气进口网络各阶节点密度相同，目标免疫策略下的风险扩散阈值大于随机免疫策略下的风险扩散阈值，即目标免疫策略对于控制天然气进口复杂网络风险扩散更有效果。

（三）熟人免疫策略

假设从天然气进口复杂网络中节点总数为 N_i 第 i 阶中随机选取 s_i 个节点，定义天然气进口网络中度为 k_i 的节点被免疫的概率为（Callway et al.，2000）：

$$P_{k_i} = \frac{k_i P(k_i)}{N_i < k_i >} \quad (10-21)$$

由式（10-21）得天然气进口复杂网络第 i 阶度为 k_i 的免疫节点密度为：

$$g'_{k_i} = N_i s_i P_{k_i} = \frac{s_i k_i P(k_i)}{< k_i >} \qquad (10-22)$$

把式（10-22）代入式（10-3），得到熟人免疫策略下考虑天然气运输量的天然气进口复杂网络各阶被感染节点密度的动力学演化方程如下：

$$\frac{d\rho_{k_i}(t)}{dt} = -\rho_{k_i}(t) + \lambda_i(1-g'_{k_i})\alpha_i N_i B_{\mathrm{alg}}^{k_i}[1-\rho_{k_i}(t)]\Theta_i(t)$$

$$(10-23)$$

求解得到在熟人免疫策略下的天然气进口复杂网络的风险扩散阈值为：

$$\lambda_{i-alg} = \frac{< B_{\mathrm{alg}}^{k_-} >}{\lambda_i N_i \alpha_i [< (B_{\mathrm{alg}}^{k_i})^2 > - \frac{s_i}{< k_i >} < k_i P(k_i)(B_{\mathrm{alg}}^{k_i})^2 >]}$$

$$= \frac{< (B_{\mathrm{alg}}^{k_i})^2 > - < g'_{k_i}(B_{\mathrm{alg}}^{k_i})^2 >}{< (B_{\mathrm{alg}}^{k_i})^2 > - \frac{s_i}{< k_i >} < k_i P(k_i)(B_{\mathrm{alg}}^{k_i})^2 >} \times \lambda_{i-tar}$$

$$(10-24)$$

因为：

$$< (B_{\mathrm{alg}}^{k_i})^2 > - \frac{s_i}{< k_i >} < k_i P(k_i)(B_{\mathrm{alg}}^{k_i})^2 >$$

$$= < (B_{\mathrm{alg}}^{k_i})^2 > - \frac{s_i < k_i P(k_i) >}{< k_i >} < (B_{\mathrm{alg}}^{k_i})^2 >$$

$$- \frac{s_i}{< k_i >} < [k_i P(k_i) - < k_i P(k_i) >][(B_{\mathrm{alg}}^{k_i})^2 - < (B_{\mathrm{alg}}^{k_i})^2 >] >$$

$$= < (B_{\mathrm{alg}}^{k_i})^2 > - \frac{s_i < k_i P(k_i) >}{< k_i >} < (B_{\mathrm{alg}}^{k_i})^2 >$$

$$- < \left(g'_{k_i} - \frac{s_i < k_i P(k_i) >}{< k_i >} \right) [(B_{\text{alg}}^{k_i})^2 - < (B_{\text{alg}}^{k_i})^2 >] >$$

$$> < (B_{\text{alg}}^{k_i})^2 > - \frac{s_i < k_i P(k_i) >}{< k_i >} < (B_{\text{alg}}^{k_i})^2 >$$

$$- < \left[1 - \frac{s_i < k_i P(k_i) >}{< k_i >} \right] (B_{\text{alg}}^{k_i})^2 >$$

$$= 0$$

同样有：

$$\left[< (B_{\text{alg}}^{k_i})^2 > - < g'_{k_i} (B_{\text{alg}}^{k_i})^2 > \right] > 0$$

得：

$$0 < \frac{\left[< (B_{\text{alg}}^{k_i})^2 > - < g'_{k_i} (B_{\text{alg}}^{k_i})^2 > \right]}{< (B_{\text{alg}}^{k_i})^2 > - \frac{s_i}{< k_i >} < k_i P(k_i) (B_{\text{alg}}^{k_i})^2 >} < 1$$

进而得到：

$$\lambda_{i-acq} < \lambda_{i-tar}$$

目标免疫策略控制效果优于熟人免疫策略控制效果。

综上分析可知，在考虑天然气运输量影响的天然气进口复杂网络中风险控制效果是目标免疫最强，然后是熟人免疫，最差的是随机免疫。然而目标免疫策略在实际风险防范应用中很难操作且具有一定的弊端。

第二节　改进的熟人免疫策略

本节对熟人风险免疫策略进行改进，以对天然气进口复杂网络风险进行控制和防范。

从天然气进口复杂网络中节点总数为 N_i 的第 i 阶中随机选取 s_i 个节点，然后对每个节点按概率 $p'(k_i)$ 选择度较大的邻居节点 i' 实施免疫，有：

$$p'(k_i') = \frac{k_i'}{\sum\limits_{i \in N_i} k_i'} i'$$

其中，k' 为节点 i' 的度，得到天然气进口复杂网络第 i 阶度为 k_i 的免疫节点密度为：

$$\hat{g}_{k_i} = \sum_{k_i} \frac{k_i P(k_i)}{<k_i>} g_{k_i}'$$

结合式（10-3），得到考虑天然气运输量的改进熟人免疫策略下的天然气进口复杂网络第 i 阶被感染节点密度的动力学演化方程如下：

$$\frac{\mathrm{d}\rho_{k_i}(t)}{\mathrm{d}t} = \lambda_i(1 - \hat{g}_{k_i})\alpha_i N_i B_{\text{alg}}^{k_i}[1 - \rho_{k_i}(t)]\Theta_i(t)$$

计算得到改进免疫策略下天然气进口复杂网络第 i 阶风险扩散阈值为：

$$\lambda_{i-acq}' = \frac{<B_{\text{alg}}^{k_i}>}{\lambda_i N_i \alpha_i \left[<(B_{\text{alg}}^{k_i})^2> - \frac{s_i}{<k_i>}<\sum\limits_{k_i}\frac{k_i^2 P(k_i)^2 (B_{\text{alg}}^{k_i})^2}{<k_i>}>\right]}$$

$$= \frac{<B_{\text{alg}}^{k_i}> - <g_{k_i}'(B_{\text{alg}}^{k_i})^2>}{<(B_{\text{alg}}^{k_i})^2> - \frac{s_i}{<k_i>}<k_i^2 P(k_i)^2 (B_{\text{alg}}^{k_i})^2>} \cdot \lambda_{i-tar}$$

同时得到：

$$\lambda_{i-acq}' = \frac{<(B_{\text{alg}}^{k_i})^2> - \frac{s_i}{<k_i>}<k_i P(k_i)(B_{\text{alg}}^{k_i})^2>}{<(B_{\text{alg}}^{k_i})^2> - \frac{s_i}{<k_i>^2}<\sum\limits_{k_i}k_i^2 P(k_i)^2(B_{\text{alg}}^{k_i})^2>} \cdot \lambda_{i-acq}$$

进而推导得：

$$\lambda_{i-acq} < \lambda'_{i-acq} < \lambda_{i-tar}$$

综上可知，在考虑天然气运输量影响的情况下，天然气进口复杂网络风险控制效果是改进的熟人免疫策略优于传统的熟人免疫策略。

第三节 本章小结

本章在传统免疫策略的基础上，结合我国天然气进口复杂网络中风险以天然气业务关系为载体进行扩散的特征，构建了考虑天然气进口运输量的风险动力学演化模型。在该模型的基础上将传统的三种免疫策略对天然气进口网络风险控制效果进行对比分析，然后对熟人免疫策略进行优化改进。

第十一章

国外天然气进口风险防范经验

第一节　德国天然气进口风险防范策略

一、实施天然气进口多元化战略

作为能源稀缺的国家，德国天然气供应和需求矛盾十分突出，天然气对外依存度非常高。为了更好地解决天然气需求问题，自 20 世纪 60 年代以来，德国陆续与俄罗斯、荷兰及挪威等国家开展了一系列天然气外交合作项目。

德国是以管道进口为主的天然气进口大国，在其进口战略合作伙伴中，俄罗斯为其天然气主要进口国，荷兰和挪威等国为次要进口国（张帅，2020）。截至 2020 年，德国从荷兰、挪威及俄罗斯进口的管道天然气占其天然气进口总量的 98.52%，且其中大部分的天然气都来源于俄罗斯。从俄罗斯进口天然气是德国无法割舍的选择，但是俄罗斯和德国的天然气外交已经不仅是两个国家之间的问题，还牵扯到与欧盟、美国之间的关系（Halserc et al.，2022）。因此，为了保持外部天然气的可获得性、持续性，德国的天然气外交计划不仅需要考虑到和传统盟友（俄罗斯）之间的关系，还需要顾虑到俄欧关系、美俄关系等。德国力求在不破坏和欧盟、美国之间的能源外交的前提下，实现与俄罗斯关系的突破和发展，从而获取足够的管道天然气。此外，德国还积极开展与里海地区、中东地区和海湾地区等的液化天然气外交计划，推动国内液化天然气接收站和基础设施建设，进一步实现德国天然气进口来源多元化，减轻对于俄罗斯的过度依赖，保障德国天然气进口供应稳定（Hanna，2021）。

二、优化天然气进口到岸价格

德国同长期合作的天然气进口合作伙伴采取与欧洲市场相同的天然气定价策略，这种策略将进口天然气价格同几种常见的油价联系起来，值得注意的是，气价波动相较成品油的价格起伏不是即时更新的，通常会有 3~6 个月的延迟（殷建平，2016）。德国采用这个定价体制，有效地削减了德国作为天然气进口国对天然气出口国的过度依赖，防止天然气出口国在国际油价下跌的同时依然保持单边高气价。此外，这个体制对于德国国内消费者来说也是一种保护机制，避免国际天然气市场价格短期剧烈波动给天然气进口带来风险。

三、提高可再生能源利用比例，降低天然气需求量

大力发展可再生能源，减少不可再生天然气的使用，是符合德国利益的能源安全战略。在政策、法律及市场方面，德国政府建立了完善的法律体系去推动可再生能源的发展，还推出了相关的协商制度和市场优惠去鼓励、引导人民群众和企业等参与到行动之中。德国政府持续呼吁要提高天然气的使用效率，减少不必要的消耗，为降低国内对进口天然气的依赖程度，将对天然气的需求风险降至最低，达到消除天然气紧俏造成的天然气进口价格上升的目的。因此，以降低天然气进口风险为出发点，德国政府积极推动国内可再生能源利用，提高可再生能源使用的比例，提高液化天然气利用效率，改善能源利用结构；加快可再生能源与电网的融合，降低天然气发电比例；大力发展光伏、风能和生物质能等发电技术；通过实施能源低碳绿色发展计划，降低国内天然气消耗比例，从源头上降低天然气对外需求量。

第二节　欧盟天然气进口风险防范策略

一、实施天然气进口多元化战略

欧盟作为一个天然气净进口组织，高度依赖俄罗斯的管道天

然气，为了增强天然气自主性和多元化供给源头，欧盟实施了天然气进口多元化战略（祝佳，2012）。目前，欧盟主要从包括俄罗斯、利比亚、挪威等国在内的天然气高储量国家引入进口天然气。欧盟不仅大力支持和资助了连通欧洲南部地区和北非地区且跨越马布里和地中海的天然气管道建设，而且大力推动西欧南北方向（NSI West gas）和波罗的海沿岸国家等地的天然气输送网络管道（BEMIP）的建设（潘楠，2016）。横跨欧盟属国境内的天然气走廊建设目的在于加强欧盟内部的天然气互联互通，使这些长期依赖俄罗斯天然气供应的国家拥有从其他地区获取天然气进口的机会，这是他们进入欧盟天然气输送网络的初始目的。南部天然气走廊则用于绕过俄罗斯，将里海地区、中亚地区、中东地区和东地中海盆地产生的天然气输送进入欧盟。中亚地区和里海地区已探明的天然气储备量数据显示，这两个地区可供开采的天然气资源数量大，能源种类多，同时这几个地区还是欧盟从俄罗斯进口能源的必经之地，随着欧盟实施减少其对于某一天然气能源大国进口单一性的政策，位于中亚地区、里海地区的国家成为欧盟拓展天然气进口渠道的预备合作伙伴（刘建生，2010）。

二、构建统一的天然气贸易市场

为了进一步提高天然气产业的竞争力，防范天然气进口风险，欧盟一直以来都致力于建立统一的内部天然气贸易市场，并且还不断提高区域内天然气市场自由程度，调整并修改相关的能源法律条例，激活区域内天然气市场活力，让天然气贸易流通更加便捷快速（张俊鹏，2017）。同时，欧盟还建立了统一的公平竞争机制，让成员国们可以享受到公开公平的天然气定价，并以市场需求来调节天然气价格，尽量减少政府干预，让成员国能够以正常价格快速获取所需要的天然气。天然气市场价格将突破长期合作的约束，转变为由欧盟内部天然气供需关系来决定，可提升欧盟对进口天然气价格的议价权利，减少欧盟获取天然气的进口成本，降低由于天然气价格波动带来的供应中断风险。

三、降低天然气对外依存度

欧盟为了控制天然气对外依存度，计划从以下两个方面来减少天然气资源的使用（邢梦玥，2019）：一是提高天然气利用效率，降低消耗，欧盟主要通过一系列政策来加强天然气基础设施建设，致力于提高天然气产量和能效；二是开发本地新能源，扩大可再生能源的使用比例，欧盟大力发展风力、光热、地热发电和现代生物能技术创新，推动低碳技术的发展，提升可再生能源的使用比例，积极推动采用可再生能源替代天然气发电，使接近一半的能源需求都能由电力资源满足从而降低天然气进口依赖程度。目前，欧盟的能源对外依赖程度在55%上下波动，随着欧洲国家向低碳中和型经济不断靠拢，这个数值预计到2050年会下降到35%。

四、完善天然气行业法律，推动天然气市场改革

在推动天然气产业市场化之前，制定具有指导意见的天然气

法律法规。这些天然气法律法规对天然气市场改革方向和实现路径都提出了明确的规定。欧盟地区的天然气市场主要经历了从出口商垄断时期到天然气市场化时期，各个时期对天然气产业的条文规定也有差异。因此，欧盟根据各个时期天然气行业的特点，制定了合适的法律法规。在完善的法律体系下，推动天然气市场改革，让天然气进口价格得到调整，降低天然气进口成本。

五、实施天然气储备战略

为了减少进口天然气因各种不可预料的风险而导致供给中断对国内天然气使用造成的影响，欧盟很早就开始进行天然气储备设施建设，截至 2018 年底，欧盟总的天然气储备量可以达到 1308.21 亿立方米，占欧盟 2018 年天然气消耗总量的 28.03%，相当于欧盟 102 天的天然气消耗量（张荣，2021）。较高的天然气储备水平，能够有效规避短期的天然气进口价格波动带来的天然气供应中断风险。随着欧盟越加重视天然气储备建设和各个成员国之间天然气管道网络的建设，欧盟在未来能够有效应对天然气大规模中断事件和天然气价格大幅波动状况。

第三节　韩国天然气进口风险防范策略

一、扩大天然气进口来源

韩国为了实现扩展进口天然气贸易关系的目的，选择从俄罗斯西伯利亚、远东等具有传统储藏优势的地区进口天然气，但是为了防范这些地区长期不稳定的地缘政治波动而导致天然气供应中断的风险，韩国进一步扩展天然气进口来源，东北亚地区和北美地区逐渐成为了韩国天然气进口合作的重要区域（范斯聪，2019）。近些年，韩国为了进一步优化天然气进口多元化战略，加强了从美国进口液化天然气的力度。

二、扩展天然气合作方式

针对国内天然气需求大、进口依赖程度高、能源领域长久以来无法自给自足的现状，韩国积极面对现有问题，寻求同国际能源组织的长久合作，加大与天然气出口国的外交往来，参与海外天然气资源开发项目，提高在全球天然气市场的影响力和话语权，以保障天然气供应稳定（余建华，2014）。韩国企业还利用自身强大的液化天然气购买力，配合资源引进计划，在美洲和其他天然气资源丰富的区域进行纵向一体化战略，从而掌握了天然气开采、转化及运输等多个相关产业的核心技术。此外，还加强相关技术、信息和人力资源的交流，提升天然气产业关键能力，以获取稳定的、持续的天然气资源进口。

三、加强液化天然气相关基础设施建设

长期以来，韩国的天然气供应严重依赖进口液化天然气。液化天然气接收站是接收国外进口液化天然气的必备设施，韩国的

液化天然气接收站产业也在高度依赖海外天然气的背景下快速发展。韩国工业及能源发展部门（MOTIE）指出，未来还将大力推动韩国液化天然气进口及相关基础设施建设，也制订了相关的液化天然气储备计划。由于韩国独特的地貌情况，不具备打造地下天然气存储库的先天优势，韩国转而将天然气储备设施建设重点放在液化天然气储设施备上。

四、积极参与海外液化天然气产业上游项目

在推动海外天然气业务开展上，韩国政府要求韩国企业增加在天然气产业中开采挖掘环节的投资，出台政策为符合资格的私人企业颁发许可证，放宽对海外天然气项目投资限制。韩国政府还提出需要加大在勘探技术开发和海外经营许可等方面的投资，提升天然气企业的中长期发展能力，在拥有经营权的海外天然气项目上持续增加资金投入，配合国内企业力量提升进入新市场的能力。韩国政府推出优惠政策，用于激励韩国天然气公司和工程公司结成联盟，共同参与海外天然气勘探、天然气生产、液化天然气工厂的投资建设等项目。韩国天然气企业依托强大的液化天然气购买能力，结合资源引进计划，在美洲等具有天然气资源优势的区域采取垂直整合策略，获取和提升如天然气勘探等环节的关键技能，提升天然气进口话语权。

五、大力发展造船业

当前，韩国的三大造船厂（三星、大宇、现代）交单的液化

天然气运输船超过 300 艘，市场占有率排名全球第一。世界上最大的 Q - max 和 Q - Flex 船只都由韩国制船厂生产。此外，韩国制船厂还是制造浮式液化天然气生产储卸装置（F 液化天然气）、浮式储存和再汽化装置（FRSU）的绝对核心。韩国制船业的大力发展，提升了韩国在液化天然气运输业上的参与度，增加了韩国液化天然气进口话语权。为了从北极采购天然气，就需要打破冰川覆盖，破冰型液化天然气运输船就成为了运输天然气的关键，全球只有一个国家拥有这样的技术，就是韩国。因此，韩国凭借帮助俄罗斯能源巨头诺瓦泰克（Novatek）修建破冰型液化天然气运输船、分享液化天然气破冰船修建技术，通过"技术换市场"进入北极液化天然气 2 个项目之中，增加了韩国液化天然气的进口来源。

六、国内企业合力布局液化天然气产业

在进行海外天然气项目投资及海外采购液化天然气时，韩国企业偏向于结成同盟，共同进行天然气采购、天然气产业投资，从而提升韩国在这些项目之中的综合话语权。韩国企业用这种方式来扩大韩国在液化天然气产业之中的资本比例，提升贸易地位，稳定进口来源，也获得更多的液化天然气进口价格谈判资本。

第四节　日本天然气进口风险防范策略

一、优化液化天然气进口来源

日本除了与文莱、美国阿拉斯加签订以固定价格来获取天然

气的合约以外，从20世纪70年代开始也陆陆续续签订了很多与油价挂钩的天然气长期合作合约，来保障天然气进口供应稳定。近些年，日本主要从澳大利亚、马来西亚、卡塔尔、印度尼西亚及俄罗斯等国进口液化天然气，进口澳大利亚的液化天然气所占比例达到30%（吕淼，2020）。日本还积极参与美国的液化天然气出口项目，以优化液化天然气进口来源，同时也有利于降低采购液化天然气的价格。日本政府相关资料显示，日本下一步将首选与莫桑比克和加拿大构建液化天然气进口项目合作，以持续优化日本液化天然气进口多元化。

二、加大液化天然气接收站规模和存储能力

20世纪60年代末，日本建设了第一个液化天然气接收站——根岸接收站，接收来源于美国的液化天然气。日本的天然气需求只能依赖进口液化天然气来满足，拥有大量的液化天然气接收站来保障液化天然气可以被接收和存储，这是日本在面对不确定情况下保障国内天然气供应稳定的主要战略。当前，日本已经修建了36个液化天然气接收站和139个储存罐，总体存储容量达到187亿立方米，能够满足日本国内超过32天的天然气消耗量。加强液化天然气接收站规模和储备能力建设，可以帮助日本避免短期天然气价格波动风险，同时能够提高日本天然气供应安全。

自2014年开始，日本政府对日本天然气企业提出要修建新的液化天然气接收站和扩建已修接收站的任务，以提升天然气进

口规模和储存规模。同时，日本政府还对接收站应对突发事故的能力和存储能力提出了更严格的要求，部分从事天然气存储的日本企业开始着手对液化天然气接收站和储存罐进行防水、防地震等测试，并安装相应的备用电源来提高设施的抗海啸能力，并加快推进再汽化装置（FRSU）的研究，用以保障在极端情况下天然气供应的稳定（文习之，2020）。日本政府还要求日本企业有效利用国内开采完毕的尾矿地下贮存设施和废弃油田，将它们改造成地下天然气储气库（全部位于新潟县），总的储备量可以达到12亿立方米，提高了日本国内天然气存储水平，并使之与国内的液化天然气终端一起构成了保证国内天然气供应安全的体系。

三、积极参与液化天然气上游项目合作

由于日本天然气供给对进口液化天然气依赖度较高，只担任天然气买方角色容易受到进口风险影响，从而使本国天然气供应不稳定。但是积极参与天然气产业投资，能产生稳定的天然气供应渠道和进口价格两方面的好处。出于以上考虑，日本政府激励日本企业积极开展海外液化天然气产业链投资，尽可能参与天然气勘探开发、液化出口、天然气运输、天然气发电及液化天然气终端应用等项目。目前，日本企业已经在北美洲、大洋洲等地区对天然气上游产业进行大额投资，并在液化天然气市场储备充足、能持续稳定供应的良好时机内，采用天然气现货合约和天然气长期合约组合方式，帮助日本建立了更加灵活和高效的液化天然气进口模式，提高了日本液化天然气进口供应安全。

进入 2015 年后，面对国际液化天然气市场出现的新形势，日本政府要求日本企业不要再约束于能否从天然气上游产业投资中获取到利益，只要可以参与到出口国的液化天然气项目之中，包括液化天然气开采、勘探、出口或液化天然气接收站修建等项目，日本政府均可提供资金支持。日本政府希望能够通过这个政策给日本额外创造出每年 5000 万吨的天然气进口量。

四、加强液化天然气运输船建造和液化天然气船队运营

从 20 世纪 80 年代开始，日本企业为促进液化天然气进口产业发展，大力推动了日本液化天然气运输船产业发展，并逐渐使液化天然气船队进军国际化。经过 30 年的产业发展，日本液化天然气运输船已经在国际运输船队中位列前茅。液化天然气运输船产业的大力发展，增加了日本在液化天然气全球产业体系中的参与度，一方面，保障了日本进口液化天然气的运输能力；另一方面，提高了自身在液化天然气贸易中的话语权和参与度。此外，日本企业着重发展液化天然气国际海上运输线路，扩大船队管理和运营能力。其中三井集团是日本液化天然气船队领头企业，以身作则积极响应政府政策，提高自身运输订单成交率，以求在液化天然气海上运输格局中占有一席之地，打破原有液化天然气贸易壁垒，以获取更多的液化天然气产业话语权。

五、企业同盟进行液化天然气采购

日本企业和韩国企业一样，在进行海外天然气项目投资时，

更加偏向于企业同盟，共同进行天然气采购、投资等项目，以提高日本在项目中的整体话语权，为日本企业获取更多的利益，也提升日本企业进行液化天然气进口的议价能力。例如，日本JERA公司通过企业管理经营手段联合中部电力与东京电力两家企业的液化天然气业务，花费5年时间潜心钻研，一举成为日本国内份额占比最大的液化天然气进口企业，并投资组建液化天然气海上运输船队，大大提高了日本液化天然气进口的议价能力，对降低日本液化天然气进口成本起到了关键的作用。

六、构建液化天然气交易中心

日本不断加强与亚洲国家的对话，希望能够构建东南亚天然气贸易中心，制定出能够反映东南亚区域的液化天然气价格指数，以加快该区域内液化天然气的贸易流动性。此外，日本还加大力度构建天然气期货市场，结合短期和中长期的液化天然气现货贸易，有助于提高日本天然气应急能力，使日本天然气的进口供应更加安全。

第五节　土耳其天然气进口风险防范策略

土耳其独特的地理位置使得其能更加方便地、快捷地获取天然气资源（王陆新，2015）。土耳其天然气进出口策略多注重于多元化、创新性发展。土耳其正在进行多条不同方向的国际天然气运输管道的规划和建设，有望在几年后发展成为中亚地区不可或缺的天然气资源集散地。土耳其成为天然气中转节点，不仅能够获得经济和政治影响力，它还可以凭借收取天然气过境费用以及参与国际天然气项目而获得政治议价能力。

一、优化天然气进口来源

俄罗斯长期以来都是土耳其最大的天然气供应国，在土耳其天然气供应中的重要性是显而易见的，跨巴尔干输气走廊（Trans – Balkan）和"蓝溪"管道（Blue Stream）是土耳其从俄罗斯进口天然气的两个有效渠道，但是这两条管道的天然气采购合同分别于 2021 年和 2025 年终止。因此，为保障天然气进口供应稳定性，土耳其政府正积极和俄罗斯进行协商，以开展更多的天然气进口新项目。为降低对于俄罗斯的过度依赖，土耳其积极加强同海湾国家进行能源外交，扩大了从海湾国家进口天然气的比例。此外，阿塞拜疆和土库曼斯坦具有丰富的天然气储备，土耳其为进一步扩展天然气进口多元化，计划与阿塞拜疆、土库曼斯坦构建多条天然气进口管道，加大了对天然气上游产业的投资。此外，液化天然气的潜在发展也能作为土耳其天然气进口多样化的一个选择，作为世界第三大天然气储备和液化天然气供应商的卡塔尔，可能会在向土耳其输送液化天然气方面发挥重要作用。

二、增加天然气勘探、储备等基础设施建设

土耳其致力于加强天然气勘探、开采等技术研发，提升国内

天然气储备总量，来应对不断增长的国内天然气需求（吴林强，2021）。虽然土耳其国内天然气储备量有限，但土耳其计划开展多个区域的天然气勘探工程，以便充分利用国内已有天然气资源，来获得稳定的天然气供应。在 2021 年，根据土耳其方面报道，在黑海的金枪鱼 1 号能源勘探井中发现预期储量约为 8000 亿立方米的天然气，可满足大约 20 年的土耳其天然气需求。

第六节　印度天然气进口风险防范策略

一、优化天然气进口来源

随着经济的快速发展，印度的天然气消费量每年呈上升趋势，而印度国内天然气供应严重不足，导致对进口天然气的依赖度较高。传统上，印度进口的天然气多来源于中东地区，但是由于印度天然气需求量的增大及中东地区政治局势的不稳定性，为保障天然气进口供应安全，印度积极开展天然气进口来源地多元化战略。印度开始向北开展与俄罗斯、中亚三国及高加索区域的天然气合作；向西推动与非洲、中东国家的天然气合作；向东构建与中国和东南亚国家的天然气合作。此外，印度还积极参与美洲、欧洲等地区的液化天然气外交计划，寻找新的天然气资源国，力图构建一个全球规模的天然气进口网络。

二、积极推动国内、跨国天然气管道构建

目前，印度国内天然气管道网络主要位于西北部和东北部，为进一步增大天然气的运输量，印度政府开始扩建南部沿海区域的天然气管道。为了满足不断增加的国内天然气需求，印度政府计划修建多条天然气跨国运输管道。跨国天然气管道可以将印度与三个天然气资源丰富的地区（中亚、中东和东南亚）连接起来（余功铭，2014）。

三、加强液化天然气进口终端建设

为了保障印度国内天然气供应稳定，印度政府要求不仅要扩建已有液化天然气接收终端，还要继续修建 3 个新的液化天然气接收站，以扩大液化天然气进口规模。等到正在修建的液化天然气接收终端能够正式投入使用时，印度的液化天然气进口能力将会有巨大提升。

四、推出优惠政策吸引外资以提高国内天然气产量

过去 10 多年来，由于传统油气田的开采殆尽，印度的天然气自产量不断下降，为进一步解决能源供应问题，印度政府在天然气行业推出了一系列的改革办法和扶持政策，用于鼓励国内外企业加大对于非常规天然气资源的勘探开发，以提升印度天然气

自产量（余功铭，2018）。印度政府不再使用以前的产量分成合同，而是采用使天然气行业的上游企业获得更多利润的收入分成合同，用以吸引和鼓励国内资本对天然气开发勘探领域的投资；印度政府允许获许可企业在许可证规定范围内使用统一许可证，即可进行勘探和开发作业，无须分别获取常规和非常规油气两项资源的许可证；印度政府延长了勘探活动进行的时间期限，不同于以往只能在开采之前的限定活动时间内进行勘探，这项规定为企业在合同规定的时间内进行勘探提供政策支持；印度政府放宽了边际油田的市场价格限制，让开发企业摆脱标准价格限制，允许其依照市场价格标准，在合理范围内出售边际油田产生的天然气来减少损失。

五、提升国内开采能力，加强海外天然气项目合作

印度政府大力推动油气勘探，并对全国沉积盆地油气田资源进行分阶段评价，以增加国内天然气储量（Negia，2017）。同时加大对相关产业研发资金的投入，力求实现勘探、开采技术的突破，以提高国内天然气自产量。为了更进一步减少对进口天然气的依赖，印度政府不断加强海外油气投资计划，特别是与俄罗斯、非洲（主要是尼日利亚和苏丹）和拉丁美洲（主要是委内瑞拉、哥伦比亚和厄瓜多尔）等油气储备较强的国家合作。

由于天然气合作的巨大潜力，俄罗斯的北极战略引起了印度的很大兴趣（瞿继文，2021）。虽然印度与北极地理距离较远，但是印度政府依然想要进入北极天然气开采项目之中。北极丰富

的天然气储备，能够帮助印度降低天然气对外依赖程度。因此，印度开始将大量资金投入到俄罗斯北极地区的天然气勘探项目，积极参加北极地区天然气产业的上游项目，企图从北极地区获取稳定的天然气进口。

第七节　本 章 小 结

本章主要对国外主要天然气进口国的天然气进口风险防范策略进行分析，国外天然气进口风险防范策略主要包括降低对外依存度，推进天然气进口多元化策略，优化天然气市场及天然气进口成本，加强运输安全，减少军事干预，建设运输船队和国内港口接收站。

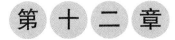

第十二章

我国进口天然气健康
发展的政策建议

我国天然气供应来源于进口和自产，尽管网络中的进口来源国的资源状况、政治情况和经济发展是由他们自身所决定的，但是我国可以通过提升综合国力、开采技术和市场环境等去降低风险存在的可能性，也可以采用进口组合的方式去优化我国天然气进口现状、完善我国天然气进口网络。通过全书的研究结果和借鉴国外天然气进口风险防范经验，提出我国天然气进口风险防范建议和天然气健康发展的政策。

第一节　我国天然气进口风险防范建议

一、进口源头风险防范

随着全球各个国家对于天然气资源的需求不断增加，我国天然气进口环境越加复杂，包括全球政治局势愈加动荡、地缘关系越加复杂和主权冲突越加严重等。因此，我国必须对网络中各个出口国家进行全面分析和妥善安排，根据各个出口国家的风险特点，区分出重点合作国家。具体而言，东南亚、中亚、亚太、中东和北非地区等各个区域的天然气出口国家在我国天然气进口网络中的定位、功能各不相同，我国在选择各个区域的出口国家时必须有所侧重，同时还应该全面考虑全球国际形势，全方位、多层次和宽领域地完善我国天然气进口网络，以保障我国天然气进口安全。

（一）加强与网络中低风险进口来源国家的合作

自 2007 年开始，天然气自产就无法满足我国天然气需求，经过多年的发展，虽然我国天然气勘探、开采等技术不断提升，天然气产量快速增长，但仍然无法满足需求，因而进口国外天然气对满足我国天然气需求具有重要作用。与此同时，我国也应该清楚地意识到，要想实现"碳达峰、碳中和"目标，我国天然气需求在短期内仍将保持稳步增长。因此，从长远来看，我国应该加强与网络中低风险出口国家的天然气合作，深化、创新合作方式，降低我国天然气进口中断风险。根据第七章的风险评价结果，我国天然气进口网络中卡塔尔、俄罗斯、缅甸、哈萨克斯坦、乌兹别克斯坦和美国的综合风险评价值较低。

1. 卡塔尔

我国和卡塔尔的液化天然气合作越来越密切，签订的长期购销协议也越来越多，但是这些协议多数存在限制条款、气源供应单一及合作模式单一等问题，导致协议灵活度较差。因此，我国应该考虑增加现货购买和短期合同的签订，提高天然气进口灵活性。此外，在天然气供应充盈的背景下，我国应该抓住买方市场机遇，同卡塔尔签署更为灵活的天然气采购协议，并对已到修订窗口期的长期购销协议进行谈判修订，降低我国天然气进口成本。

2. 俄罗斯

目前，我国已经开拓出多个天然气进口来源，"中俄天然气管道"无疑是其中较大的一个。根据天然气合约，自 2018 年开始，俄罗斯将通过中俄天然气管道向我国输送天然气，输气量逐年提升，最终达到 380 亿立方米/年，共计 30 年。中俄天然气管道的开通运行，增加了天然气"北气南下"的流动方向，与我国其他天然气管道系统互联互通，形成了纵贯南北、横跨东西、连通海外的天然气管道系统，有助于提升我国天然气供应安全。此外，我国不仅应该提升从俄罗斯进口的天然气比例，还应该同俄罗斯一起推动"冰上丝绸之路"的构建。

3. 缅甸

缅甸作为"一带一路"沿线重要合作国，与我国在天然气领域合作广泛，中缅油气管道更是核心项目，让天然气运输无须经过马六甲海峡，从西南地区直接进入我国。缅甸天然气勘探、开采和生产技术较为落后，尚未实现大规模的开发。在此背景下，我国可以在上游天然气勘探开采、中游基础设施建设和下游天然气利用等方面寻求合作机会，以稳固缅甸对我国的天然气出口规模。此外，我国可利用中缅天然气管道，继续开拓"巴西—印度尼西亚—伊朗"及"中巴经济走廊"的管道天然气市场，也可以考虑从中东地区、非洲地区进口天然气，走中缅管道进入我国。

4. 哈萨克斯坦

近几年，哈萨克斯坦在北里海盆地、滨里海盆地和曼格什拉克盆地勘探出了举世瞩目的油气田群，进一步加大了天然气出口需求。由于哈萨克斯坦位于欧亚大陆腹地，其天然气出口到美洲、欧洲地区必须经过第三方国家。哈萨克斯坦为避免天然气出口对过境国的过度依赖，选择增加对我国的管道天然气出口。此外，哈萨克斯坦虽然具有丰富的油气资源，但是勘探开采水平和相关基础设施建设较为落后。我国拥有相对先进的油气运输技术和油气勘探开采技术，两国之间可以进一步扩大合作的空间，推动天然气合作向更深层、更高端方向发展。

5. 乌兹别克斯坦

乌兹别克斯坦位于欧亚大陆的心脏地带，是我国重要的管道天然气来源国与中亚天然气管道过境国。乌兹别克斯坦虽然天然气资源丰富，但是受限于开采、生产技术，难以快速提升国内天然气产量。因此，我国油气企业与乌兹别克斯坦的油气企业可在提高天然气采收率、非常规天然气开发等领域展开合作，提升乌兹别克斯坦天然气产量，维持乌兹别克斯坦对我国的管道天然气出口量。此外，我国可利用中亚天然气管道，继续向南建设，与阿塞拜疆和里海地区相连接，以完善我国天然气进口网络。

6. 美国

由于页岩气开采技术的创新，美国天然气产量快速增长，让美国由进口国家向出口国家转变，包括中国在内的亚太地区成为美国液化天然气出口的重要目标市场。我国日益增长的天然气需求可以通过从美国进口液化天然气来满足，而且这一举动将有利于解决中美围绕贸易和页岩油气竞争引发的争端。美国成为天然气净出口国后，我国从全球天然气市场进口的天然气资源有了更加广泛的选择，可以减轻对某些传统出口国家（澳大利亚、土库曼斯坦等）的依赖，进口价格上也有了更加经济实惠的选择。

（二）优化与网络中传统进口来源国的合作

根据我国天然气进口网络（2010～2021年）可知，我国常年从土库曼斯坦、澳大利亚进口大量天然气，对我国能源消费转型、生态建设等方面有巨大帮助。因此，我国无法切断与传统出口国家之间的天然气合作。但是，由于过度依赖和天然气旧合约的不公平性，传统出口国家的中断危害较大。

目前，土库曼斯坦和我国互为管道天然气贸易最大伙伴国，土库曼斯坦实现对我国稳定供气已近12年。我国与土库曼斯坦的天然气项目合作，主要集中在上游油气田开发、天然气生产。在新的国际形势下，我国和土库曼斯坦将拥有更多的合作空间，尤其是在天然气领域，天然气合作项目将会走向更深层的领域。澳大利亚是我国"一带一路"建设重要的伙伴国家，自2006年起便与中国开展液化天然气合作，双方在长达十几年的液化天然气贸易中建立了良好的合作关系。中国应该长期重视从澳大利亚进口液化天然气的渠道，一方面，要继续扩大在澳大利亚天然气勘探开发的投资；另一方面，利用天然气合作机遇，推动亚太能源经济走廊建设，以降低我国液化天然气进口中断风险。此外，随着中俄天然气管道的开通，我国应该适当优化从传统出口国家进口天然气的份额，并推动天然气旧合约的重新签订。

（三）衡量与网络中高风险进口来源国的合作

虽然与高风险出口国家进行合作，会影响我国天然气进口供应安全，但是也不能完全放弃这些国家，而应该正确地分析风险来源，根据实际情况和现实需求，慎重考虑、权衡利弊后有选择地与高风险出口国家开展天然气合作。根据第四章的风险评价结果，目前我国天然气进口来源国家中，综合风险评价较高的国家主要有印度尼西亚、马来西亚、安哥拉和尼日利亚。

1. 印度尼西亚

印度尼西亚作为我国天然气进口多元化战略的重要合作伙伴，长期为我国输送液化天然气资源。目前，印度尼西亚为推动其国内天然气行业发展，推出多条优惠政策，吸引外资参与新油气田的开发。我国能源相关技术迅速发展，已经成为世界第一大能源生产国，拥有足够资金和先进技术。因此，我国可以借此机会，参与印度尼西亚的天然气勘探开发、技术改造，提升印度尼西亚天然气产量，以保障我国天然气进口的稳定性。此外，由于印度尼西亚气田老化，传统油气田的常规天然气开采越加困难，印度尼西亚开始逐渐关注非常规天然气的勘探开采。因此，我国可以适当进入印度尼西亚非常规气体的开发项目之中。

2. 马来西亚

对我国而言，地处东南亚的马来西亚具有地缘政治和天然气资源的双重优势，但是两国存在历史遗留问题，导致我国和马来西亚的液化天然气合作进展较为缓慢。为了更进一步扩展我国和马来西亚的液化天然气合作，我国需要从以下两个方面入手。一是共同打击海盗、恐怖组织：我国若能与马来西亚共同打击海盗和恐怖组织，有助于提升我国天然气进口安全，也可以增进两国之间的政治友谊，从而助力于两国的液化天然气合作。二是参与马来西亚的天然气项目建设：目前，我国主要采用"搁置争议，共同开发"的战略。因此，我国应该积极参与马来西亚的天然气产业建设，以维持两国之间的天然气进口往来。

3. 安哥拉和尼日利亚

安哥拉和尼日利亚拥有丰富的天然气储备资源，但受限于国内经济发展，天然气产业发展较为缓慢，天然气产量、出口量无法实现快速增长。因此，我国应该加强与非洲地区的天然气外交计划，加快参与到非洲地区的天然气上游项目之中，利用我国的技术优势、经济实力等，推动非洲地区天然气产业发展，以增加我国天然气进口来源。此外，从非洲地区获取天然气资源面临巨大的运输风险。我国应该加强海上军事能力、运输船队、港口及接收站风险应急能力，以防范天然气进口运输过程中的风险。此外，我国相关部门可以与发生海盗袭击、恐怖活动较为频繁的国家一起建立海上巡逻舰队，积极参加海上军事演习，不定时、不定期进行海上巡逻活动，保障天然气进口运输安全。

（四）积极推进天然气进口多元化战略

我国应该把握西北、东北、西南和海上四大天然气战略运输通道的布局建设机会，始终坚持拓展天然气进口对象交往圈，形成南北互补、海陆互补的多元、灵活天然气进口体系。随着我国天然气进口需求的不断增大，为减少进口风险，不仅需要将进口区域扩大至传统天然气藏量丰富的地区之外，还要使各地区进口量尽量保持均匀分布，形成以澳大利亚、卡塔尔等为液化天然气主要进口来源国，其他出口国家为补充的多元化进口体系。与此同时，我国应该积极开辟北极航道、参与北极区域的液化天然气项目，打通从美洲、欧洲获取液化天然气资源的最优路径，对我国液化天然气进口来源进行补充（李泽红，2021）。我国首先应该持续加强和中亚三国（哈萨克斯坦、土库曼斯坦和乌兹别克斯坦）、俄罗斯以及缅甸的管道天然气贸易往来，尽可能扩大哈萨克斯坦、乌兹别克斯坦和俄罗斯的管道天然气进口量。其次，应利用中缅管道继续向南扩展到印度尼西亚和伊朗等国，用中亚管道继续向西延伸到阿塞拜疆和里海地区。最后，我国应该把握"一带一路"建设发展机会，加强与沿线各国的天然气贸易合作，并不断提升合作水平、创新合作模式，保障我国管道天然气进口供应安全。

二、外部依赖风险防范

随着我国经济总量和消费水平的不断提升，受限于国内资源禀赋，我国天然气对外依存度会不断攀升，导致天然气进口中断风险增大。我国应该优化天然气勘探、开采核心技术，提升国内天然气自产；创新天然气消费管理模式，降低国内天然气消费，从而抑制天然气对外依赖的过度增长。

（一）提高国内天然气资源利用效率

在"双循环"新发展格局和"碳中和"新目标的框架之下，天然气作为减少碳排放的首选能源，具有清洁高效的特性，是我国能源消费结构转型的重要过渡型能源。因此，我国天然气需求在短期内仍将保持稳定增长。随着我国经济总量和消费水平的不断提升，受限于国内资源禀赋，我国天然气对外依存度会不断攀升，导致潜在的天然气进口供应中断风险增大（张国强，2021）。我国应该加快天然气勘探、开采过程，优化天然气利用效率，通过增加国内天然气产量和降低天然气消耗量，来降低天然气对外依存度（李俊杰，2021）。

首先，我国政府应该推出多项优惠政策激励国内天然气企业持续加大天然气资源勘探投入，并要求勘探投入向重点领域、重点工程、重点项目倾斜。资源勘探开发从构造油气藏向页岩油气藏延伸；从单一碳酸盐岩气藏向多种类型气藏延伸；气藏勘探深度由原来的表层、中层向深层及超深层延展；加大对非常规天然气勘探、开采的资金投入（李鹭光，2021）。其次，我国政府和油气企业应该进一步加强复杂地表条件下的天然气勘探技术研发；加强对于包括火山岩在内的非常规油气储层的测井评价技术攻关，解决目前关键储层分析和特殊油气层鉴别的常规难题，进而全面挖掘我国天然气资源潜力，并实现精准勘探目标，以提升国内天然气储备量和生产量（陆家亮，2010）。最后，中国油气企业需要明确当前已得到开采和建设气田的维护运营工作中三个首要任务——"综合施策控制递减，创新驱动提高采收率，滚动挖潜夯实资源基础"。此外，中国政府应该激励油气企业进行交替式开采，主要聚焦于已开发气田周围，利用其良好的开采建设设施，充分挖掘潜藏式气田，扩大备用储能，提高气田最终收益效率（郭旭升，2021）。在"十四五"规划下，我国天然气勘探开发要始终遵循做大做强海相常气、拓展海相页岩气、深化评价东部深层气、积极拓展海域的原则（李俊杰，2020），向国内天然气市场持续稳定地输送高质量能源。

我国应该具有底线思想，有限的天然气资源无法满足无限的天然气需求。因此，我国应该从源头上解决问题，优化天然气使用方式，通过技术创新和管理优化来提升天然气使用效率，抑制不合理、不合规的天然气消费，有效抑制我国天然气对外依存度的过快增长（沈鑫，2016）。我国政府和企业需要一同构建天然气用户管理体系，合理配置天然气资源；提升天然气管理模式，推动消费者行为变化，采用更加先进的节能设备，以提高消费终端的天然气利用效率；消除原有的单方面增加天然气进口量观念，转化成从需求和供给两个方面去考虑天然气供应安全的观念。最后，政府应该明白市场才是调节天然气供给和需求的工具，应该充分发挥天然气市场作用，抑制过快增长的天然气需求量。同时，我国天然气发展需要坚持绿色可持续理念，减少不必要环节的消耗，提高天然气的综合利用效率。我国应该持续出台对天然气上下游产业中各消费主体的优惠政策，促进传统天然气产业和互联网、人工智能等高新产业的深度交融（陈青，2018）。

（二）优化进口来源分布比例

进口天然气供应由于故障或不可预测因素产生的损失通常由三个方面决定：中断概率、中断供应数量及中断时间。因此，为了减少中断损失和降低供应中断出现的概率，我国需要加强与诸如俄罗斯、土库曼斯坦、卡塔尔、澳大利亚等国内政治波动较低、天然气储备丰富的国家建立天然气外交（赵国洪，2021）。与此同时，我国还应该继续扩展和挪威、加拿大及美国等的液化天然气贸易往来，这是避免我国天然气供应中断的有效措施，也是降低我国天然气进口外部依赖的有效手段（薛庆，2021）。

我国对天然气进口的依存度一直在上升，这种情况下我国天然气供应不是绝对安全的，易受外部因素影响。基于以上考虑，我国应该把握西北、东北、西南和海上四大天然气战略运输通道的布局建设机会，始终坚持拓展天然气进口对象交往圈，形成南北互补、海陆互补的多元、灵活天然气进口体系。

具体而言，在液化天然气进口方面，液化天然气来源国包括澳大利亚、卡塔尔等国家，呈现多元化雏形。但是，从液化天然气进口构成量来看，主要以进口澳大利亚的液化天然气为主体，2020年进口澳大利亚的液化天然气占我国 LNG 进口总量的43.2%。因此，随着我国天然气进口需求的不断增大，为减少进口风险，不仅需要将进口区域扩大至传统天然气藏量丰富的地区之外，还要使各地区进口量尽量保持均匀分布，形成以澳大利亚、卡塔尔等为液化天然气主要进口来源国，其他出口国家为补充的多元化进口体系。与此同时，我国应该积极开辟北极航道、参与北极区域的液化天然气项目，打通从美洲、欧洲获取液化天然气资源的最优路径，对我国液化天然气进口来源进行补充（李泽红，2021）。

在管道天然气进口方面，我国首先应该持续加强和中亚三国（哈萨克斯坦、土库曼斯坦和乌兹别克斯坦）、俄罗斯以及缅甸的管道天然气贸易往来，尽可能扩大哈萨克斯坦、乌兹别克斯坦和俄罗斯的管道天然气进口量。其次，利用中缅管道继续向南扩展到印度尼西亚和伊朗等国，用中亚管道继续向西延伸到阿塞拜疆和里海地区。最后，我国应该把握"一带一路"倡议发展机会，加强与沿线各国的天然气贸易合作，并不断提升合作水平、创新合作模式，保障我国管道天然气进口供应安全。

三、进口价格风险防范

（一）推动双边或多边谈判，降低管道天然气进口价格过高风险

近几年，中亚管道天然气价格持续不断增长，管道天然气进口成本增加，导致管道天然气进口安全遭受影响。随着中俄管道的运行通气，并鉴于目前天然气价格快速变化的局势，我国增加了与中亚三国（哈萨克斯坦、乌兹别克斯坦、土库曼斯坦）和缅甸的管道天然气进口价格的谈判资本，可以考虑通过充分的谈判，促成较为合理的管道天然气定价机制，为了防止管道天然气进口价格过高带来的管道天然气供应中断风险，从而将管道天然

气进口价格及过境费用控制在一个双方都能接受的程度上。

（二）降低进口 LNG 的价格波动风险

1. 多渠道进口 LNG，增加讨价还价筹码

预计在 2025 年之前，全球 LNG 市场供给还较为宽松，会保持供给大于需求的情况，我国应该在综合比较各个出口国 LNG 价格的基础上，考虑到出口国的供应稳定性、出口潜力等，多元化地选择 LNG 出口国家。我国企业应该考虑进行联合采购的方式，减少与单个能源出口国的贸易量，与各地区具有不同优势的能源出口国家保持良好的贸易合作关系，以合理价格购入足够的液化天然气（杨宇，2020）。此外，我国需要兼顾国际天然气竞争环境，适当引入国家平衡点（NBP）、荷兰产权转移设施（TTF）的"气对气"长期协议挂钩基准，用于防止液化天然气价格波动带来的风险。也需要研究和判断出欧洲、美洲及亚太区域天然气消费市场的特点，以需求方身份进入市场，把各个品种的天然气期货交易投入天然气资源地，实现 LNG 进口来源地优化。

总之，我国应根据海外天然气资源现状和不同地区的消费特点，制订多样化的 LNG 采购计划，培育差异化的区域性 LNG 进口项目群，形成多元化的 LNG 采购来源。在亚太天然气市场，中国油气企业应当将"碳中和"目标作为基本原则，致力于促进天然气资源开发和市场同步发展，在天然气资源丰富的国家，逐步开展股权项目合作。如中国企业可以逐步启动与俄罗斯亚马尔 LNG 项目的海外权益购气项目，通过签署稳定供应合作框架协议

合约，搭建海外天然气生产基地。针对欧美市场，我国油气企业要积极开发常规项目，寻求与本土天然气企业的合作机会，建立可靠的采购来源。在非洲市场，我国油气企业应重点关注天然气资源勘探开发，提升自我竞争力，参与更多 LNG 项目并签订 LNG 供应合约，增加 LNG 来源渠道。此外，由于北极航道的存在，我国还应该积极关注北极、欧洲等市场的天然气项目状况，及时挖掘相关项目信息，为建立较好的天然气采购来源渠道做准备。

2. 平衡好 LNG 长期协议进口合约和短期期货进口协议的比例

我国油气企业应该进行多方面的考虑，积极改变以往天然气合约之中的不平等条款；出台行业政策推动天然气现货贸易方式的转变和短期合约的形成，寻求更加有效、灵活的合作模式（Chyong，2019）。在未来的天然气进口过程中，应该注意以下问题：第一，需要从进口源头多元化、降低供应风险和成本等角度考虑，推广出全新的 LNG 定价模式和合作方式，寻求机会改变传统合约中的不平等条款；第二，应积极参与到全球各国的 LNG 项目之中，通过实行产业一体化战略，提升全球 LNG 产业参与度，来降低天然气市场风险；第三，积极推进天然气基础设施建设，改建已有的 LNG 接收站或增加新的 LNG 接收站等，使我国 LNG 储备周转能力提升，使 LNG 现货贸易更加方便快捷。应以"碳中和"目标为发展前景，缩短长期合同下天然气价格的滞后期，搭建整体天然气贸易框架，不断优化天然气进口合作协议模式，实现 LNG 长期协议进口合约和短期期货进口协议的有效搭配，来获得更加灵活、低价的天然气资源。

3. 联合东北亚国家解决"亚洲溢价"问题

我国应该结合区域优势，加强与日韩在能源方面的联系，各国达成共识，共同行动以创建各环节透明的天然气贸易中心，并合作构建公平合理的定价机制，实现东亚国家在天然气供应链各环节的互通有无，合作完善天然气储存和转运基础设施，同时建立开放共享的天然气价格信息共享机制，以抱团取暖的方式来解决天然气"亚洲溢价"的问题。

4. 探索新的定价机制和贸易方式

我国可以采用科学的定价方法，利用我国较大的 LNG 购买能力，推动我国天然气价格指数等相关产品的构建，用于反映我国的天然气需求情况。目前，我国已经建立了位于上海和重庆的两座天然气交易中心。此外，我国应该积极推动天然气进口来源多元化战略，通过增加现货 LNG 的进口量，降低我国天然气进口综合成本。同时，也应该推动市场机构对 LNG 中短期、现货交易等市场行为予以支持，争取实现以人民币进行 LNG 贸易交易，提升中国各天然气交易往来的流动性。

5. 完善国内天然气市场

从全球天然气市场角度来看，我国在全球天然气市场的竞争能力较弱。随着上海天然气贸易中心、重庆天然气贸易中心的建立，我国应该采用科学的定价方式，推动我国天然气价格指数等相关产品的发展，用于反映我国天然气需求状况，也有助于提升我国市场竞争能力。此外，我国还应该推动市场机构对天然气短

期、中期和现货等交易行为的支持，争取实现用人民币和网络中
出口国家进行天然气贸易活动，从而提升我国天然气进口话语
权，有助于防范天然气市场价格波动风险。此外，我国还应该联
合网络中印度尼西亚、马来西亚、日本和新加坡等国家，开展亚
洲天然气定价计划，完善亚太地区天然气市场，抑制"亚洲溢
价"行为。

四、运输风险防范

（一）管道天然气运输风险防范

天然气管道运输系统具有持续作业时间长、运作强度高、覆
盖范围广、外部环境复杂多变等各种不确定因素，如果发生管道
损坏或者天然气泄漏等情况，不仅会影响管道天然气的正常运
输，还会对环境造成破坏，甚至会引发火灾、爆炸等较大安全事
故（尚飞，2021）。因此，为保障运输管道的安全，必须采取下
列措施：①加强场站的运行管理，进行标准化操作。首先，我们
应该加强场站的运行管理，根据管道的运行状况，制订合理的管
道清理计划，并且定期组织人员对管道进行清洁。其次，提高站
内改造设备的可靠性和有效性，定期及时地管理维护场站内通信
系统、自动控制系统等工艺设备，确保在发生事故时能在第一时
间做出反应。最后，加强工作人员的应急能力和安全培训，使他
们不仅在正常操作过程中严格做到标准化，而且在紧急维修等紧
急情况下有条不紊。②严格监控天然气管道设计和施工质量。输

气部门在设计修建管道的时候，应该对铺设管道附近的土壤、自然环境进行详细完整的现场勘察，确保管道设计的合理性和科学性。同时，在进行管道修建过程中，要严格审查监管选材和施工质量，确保管道施工质量。③全面做好管道防腐工作。为防止天然气运输管道出现不必要的腐蚀，应该选择保温隔热、综合性能强、耐腐蚀度高、黏接能力强的材料，在管道两端采用阴极保护、在线腐蚀实时监测系统等先进的现代化防腐技术，积极有效地防护管道腐蚀。④加强巡视和应急能力建设，快速有效地处理突发情况。相关部门应该成立专门的天然气管道检测与防护小组，严格执行指定的检测方案，将天然气管道网络腐蚀泄漏等工作细分，对管道腐蚀和泄漏进行有针对性的日常检查。此外，需要制定有效的应急方案，一旦天然气管道发生腐蚀或泄漏，能够迅速紧急抢修，最大限度地减少经济损失和人身伤害。⑤加强管道干线管理，减少失误。采取积极有效的措施，加强天然气管道线路、场站设备等方面的安全管理工作，建立安全完善的管理规则制度，培养装备精良、高效能干的应急抢修队伍。⑥加强天然气管道安全工作的宣传。各个有关部门落实对天然气管道周边住户进行管理和协调，开展天然气安全群众宣传工作，提高人民群众对于管道天然气的认识和重视程度，从思想上提升人们对天然气管道的保护意识，让人民自觉地加入保护天然气管道安全工作之中。

（二）恐怖袭击和海盗风险防范

由于我国天然气进口海上通道的大部分区域都不属于我国管

辖区域，面对越发严重的海上恐怖袭击和海盗威胁，国家应该积极加强与有关国家的合作与协调。中国应该加强海上运输安全合作，鼓励国内企业对战略节点和高风险的重要海峡开展战略投资项目，推进预防性国家外交。中国还应该加强与马来西亚、印度尼西亚、文莱、阿曼、卡塔尔等"一带一路"共建国合作，以提高应对恐怖袭击和海盗威胁的能力。对于非"一带一路"共建国家，我国也应该积极推动合作关系，共同防御恐怖袭击和海盗威胁。此外，我国海上安全管理部门应增强运输航线安全保护力度，同频繁发生海盗袭击、恐怖活动的国家建立信息共享系统，及时分享情报消息，做好防护，减少损失；共同组建海上巡逻舰队，定期组织海上军事演习，进行海上巡逻活动；采用高科技对航行船只进行识别等手段防范海域风险。

海上运输面临越加复杂的地缘政治环境，需要更加强大的海军、空军来保证我国海上天然气进口航路通畅。中国政府应该加强远洋海军的作战能力和防卫水平，完善对于运输航船的保护制度；应该加强对于高风险海域的巡逻，提升对海盗袭击的检测能力；提高对于海洋气候、灾害等的重视程度，以便能够提前布置防御措施。同时，海外军事基地建设作为 21 世纪海上运输的重要战略点，可以起到为海上船队、军舰提供中转休息站点和补给站点的作用，能够增强航道、节点控制力，保护我国海上运输安全。目前，我国仅有一处海外军事基地，这不适应我国日渐增大的天然气进口安全需求，应该增加在海峡的港口及各大运输节点的军事基地建设。此外，中国船队在进行海上天然气运输活动时，应对船上相关人员进行培训，适当配备自卫武器，以提升其身体素质和自我保护能力，确保在受到海盗、恐怖组织袭击时，能保卫自身财产安全，尽可能地减少损失。

（三）军事干预风险防范

在拓展进口天然气运输方式多样化进程上，我国要充分把握"一带一路"倡议带来的贸易交流机会，扩大对管道天然气运输方式的投资，以改变过度依赖海运的现状，减轻对于军事干预较强航线的依赖。"一带一路"建设可通过打通中东与相邻国家间的通道，直接经过这些国家将天然气通过管道运输至中国，可以避免经过马六甲海峡（新加坡、马来西亚、印度尼西亚、美国、印度），从而避免该条航线的军事干预风险。通过与沙特阿拉伯、阿联酋及伊朗等国的天然气进出口合作，绕开霍尔木兹海峡（伊朗与美国），也可减弱进口中东天然气海上运输环节的军事干预风险。

北极航道作为一条新兴的国际运输航线，受到美国等国的军事干预还较少，对于降低我国海上天然气进口风险具有积极作用。北极航线较传统航线可减少 12 ~ 15 天时间，能够避免经过高危的运输节点、海峡区域，避免那些区域的军事干预，保障我国天然气供应安全。

五、承运公司管理风险防范

承运公司的管理水平、协调和应急能力是我国天然气进口风险防范的关键。我国天然气运输船队组建较晚，装备水平不够，

船队结构不够合理，管理水平低下，协调能力和应急能力较差，使我国天然气进口主要使用外籍邮轮，应加强对相关承运公司的管理，以减低 B 阶节点风险扩散，便于对整个天然气进口复杂网络风险进行防范。

由于我国 LNG 进口量逐年增加，我国的 LNG 运输产业已经具备了良好的发展机遇。当前，我国的 LNG 船队运输能力已经严重落后于我国的 LNG 进口速度，大量进口的 LNG 需要依靠国际运输船队来完成，"国货自运"比例非常低。LNG 船舶运输能力是 LNG 产业链上非常重要的一环，特别是在冬季用气高峰时期，所需要的 LNG 船只数量很多，能否及时在船业市场上找到足够多的船只，以及运费是否能够被接受，将会直接影响 LNG 的进口数量。为了避免出现在关键时刻（冬季等）运输能力无法满足要求，中国应该尽快推动 LNG 运输船队的建造和发展。此外，中国企业应该抓住当前 LNG 运价较低的时候，采取长期签订租约或者购买船只等方式，锁定长期的 LNG 运输能力，扩大 LNG 运输船队的规模。同时，我国政府和企业应该根据天然气需求情况，投入资金去打造我国自己的 LNG 船队，提高"国货自运"比例，降低液化天然气进口运输中断风险。

六、国内天然气接受风险防范

LNG 接收站是我国接收进口 LNG 资源的重要中转站，将直接影响我国的 LNG 供应能力，数据显示，LNG 接收站数量在 2020 年为 22 座，同 2019 年相比并未发生变化。中国的液化天然气进口接收站常年被三大石油公司占据，三大石油公司经常利用其在进口气源上的主导能力，对新增低价 LNG 接收站进行限制，导致国内天然气价格长期处于较高水平。天然气接收站是我国接收进口天然气资源的重要中转站，将直接影响我国的天然气供应能力，为确保液化天然气进口供应稳定，我国有必要加强进口液化天然气配套接收站建设。

七、外部环境风险防范

对我国天然气进口复杂网络 A 阶节点的政治环境、资源潜力，对 B 阶节点自然条件、军事防控，对 C 阶节点市场政策、法律法规等因素的变化进行监控，并及时反馈因素变化的情况，以便应对外界因素给各阶节点带来的风险。

八、天然气进口网络风险扩散防范

当我国天然气进口复杂网络各阶节点面临风险时，应当及时根据实际情况采取恰当的手段来减缓风险扩散的速度，以便最大限度地降低天然气进口风险给我国天然气供应带来的影响。例如，在天然气进口过程中，如果遇到突发事件，应及时调整天然气运输方案，以减少不利因素对天然气进口安全造成的威胁。

当网络中各阶节点遇到风险时，应及时分析风险扩散所处的阶段，以便更好地阻断风险在天然气进口过程中的扩散路径，使风险控制在某个节点的较小范围内，降低风险对整个网络带来的影响。

另外，在天然气进口风险事情处理结束后，要及时吸取经验，不断完善天然气进口风险防范机制。

第二节 我国天然气健康发展相关政策建议

一、宏观层面的建议

（一）深化天然气勘探开采体制改革

首先，我国不仅应该加强对于鄂尔多斯盆地、四川盆地和塔里木盆地等重点地质常规天然气资源的勘探开采力度，还应该提升国家页岩气、深层煤气层和煤制气等非常规天然气资源的开发力度。其次，我国应该不断深化天然气勘探开采体制改革，逐渐放宽天然气勘探开采准入限制，完善天然气行业竞争出让制度，从而提升我国天然气勘探开采效率。最后，我国应该构建天然气勘探开采工程技术装备管理机制，提升天然气上游行业的市场化，从而能够有效调节资源开采的成本，增加经济效益。

（二）强化天然气贸易合作

随着全球天然气供应宽松，天然气市场秩序由出口国家主导转变成为市场主导。在此背景下，我国应该加快实施天然气进口多元化战略。首先，我国可加强和中亚三国（土库曼斯坦、哈萨克斯坦和乌兹别克斯坦）、俄罗斯以及缅甸的管道天然气贸易往来，尽可能扩大缅甸、哈萨克斯坦、乌兹别克斯坦和俄罗斯的管道天然气进口量；利用中缅管道，向南扩展到印度尼西亚和伊朗等国；利用中亚管道，向西延伸到阿塞拜疆和里海地区。其次，我国应该保持与网络中传统液化天然气出口国家的联系，但对其液化天然气进口量进行调整，防范过度依赖风险。最后，我国应该利用"一带一路"倡议发展契机，加强与沿线国家的液化天然气合作，完善我国天然气进口网络建设。此外，我国应该积极开辟北极航道、参与北极区域的天然气项目，打通从美洲、欧洲获取液化天然气资源的最优路径，完善我国天然气进口网络。

（三）优化天然气消费管理体系

从国家发展角度来看，采用低碳化、清洁化、安全化和高效化的能源是保障国家能源供应安全、经济安全和生态安全的重要手段，也是人类社会实现可持续发展的必然趋势。我国应该明确底线思想，有限的天然气资源是无法满足无限的需求的。因此，我国应该从源头上解决问题，创新消费管理体系，优化天然气消费方式，提升天然气利用效率，抑制不合理、不合规的天然气消费，从而降低我国天然气需求增长。同时，我国应该持续加大对天然气行业上、中、下游市场的扶持力度，促进天然气产业链和高新技术产业的深度融合，提高天然气行业的自主创新能力，提升天然气的综合利用效率。

（四）提升天然气战略储备及调峰能力

近年来，我国天然气消费量快速增长，在用气量较多的北方地区，冬季经常出现供不应求的状况。我国应该推动天然气储备系统建设，加强政府和企业在天然气储备方面的合作，同时明确政府和企业各自的储备责任，从而形成较为完善的储备体系。我国还应该利用枯竭油气藏、盐穴和含水层地下储气库等建库资源，加快天然气地下储气库建设。此外，我国还可以利用较长的海岸线、内部河流密集等地貌特征，以大型液化天然气接收站为中心，修建多个小型的液化天然气接收站，发展液化天然气运输产业，不仅能够扩大液化天然气的市场覆盖区域，还可以充分释放沿海接收站产能，从而提高我国液化天然气进口量和储备量。

（五）坚持天然气市场与价格体制改革

目前，亚洲地区的天然气进口价格普遍高于欧美、美洲地区，这与亚洲地区天然气需求市场远离资源产地有关，同样与缺少有影响力的、合理的定价中心有关系。因此，我国应该实施"管住中间、放开两头"的主体思路持续推动国内天然气价格改革，完善国内天然气市场定价机制。与此同时，我国政府应该推出多项优惠政策去吸引更多的海外资本参与上海和重庆天然气交易中心的市场交易，使它们形成被国际广泛认可的天然气价格指数，完善我国天然气市场建设。

二、中观层面的建议

（一）加强天然气勘探、开采技术创新

我国油气企业应该加强对陆地深层、海洋深处和非常规天然气三大领域的关注，加大勘探开采资金投入，寻求重大理论和核心技术突破，完善我国天然气资源开发政策，从而提升我国天然气产量。此外，我国油气企业应该加速破解煤制气、天然气水化合物、生物天然气等资源开发利用的技术难关，加强试点项目建设，积极推动规模效益发展。与此同时，我国应该构建更为公平合理的市场进入机制，促进更多人力资源、资金的进入，推动我国天然气勘探开采。

（二）完善天然气行业法律体系

国外在构建天然气安全战略时，坚持法律先行，这个经验值得我国参考借鉴。实践也证明，天然气行业相关法律体系能够推动天然气行业发展，也是规范天然气市场的重要手段。然而，我国天然气行业法律法规还存在大量空白。因此，我国需要为天然气各行各业制定出专门的法律法规，明确天然气在我国能源改革中的重要地位，保障我国天然气行业高速发展。此外，我国还应该尽快颁布天然气储备条例等法律法规，明确政府和油气企业的储备责任，提升我国天然气储备能力。

（三）丰富创新天然气进口采购协议

随着美国页岩气开采技术革新，全球天然气市场将长期保持供给大于需求的局面。然而，我国天然气进口主要采用长期采购合作协议，自主讨价还价能力极低，自身合法权益很难得到有效保障。因此，我国应该丰富现有的天然气进口采购协议。首先，我国应该把握天然气资源供给宽松时刻，签署更多低价、短期的天然气采购合约。其次，我国需要合理分配天然气现货资源和合约资源的比例，开创更为灵活的采购协议方式，最大限度分散进口风险。最后，我国应该以"碳中和"为目标，缩短长期合约天然气价格与原油价格的滞后期限，不断创新天然气合作协议模式，以获取更为灵活、低价的天然气资源。

（四）构建亚太地区天然气贸易中心

我国应该加强和日本、印度、新加坡和韩国等亚太地区天然气进口国之间的对话，合作构建亚太地区天然气贸易中心，商榷亚太地区天然气贸易的定价机制，制定亚太地区天然气交易的价格基准，形成统一的、合理的、可接受的定价机制。我国还应该积极推动和"一带一路"共建国家构建双边或者多边综合价格协调运行机制，形成亚太地区天然气的基准价格。

（五）深化天然气国际贸易市场变动分析

我国需要对天然气市场中各个出口国进行分国别的动向跟踪研究，了解出口国家的天然气生产动向、政策变化、油气公司股权变动等情况，一旦某个过程发生问题，可以及时地预警，有助于我国快速调整进口策略，防范天然气进口风险。此外，评估出口国家的风险指数时，不仅要考虑出口国家的区域因素，包括出口国家的资源潜力、经济风险、政治风险等，还要分析天然气运回国内的运输路线风险和我国与出口国家之间的外交关系。

三、微观层面的建议

（一）增强远洋运输能力

为了进一步增强我国液化天然气运输能力，我国应制定相关政策，给予税收优惠、财政补贴和科技支持，促进国企和民企之间的合作，提高我国在天然气进口方面的综合运输能力。我国不仅应该强化大型液化天然气船自主设计建造能力，增强节能减排的技术研发应用；还应该建立健全的液化天然气船舶加气和供应体系，发展绿色船舶、绿色航运。此外，我国还应该积极谋划海进江和沿海调峰运输，推进液化天然气储罐运输和多式联运，完善液化天然气运输体系，提升我国远洋运输能力。

（二）提升远洋航线保卫能力

为更好地保障我国液化天然气进口安全，我国应该提升远洋航线保卫能力。我国应该加快信息化远洋海军、空军的建设，提升远洋作战能力和护航能力，从而实现以军队保护商队；积极参与海盗打击、潜在威胁排除等活动；重点保护风险较高的运输航线，加强重要海域、海峡节点的军事巡查；加大军事投入力度，与网络中重点出口国家形成区域性的护商准军事联防等。

（三）提高天然气资源利用效率

当前，我国天然气基础设施与利用技术都较为落后，天然气燃烧所产生的热量无法被充分利用。天然气工厂也因为设备和技术落后的双重困扰，导致开采效率、利用效率与发达国家存在明显差距。我国政府应该推出相关扶持政策，促进终端消费者和企业采用更加先进的技术和设备，提升天然气资源利用效率。此外，我国天然气生产企业应尽可能提高天然气产量，增加外供商品气量。

（四）规避天然气价格风险

我国应该完善天然气市场建设，利用金融工具规避天然气价格波动风险。我国也可通过构建天然气市场，提升天然气市场话语权，探讨天然气价格形成机制，从天然气价格的被动接受者转变成为主动参与者。如果我国具有完善的天然气市场，不仅能使天然气贸易方式更加丰富，供给与需求信息更加透明，价格预测也更加合理；而且有助于降低天然气进口成本，规避价格波动风险，维持市场供需平衡。

（五）优化天然气海外投资

随着天然气对外依存度不断攀升，我国必须实行"走出去"战略，强化与其他国家之间的天然气合作。"一带一路"倡议使我国和共建国家连接更加紧密，也为我国提供了"走出去"的机会。但是，我国在进行国际天然气合作时必须厘清市场形势、分析投资风险，这样才能够保障我国天然气对外投资安全，有助于维持我国天然气进口稳定。此外，我国应该实行投资对象多元化战略，逐渐扩大对于其他天然气资源丰富国家的投资计划，从而能够有效降低潜在的投资风险。与此同时，我国应该尝试更加灵活的投资方案，开拓多种操作途径，例如参股并购、吸收并购和合作并购等方式，合理布局全球天然气产业，提升我国天然气进口话语权，保障我国天然气进口安全。

第三节　本章小结

　　本章基于全书的研究结果和借鉴国外天然气进口风险防范经验，首先，提出我国天然气进口风险防范的建议：优化我国与天然气进口网络中进口来源国的合作；降低外部依赖程度；优化我国天然气进口成本；完善国内天然气市场；加强运输安全；降低运输航线的军事干预；积极推进我国天然气进口多元化战略；建设运输船队和国内港口接收站；加强对外部环境的监控；提升承运公司的管理水平；延缓风险扩散的速度；阻断天然气进口网络各阶节点风险扩散的路径。其次，从宏观、中观、微观的角度提出适合我国进口天然气健康发展的政策建议。

第十三章

结论与展望

第一节　主要研究结论

第一，全球液化天然气贸易核心分布广泛，基本实现了一体化格局，各国家的液化天然气贸易合作选择将更加多样化，天然气获得价格更低。全球管道天然气贸易格局为：大范围是从欧洲、美洲向亚洲、中东流动，贸易往来关系较为单一，贸易关系较稳定，贸易量有所下降；小范围则是在欧洲、美洲内部国家间流动，贸易往来关系复杂，贸易关系变化较大，贸易量变化不大。整体管道天然气贸易区域化情况为：大范围是从欧洲、美洲向亚洲、中东流动，贸易往来关系较为稳定，随着液化天然气运输方式的发展，贸易量有所下降；小范围则是在欧洲、美洲内部国家之间流动，贸易往来关系复杂，贸易双方变化频繁，但是贸易量变化不大。

第二，我国液化天然气进口呈现出多区域、多国家的多元化特征，天然气进口战略也逐步实现液化天然气和管道天然气进口同步化；我国天然气进口的密度呈现逐年递减的趋势；2010 ~ 2016 年，我国的天然气进口效率呈现递增趋势，但随着我国天然气进口需求不断增长，我国开始从挪威、法国、加拿大和喀麦隆等国进口液化天然气后，我国天然气进口效率有所下降。根据《BP 世界能源统计年鉴》数据统计计算得出的结论，我国天然气进口份额也逐渐得到调整：从亚太地区进口的天然气份额由 2010 年的 57.20% 迅速下降至 2020 年的 44.35%；从东南亚地区进口的天然气份额由 2010 年的 24.06% 下降至 2020 年的 14.68%；从中东地区进口的天然气份额由 2010 年的 15.52% 下降至 2020 年的 9.43%；从非洲地区进口的天然气份额由 2010 年的 2.07% 上升至 2020 年的 3.62%；从中亚地区及俄罗斯进口的天然气进口份额由 2010 年的 24.79% 上升至 2020 年的 35.98%。

第三，能源消费结构中天然气消费占比是我国天然气进口的最主要驱动因素。其次是城镇人口数量和天然气使用人数，这两个因素从居民用气需求角度影响天然气进口需求。最后天然气对外依存度、煤炭消费占比以及国内生产总值也对天然气进口产生了一定影响；ANN 模型具有极强的数据处理能力，且避免了训练时间长和出现过拟合的情况，是性能较高的机器学习模型，通过与 GM（1，N）模型和 SVR 模型对天然气进口预测拟合结果的对比，也显示出其精度更优、拟合误差更小的优势；2021 ~ 2026 年天然气进口量增长速度在逐步减缓，但天然气进口量仍在不断上升，预计 2026 年天然气进口量突破 2000 亿立方米。结合影响因素的简单预测，判断 2021 ~ 2026 年我国天然气进口量、天然气产量和对外依存度呈现"高—低—高"的局面，在发展中应重视我国天然气进口能力的提升，避免出现天然气短缺等能源供应问题，同时采取相应的风险防范策略降低天然气进口风险。

第四，从外部依赖风险、政治风险、经济风险、资源风险、运输风险和管理风险6个层面得到包含进口依存度、进口份额、进口多元化程度、地缘政治风险、外交关系、人均GDP、天然气进口价格、人民币兑换美元汇率、天然气供应稳定性、进口来源国出口潜力、运输量、途经海峡数、过境地稳定性、运输距离、运输线路上事故率、对运输航线控制力、运输公司管理水平、协调能力、应急能力的天然气进口风险评价指标体系；进口依存度、进口份额、天然气进口价格、运输量、运输距离、途经海峡数、对运输航线控制力、进口来源国出口潜力和天然气供应稳定性等风险评价指标对我国天然气进口安全影响较大，即天然气进口外部依赖是我国天然气进口网络安全的短板，进口气源稳定性、天然气进口价格波动和国际政治安全也给我国天然气进口网络安全带来很大的挑战，运输安全也是我国天然气进口网络安全的关键；2010～2020年，我国天然气进口网络经历了"安全—极不安全—临界安全—不安全—临界安全"五种状态；2010～2020年我国天然气进口来源国的综合风险较高的有土库曼斯坦、澳大利亚、印度尼西亚、卡塔尔、马来西亚、安哥拉和尼日利亚；我国天然气进口来源国的综合风险相对较低的有哈萨克斯坦、文莱、乌兹别克斯坦、缅甸和俄罗斯。

第五，在我国天然气进口网络中C阶节点被激活的概率比B阶节点被激活的概率小。当风险扩散强度增大时，各阶节点被激活的概率都逐渐增大，当风险扩散强度增大到一定值时，各阶节点被激活的概率值趋于一致；随着风险扩散延迟时间因子增加，各阶活跃节点将逐渐修复，相应的被激活（感染）节点数下降，即随着风险扩散延迟因子在天然气进口网络上的扩散影响程度越来越弱；随着风险扩散延迟时间因子的增加，C 阶活跃节点密度降低的幅度较为明显；随着噪声强度的增加，各阶活跃节点密度增加。模拟结果与实际天然气进口的特征一致，表明本章所构建的风险扩散动力学模型能够较好地模拟我国天然气进口复杂网络的风险演化。加强对我国天然气进口复杂网络节点管理，能够有利于控制网络节点在发生风险时对整个网络造成的不良影响，同时也能有效延缓风险在网络中扩散。

第六，在考虑天然气运输量影响的天然气进口复杂网络中风险控制效果是目标免疫最强，然后是熟人免疫，最差的是随机免疫；随着全球各个国家对于天然气资源的需求不断增加，我国天然气进口环境越加复杂，全球政治局势越加动荡、地缘关系越加复杂和主权冲突越加严重等。我国必须对网络中各个出口国家进行全面分析和妥善安排，根据各个出口国家的风险特点，区分出重点合作国家。东南亚地区、中亚地区、亚太地区、中东地区和北非地区等各个区域的天然气出口国家在我国天然气进口网络中定位、功能各不相同，在选择各个区域的出口国家时必须有所侧重，加强与我国天然气进口网络中卡塔尔、俄罗斯、缅甸、哈萨克斯坦、乌兹别克斯坦和美国等中低风险进口来源国的合作；优化与土库曼斯坦、澳大利亚等传统进口来源国的合作；衡量与印度尼西亚、马来西亚、安哥拉和尼日利亚等高风险进口来源国的合作；加强对外部环境的监控；提升承运公司的管理水平；延缓风险扩散的速度；阻断天然气进口网络各阶节点风险扩散的路径。

第二节　未来研究展望

本书通过引入复杂网络理论、国际贸易理论、地缘政治经济理论、油气地缘政治理论、资源稀缺性理论、可持续发展理论、风险管理理论、天然气价格理论，对我国天然气进口复杂网络风险评价、风险扩散、风险防范策略等问题进行初步的探索研究，为我国天然气进口风险管理及健康发展提供了有益的参考。然而，由于对天然气进口网络风险扩散和风险防范领域相关问题认识的局限性，本书可能还存在考虑不够周全、研究不够深刻的地方，未来还需要在以下几方面开展进一步的研究。

第一，建立完善科学的天然气进口网络风险扩散问题研究框架。本书通过对我国天然气复杂网络风险评价、风险扩散和风险防范等问题进行探索研究，从天然气进口网络结构及风险演化、风险因素识别分类出发，对风险评价指标体系的构建、风险评价建模、风险扩散建模、风险防范建模等关键问题进行重点详细分析，但天然气进口风险扩散和防范问题是当前比较新颖的研究领域，目前还缺乏科学完善的研究框架，暂未满足天然气进口复杂网络风险扩散和防范问题规范化、系统化的研究需求，这是未来研究工作的重点方向。

第二，基于我国现实的天然气进口网络对风险扩散和防范模型的实证分析。本书主要围绕我国天然气进口复杂网络风险评价、风险扩散、风险防范问题展开了相关理论研究工作，但还缺乏我国实际天然气进口复杂网络的数据，尤其是建立的风险扩散和风险防范的动力学演化模型仅是通过仿真模拟进行验证，虽然在一定程度上反映了我国天然气进口网络中风险扩散过程及其机理，但与我国真实的天然气进口网络相比还是存在一定的差距。为了得出更加科学的结论，需要结合我国真实的天然气进口网络数据对所构建的模型进行实证研究，这也是未来研究的重点。

第三，多学科交叉融合研究。我国天然气进口复杂网络风险的产生、演化、扩散及防范都是非常复杂的问题，但如何评价、防范并控制风险是一个系统性工程。本书对我国天然气进口风险的研究主要借鉴复杂网络理论、国际贸易理论、油气地缘政治理论、资源稀缺性理论、风险管理理论、天然气价格理论和风险扩散理论，解决平稳规律变化情况下的风险评价、扩散和防范的问题。但对于天然气进口风险的非线性等复杂的动态变化缺乏分析，因此，在未来研究中需要探索借鉴非线性理论和复杂系统理论来深入研究我国天然气进口复杂网络风险的多种复杂多变的动态行为。

主要参考文献

［1］白桦. 国际天然气市场五年回顾与展望［J］. 国际石油经济，2021，29（06）：71 – 77.

［2］白建华，胡国松. 试论我国石油进口多元化战［J］. 天府新论，2005（02）：55 – 58.

［3］白羽，李富兵，王宗礼，王彧嫣，樊大磊. 2020年我国天然气供需形势分析及前景展望［J］. 中国矿业，2021，30（03）：1 – 7.

［4］鲍玲，董秀成. 中国进口液化天然气风险分析及风险规避措施探讨［J］. 长江大学学报（自科版），2014，11（10）：121 – 124 + 5.

［5］蔡流. 我国天然气供需格局演变及影响因素分析［J］. 地域研究与开发，2014，33（02）：41 – 45.

［6］蔡宁，王发明. 基于网络结构视角的产业集群风险研究［J］. 科学学研究，2006，16（6）：10 – 15.

［7］柴建，王亚茹，KIN Keung – lai. "新常态"下的中国天然气消费分析及预测［J］. 运筹与管理，2019，28（06）：175 – 183.

［8］陈爱早. 供应链中企业财务风险传导要素分析［J］. 武汉理工大学学报，2009，22（5）：13 – 17.

［9］陈淮．价格竞争：市场经济的必然选择［J］．价格理论与实践，2002（06）：4－5．

［10］陈骥，吴登定，雷涯邻，张万益，马芬，方圆．中国天然气资源供应风险与对策［J］．天然气技术与经济，2019，13（05）：7－13．

［11］陈娇娇，宋维明，熊立春，陆文明．贸易摩擦对全球林产品贸易的影响［J］．中南林业科技大学学报，2021，41（05）：182－192．

［12］陈青．浅论天然气应用现状及其利用技术［J］．中国战略新兴产业，2018（08）：4．

［13］陈英俊．越南加入亚投行面临的机遇、挑战与对策研究［D］．沈阳：辽宁大学，2016．

［14］陈长坤，纪道溪．基于复杂网络的台风灾害演化系统风险分析与控制研究［J］．灾害学，2014，27（1）：1－5．

［15］程学旗，胡海波．具有社团结构的复杂网络传播动力学研究［J］．北京师范大学学报（自然科学版），2010，46（4）：387－396．

［16］程学旗，沈华伟．复杂网络的社区结构［J］．复杂系统与复杂性科学，2011，8（01）：57－70．

［17］程宇婕．风险传播理论研究［D］．太原：山西大学，2010．

［18］崔静文．"一带一路"背景下中国与卡塔尔能源合作研究［D］．哈尔滨：黑龙江大学，2020．

［19］崔巍，康立成，魏文治，苗凤蕾，孙家庆，唐丽敏．基于生态网络分析的中国天然气供应安全评价［J］．安徽工业大学学报（自然科学版），2022，39（01）：91－99．

［20］崔巍，夏荣，杨亮亮，孙家庆.国际液化天然气贸易复杂网络演化研究［J］.沈阳农业大学学报（社会科学版），2020，22（04）：394－401.

［21］崔巍，杨亮亮，夏荣，孙家庆，樊晓伟."一带一路"背景下海上天然气运输通道的安全评价［J］.油气储运，2021，40（12）：1430－1440.

［22］崔晔华.浅析利用内部审计进行企业风险管理［J］.科技资讯，2010（31）：145＋147.

［23］丁利荣，陈明婧.论地缘经济学的生成及其学术流派［J］.求索，2009（04）：5－6＋216.

［24］丁伟东，刘凯，贺国先.供应链风险研究［J］.中国安全科学学报，2003（04）：67－69.

［25］董聪，董秀成，赵丛雨."一带一路"背景下中国与中亚地区油气合作前景研究［J］.价格理论与实践，2020（02）：153－156.

［26］董鑫.中国天然气进口风险研究［D］.重庆：重庆大学，2019.

［27］董秀成，孔朝阳.基于供应链角度的中国天然气进口风险研究［J］.天然气工业，2017，37（05）：113－118.

［28］杜守梅.供应链突发事件扩散机理研究［D］.上海：上海交通大学，2008.

［29］段秀芳，李冰清."一带一路"倡议下中国与中亚五国能源合作的现状、问题与对策［J］.安徽商贸职业技术学院学报（社会科学版），2019，18（03）：1－4.

［30］樊华.中国与周边国家商品贸易空间格局研究［D］.长春：东北师范大学，2014.

［31］范秋芳，锥倩文，刘浩旻，徐金忠.基于改进物元可拓模型的中国天然气进口安全评价［J］.中国石油大学学报（社会科学版），2020，36（06）：11－18.

［32］范秋芳.中国石油安全预警及对策研究［D］.合肥：中国科学技术大学，2007.

［33］范照伟.全球天然气发展格局及我国天然气发展方向分析［J］.中国矿业，2018，27（04）：11－16＋22.

［34］富景筠，钟飞腾.对冲地缘政治风险：跨国公司战略联盟与俄欧天然气政治［J］.欧洲研究，2021，39（02）：82－109＋7.

［35］高天航，吕靖，孙茂金.考虑耦合效应的海上通道风险因素识别［J］.上海海事大学学报，2017，38（03）：18－24.

［36］高霞，陈凯华.合作创新网络结构演化特征的复杂网络分析［J］.科研管理，2015，36（06）：28－36.

［37］耿江波.国际天然气市场及中国液化天然气供应安全策略研究［D］.合肥：中国科学技术大学，2014.

［38］耿伟伟，宋秀琚.中国—印度尼西亚能源合作：进展、动因及挑战［J］.东南亚纵横，2019（03）：28－37.

［39］郭杰，董秀成，皮光林.突发性天然气供应中断的应急决策［J］.天然气工业，2015，35（03）：129－134.

［40］郭庆妮，邓顺熙，江鸿宾，等.基于TZS法的天然气管道运输的社会风险评估［J］.安全与环境工程，2013，20（04）：123－126＋130.

[41] 郭维平, 汪小帆, 李翔. 方格网络模型的数据传输动态特性 [J]. 通信学报, 2006 (10): 51 - 56.

[42] 郭晓成, 马润年, 王刚. 复杂网络中节点重要性综合评价方法研究 [J]. 计算机仿真, 2017, 34 (07): 264 - 268.

[43] 郭旭升, 胡东风, 黄仁春, 等. 四川盆地深层—超深层天然气勘探进展与展望 [J]. 天然气工业, 2020, 40 (5): 1 - 14.

[44] 哈奔, 张金锁, 许建. 中国重要能源资源进口来源地风险评价 [J]. 西安科技大学学报, 2014, 34 (04): 445 - 450.

[45] 韩永贵, 韩磊, 黄晓宇, 高阳. 基于指数平滑和 ARIMA 模型的西北地区饱和水汽压差预测 [J]. 干旱区研究, 2021, 38 (02): 303 - 313.

[46] 贺书锋, 郭羽诞. 中国对外直接投资区位分析: 政治因素重要吗? [J]. 上海经济研究, 2009 (03): 3 - 10.

[47] 胡一竑, 吴勤旻, 朱道立. 城市道路网络的拓扑性质和脆弱性分析 [J]. 复杂系统与复杂性科学, 2009, 6 (03): 69 - 76.

[48] 胡一竑. 基于复杂网络的交通网络复杂性研究 [D]. 上海: 复旦大学, 2008.

[49] 华贲, 罗家喜. 国际液化天然气市场价格走势分析 [J]. 天然气工业, 2007 (01): 140 - 144 + 164.

[50] 黄浪, 吴超, 杨冕, 王秉. 基于能量流系统的事故致因与预防模型构建 [J]. 中国安全生产科学技术, 2016, 12 (7): 55 - 59.

[51] 黄献智, 杜书成. 全球天然气和液化天然气供需贸易现

状及展望 [J]. 油气储运, 2019, 38 (01): 12 - 19.

[52] 黄新力. 针对节点度幂律分布对等覆盖网络的分散式目标免疫 [J]. 系统工程理论与实践, 2008 (11): 135 - 141.

[53] 黄子惺. 北极地区油气资源地缘政治经济格局研究 [D]. 上海: 华东师范大学, 2010.

[54] 江新, 赵静. 工程项目群的 AHP - NET 风险评价模型 [J]. 中国安全科学学报, 2012, 22 (10): 158 - 163.

[55] 姜若, 励晓红, 吕军, 袁红, 张一英, 王惠萍, 汤伟琴, 毛淋淇. Haddon 模型原理及其发展 [J]. 中国公共卫生, 2018, 34 (09): 1310 - 1313.

[56] 蒋小荣, 杨永春, 刘清, 汪胜兰. 多重贸易网络的空间演化特征及其影响因素——基于货物、服务和增加值贸易的比较 [J]. 地理科学, 2021, 41 (08): 1419 - 1427.

[57] 焦敬平, 黄宇飞, 张浩天. 缅甸能源产业发展现状与投资展望 [J]. 能源, 2020 (05): 66 - 68.

[58] 焦连成. 中日韩油气资源地缘政治经济格局研究 [D]. 长春: 东北师范大学, 2004.

[59] 焦文玲, 金佳宾, 廉乐明, 等. 时间序列分析在城市天然气短期负荷预测中的应用 [J]. 哈尔滨建筑大学学报, 2001 (04): 79 - 82.

[60] 金菊良, 张欣莉, 丁晶. 评估洪水灾情等级的投影寻踪模型 [J]. 系统工程理论与实践, 2002, 22 (2): 140 - 144.

[61] 靳祯, 罗晓峰. 复杂网络传播动力学研究进展 [J]. 山西大学学报 (自然科学版), 2017, 40 (03): 426 - 441.

［62］居占杰，李平．南海油气资源开发研究——基于石油安全的视角［J］．技术经济与管理研究，2013（10）：101－105．

［63］孔江涛，黄健，龚建兴，李尔玉．基于复杂网络动力学模型的无向加权网络节点重要性评估［J］．物理学报，2018，67（09）：255－271．

［64］匡祥琳．生态文明视域下绿色 GDP 度量理论与模型研究［J］．沿海企业与科技，2021（04）：3－10．

［65］雷凯．多式联运网络风险传播与控制策略研究［D］．北京：北京交通大学，2016．

［66］黎江峰，周娜，吴巧生．中国天然气资源安全分析［J］．中国矿业，2021，30（04）：10－14．

［67］黎来芳，牛尊．互联网金融风险分析及监管建议［J］．宏观经济管理，2017（01）：52－54＋68．

［68］李敦瑞．地缘经济学的理论流派与发展趋向［J］．中南财经政法大学学报，2009（01）：26－29＋111＋142－143．

［69］李宏勋，胡美燕．我国天然气供应安全影响因素研究——基于主成分和 VAR 模型［J］．河南科学，2020，38（06）：1007－1016．

［70］李宏勋，聂慧．基于灰色－偏最小二乘组合模型的中国天然气需求预测［J］．资源与产业，2019，21（06）：9－19．

［71］李宏勋，吴复旦．我国进口天然气供应安全预警研究［J］．中国石油大学学报（社会科学版），2018，34（04）：1－6．

［72］李宏勋，张云玲．基于 GTAP 模型的中美贸易摩擦对我国天然气进口影响研究［J］．河南科学，2021，39（12）：2030－2037．

[73] 李季，汪秉宏，蒋品群，等．节点数加速增长的复杂网络生长模型［J］．物理学报，2006（08）：4051－4057．

[74] 李佳蔓．基于复杂网络的"一带一路"沿线国家天然气贸易格局演变研究［D］．北京：中国石油大学（北京），2019．

[75] 李靖．我国政府突发性自然灾害危机管理对策研究［D］．成都：西南交通大学，2010．

[76] 李俊杰．对"十四五"中国天然气产业发展的思考［J］．国际石油经济，2020，28（12）：11－20．

[77] 李坤键．地缘经济视角下中国地缘经济战略分析［D］．湘潭：湘潭大学，2015．

[78] 李鹭光．中国天然气工业发展回顾与前景展望［J］．天然气工业，2021，41（08）：1－11．

[79] 李廷东，何春蕾，董振宇，等．完善我国天然气定价机制的路径与政策［J］．天然气技术与经济，2021，15（01）：68－75．

[80] 李亚伟，陈守煜，傅铁．基于模糊识别的水资源承载能力综合评价［J］．水科学进展，2005（05）：726－729．

[81] 李艳磊，于海涛，金博，等．澳大利亚油气投资环境与新项目开发的思考及建议［J］．国际石油经济，2019，27（08）：81－89．

[82] 李易宙．基于复杂网络的银行风险传染及其免疫策略研究［D］．太原：山西财经大学，2017．

[83] 李勇军，刘尊，于会．基于最大熵模型的导师－学生关系推测［J］．物理学报，2013，62（16）：504－511．

［84］李载驰，马贵凤，雷仲敏．"一带一路"能源贸易合作网络稳定性研究［J］．煤炭经济研究，2019，39（06）：70－78.

［85］李泽红，姜曙光，董锁成，等．俄罗斯北极地区资源优势与中俄北极资源合作对策［J］．干旱区资源与环境，2021，35（5）：169－174.

［86］李泽红，李静楠，杨洋，Vladimir A. Kolosov，任扬，Tcogto Bazarzhapov，陈枫．中俄天然气贸易安全格局与态势［J］．资源科学，2018，40（11）：2143－2152.

［87］李哲，李俊杰，周念成，等．基于多能源协同的微能网群能源转供优化模型［J］．南方电网技术，2021，15（01）：89－98.

［88］梁萌，李俊霞，徐文凯，彭盈盈，王莹，李哲．哈萨克斯坦油气储运系统与过境运输启示［J］．油气储运，2022，41（02）：121－134.

［89］梁萌，张奇，彭盈盈．构建开放条件下中国天然气安全保障体系的路径［J］．天然气工业，2021，41（11）：161－169.

［90］林萍萍．"一带一路"沿线国家贸易溢出效应研究［D］．杭州：浙江理工大学，2018.

［91］林艳．中国石油进口贸易的运输安全评价［D］．北京：中国地质大学（北京），2007.

［92］刘贵贤，董秀成，孔朝阳，赵春成．中国天然气进口风险量化研究——基于改进的投资组合理论［J］．天然气工业，2016，36（06）：110－117.

［93］刘建生，崔洪建．欧盟在中亚－里海地区的能源外交与中欧合作［J］．国际问题研究，2010（4）：47－51，32.

[94] 刘建香. 复杂网络及其在国内研究进展的综述 [J]. 系统科学学报, 2009, 17 (04): 31 – 37.

[95] 刘劲松. 基于社会网络分析的世界天然气贸易格局演化 [J]. 经济地理, 2016, 36 (12): 89 – 95.

[96] 刘淼. 朝鲜半岛的地缘政治与中国的安全战略选择 [D]. 青岛: 青岛大学, 2008.

[97] 刘明德, 高天艺. 全球影响力分析框架下中国与马来西亚能源关系 [J]. 广东外语外贸大学学报, 2018, 29 (01): 24 – 33.

[98] 刘清, 杨永春, 蒋小荣, 刘海洋. 手机全球贸易网络演化及供需匹配关系——基于复杂网络的社团分析 [J]. 经济地理, 2021, 41 (03): 113 – 125.

[99] 刘涛, 陈忠, 陈晓荣. 复杂网络理论及其应用研究概述 [J]. 系统工程, 2005 (06): 1 – 7.

[100] 刘伟, 侯立娟, 王亚舒. 缅甸天然气市场展望及中国企业投资合作建议 [J]. 国际石油经济, 2019, 27 (08): 90 – 98.

[101] 刘晓平, 唐益明, 郑利平. 复杂系统与复杂系统仿真研究综述 [J]. 系统仿真学报, 2008, 20 (23): 6303 – 6315.

[102] 刘余, 王青建. 图论的源流及其应用 [J]. 大连教育学院学报, 2007 (03): 24 – 26.

[103] 卢国显. 网络群体性事件风险评估初探 [J]. 中国人民公安大学学报 (社会科学版), 2011, 27 (03): 133 – 137.

[104] 陆家亮. 进口气源多元化是保障我国天然气长期供应安全的关键 [J]. 天然气工业, 2010, 30 (11): 4 – 9 + 113 – 114.

[105] 罗刚, 赵亚伟, 王泳. 基于复杂网络理论的担保网络风

险传播模式 [J]. 中国科学院大学学报, 2015, 32 (06): 836 - 842.

[106] 吕金虎. 复杂网络的同步: 理论、方法、应用与展望 [J]. 力学进展, 2008, (06): 713 - 722.

[107] 吕靖, 蒋美芝. 交通强国背景下我国国际海上通道安全影响因素分析 [J]. 中国水运 (月), 2018, 18 (04): 32 - 33.

[108] 吕淼. 对发达国家天然气供应安全政策和应急保障措施的研究——以日本为例 [J]. 城市燃气, 2020 (03): 48 - 52.

[109] 吕涛, 富莉. 石油应急管理活动识别及系统结构分析 [J]. 中国矿业, 2017, 26 (07): 1 - 6.

[110] 马桂瑛. 中国石油进口海运路径安全的思考 [J]. 东南亚纵横, 2007 (08): 73 - 78.

[111] 马妍, 安广实, 詹潇潇. 基于灰色预测和多元回归对中国煤炭价格的影响因素研究 [J]. 哈尔滨师范大学自然科学学报, 2021, 37 (05): 24 - 29.

[112] 马远, 宫圆圆. "丝绸之路经济带"能源贸易网络态势解构及影响因素——基于社会网络分析法 [J]. 国际商务 (对外经济贸易大学学报), 2021 (04): 101 - 119.

[113] 马远, 徐俐俐. "一带一路"沿线国家天然气贸易网络结构及影响因素 [J]. 世界经济研究, 2017 (03): 109 - 122 + 136.

[114] 苗敬毅, 闫绪娴. 中国省域全要素生产率测度中的门限效应研究 [J]. 山西财经大学学报, 2014, 36 (10): 11 - 23.

[115] 倪长健, 崔鹏. 投影寻踪动态聚类模型 [J]. 系统工程

学报，2007（06）：634 - 638.

[116] 倪长健，王顺久，崔鹏. 投影寻踪动态聚类模型及其在天然草地分类中的应用 [J]. 安全与环境学报，2006（05）：68 - 71.

[117] 倪长健. 基于曲线投影动态聚类模型的大气质量监测布点研究 [J]. 中国环境监测，2010，26（04）：16 - 19.

[118] 欧阳敏，费奇，余明晖. 基于复杂网络的灾害蔓延模型评价及改进 [J]. 物理学报，2008，59（11）：6764 - 6769.

[119] 潘华，肖雨涵，梁作放，等. 基于复杂网络的电 - 气 - 热综合能源系统健壮性分析 [J]. 电力自动化设备，2019，39（08）：104 - 112.

[120] 潘楠. 欧盟南部天然气走廊计划及其影响 [J]. 国际石油经济，2016，24（09）：57 - 74.

[121] 潘月星，赵军. 中国液化天然气（液化天然气）进口贸易发展的新问题与新举措 [J]. 对外经贸实务，2018（04）：48 - 51.

[122] 彭俊. 复杂网络拓扑结构及传播模型的研究 [D]. 西安：西安电子科技大学，2009.

[123] 邱映贵. 供应链风险传递及其控制研究 [D]. 武汉：武汉理工大学，2010.

[124] 邱作舟. PPP 项目社会风险涌现机理研究 [D]. 南京：东南大学，2016.

[125] 瞿继文，戴永红. 印度新时期北极政策下的能源开发：转变、局限与影响 [J]. 印度洋经济体研究，2021（04）：130 - 150 + 155 - 156.

[126] 任红卫，邓飞其. 随机复杂网络同步控制研究进展综述

[J]. 控制理论与应用，2017，34（10）：1261 - 1274.

[127] 任南，韩冰洁，马梦园. 基于工作包排序的项目风险传播控制 [J]. 系统工程，2015，33（12）：146 - 152.

[128] 任卓明，邵凤，刘建国，等. 基于度与集聚系数的网络节点重要性度量方法研究 [J]. 物理学报，2013，62（12）：522 - 526.

[129] 尚飞. 基于情景构建的长输管道天然气泄漏事故的安全风险评估研究 [J]. 现代工业经济和信息化，2021，11（05）：148 - 150 + 156.

[130] 尚艳丽. 卡塔尔液化天然气产能扩建项目分析 [J]. 世界石油工业，2021，28（02）：70 - 75.

[131] 沈鑫，涂远东，王军，等. 中国天然气利用的战略方向选择及政策建议 [J]. 国际石油经济，2016，24（10）：69 - 78.

[132] 石友蓉. 风险传导机理与风险能量理论 [J]. 武汉理工大学学报（信息与管理工程版），2006（09）：48 - 51.

[133] 石越洋. 总体国家安全观视域下中国与乌兹别克斯坦非传统安全合作研究 [D]. 郑州：中国人民解放军战略支援部队信息工程大学，2021.

[134] 苏强，史文文. 天然气管道运输过程中的风险及措施 [J]. 中国石油和化工标准与质量，2019，39（12）：35 - 36.

[135] 苏益莉. 中缅能源合作现状与存在问题分析 [J]. 纳税，2017（18）：95 + 98.

[136] 谭跃进，吴俊，邓宏钟. 复杂网络抗毁性研究进展 [J]. 上海理工大学学报，2011，33（06）：653 - 668 + 508.

[137] 檀学燕. 中国进口液化天然气可持续发展战略 [D]. 北京：中国地质大学（北京），2012.

[138] 唐晋韬，王挺，王戟. 适合复杂网络分析的最短路径近似算法 [J]. 软件学报，2011，22（10）：2279 - 2290.

[139] 唐宗明，蒋位. 中国上市公司大股东侵害度实证分析 [J]. 经济研究，2002（4）：21 - 29.

[140] 涂淼. "碳中和" 目标下全球天然气贸易格局演变及中国进口路径优化 [J]. 价格月刊，2021（09）：89 - 94.

[141] 汪金洲，陈洪转. 基于复杂网络的复杂产品供应链风险传播模型 [J]. 统计与决策，2021，37（04）：176 - 180.

[142] 汪小帆. 21 世纪的网络科学：从热点论文到社会应用 [J]. 科学观察，2007（05）：45.

[143] 王甲生，吴晓平，廖巍，等. 改进的加权复杂网络节点重要度评估方法 [J]. 计算机工程，2012，38（10）：74 - 76.

[144] 王俊. 全面认识自然资源的价值决定——从劳动价值论、稀缺性理论到可持续发展理论的融合与发展 [J]. 中国物价，2007（04）：40 - 42.

[145] 王礼茂. 资源安全的影响因素与评估指标 [J]. 自然资源学报，2002（04）：401 - 408.

[146] 王林，戴冠中. 复杂网络中的社区发现——理论与应用 [J]. 科技导报，2005（08）：62 - 66.

[147] 王龙，伏锋，陈小杰，楚天广，谢广明. 演化博弈与自组织合作 [J]. 系统科学与数学，2007，27（3）：330 - 343.

[148] 王陆新，赵先良，岳来群. "一带一路" 视角下的土耳

其天然气战略地位 [J]. 国际石油经济, 2015, 23 (12): 66 - 72.

[149] 王旻昊. 我国天然气进口安全研究 [D]. 成都: 西南石油大学, 2015.

[150] 王世雄. 供应链突发风险传染机理与控制策略研究 [D]. 上海: 东华大学, 2010.

[151] 王涛. 降低对进口原油的依赖程度 [J]. 瞭望新闻周刊, 2004 (44): 56.

[152] 王小云, 邓科, 赵鹤平. 复杂网络研究进展 [J]. 怀化学院学报 (自然科学), 2006 (02): 120 - 125.

[153] 王晓宇. 中国天然气供应安全评价及对策 [J]. 中国石油大学学报 (社会科学版), 2015, 31 (01): 6 - 10.

[154] 王晔. 考虑风险传播效应的工程项目风险应对 [D]. 天津: 天津大学, 2017.

[155] 王宜强, 赵媛. 世界天然气流动节点格局演化及其资源效应 [J]. 资源科学, 2020, 42 (08): 1630 - 1642.

[156] 王震. "深化'一带一路'背景下中国与周边国家的天然气合作." 中国能源报, 2020 - 02 - 10 (07).

[157] 王志良, 孙海滨. 炼化企业怎样"炼"就国际竞争力——试析大连西太平洋石化的经营实践 [J]. 国际石油经济, 2001 (01): 39 - 40 + 24.

[158] 魏一鸣, 廖华. 能源效率的七类测度指标及其测度方法 [J]. 中国软科学, 2010 (01): 128 - 137.

[159] 温馨, 周敏. "一带一路" 管道天然气贸易网络特征与中国地位演进研究 [J]. 中外能源, 2020, 25 (11): 9 - 16.

[160] 文习之，刘春明，孙文．日本和韩国液化天然气进口探析 [J]．国际石油经济，2020，28（01）：49-58．

[161] 闻少博，陈甲斌，郝晓晴．基于复杂网络视角的全球铜资源供应链风险研究 [J]．矿业研究与开发，2021，41（09）：171-178．

[162] 翁文国，愧顺江，申世飞．复杂网络上灾害蔓延动力学研究 [J]．物理学报，2007，56（4）：1938-1943．

[163] 吴初国，何贤杰，盛昌明，等．能源安全综合评价方法探讨 [J]．自然资源学报，2011，26（06）：964-970．

[164] 吴军群，潘震．TIME-away 构式的选择限制与认知理据探析 [J]．天津外国语大学学报，2015，22（01）：1-7．

[165] 吴林强，张涛，苗淼，徐晶晶，杨振，蒋成竹，梁前勇．土耳其海洋油气勘探开发现状及合作潜力 [J]．地质通报，2021，40（Z1）：401-407．

[166] 吴林强，张涛，苗淼，等．土耳其海洋油气勘探开发现状及合作潜力 [J]．地质通报，2021，40（2）：401-407．

[167] 吴齐伟．国内外液化天然气供需现状及价格趋势分析 [J]．天然气技术与经济，2014，8（02）：60-64+80．

[168] 吴田，胡海青，张丹，等．基于复杂网络的交叉性金融业务风险传染仿真 [J]．系统工程，2018，36（01）：22-30．

[169] 吴畏，王文旭，樊瑛．基于风险传染的金融网络系统风险模型 [J]．北京师范大学学报（自然科学版），2014，50（06）：668-671．

[170] 吴文盛．我国石油资源安全评价与预警研究 [J]．地质技术经济管理，2002（05）：13-18+27．

[171] 夏四友，郝丽莎，唐文敏，崔盼盼，吴凤连. 复杂网络视角下世界石油流动的竞合态势演变及对中国石油合作的启示 [J]. 自然资源学报，2020，35（11）：2655－2673.

[172] 肖建忠，彭莹，王小林. 天然气国际贸易网络演化及区域特征研究——基于社会网络分析方法 [J]. 中国石油大学学报（社会科学版），2013，29（03）：1－8.

[173] 肖建忠，王小林. 中国天然气海外资源获取的风险分析 [J]. 中国国土资源经济，2014（1）：45－48.

[174] 谢丰，程苏琦，陈冬青，等. 基于级联失效的复杂网络抗毁性 [J]. 清华大学学报（自然科学版），2011，51（10）：1252－1257.

[175] 谢艳亭. 中国在中哈油气合作中面临的挑战 [D]. 上海：华东师范大学，2020.

[176] 邢梦玥. 世界主要国家能源安全战略以及对我国经验借鉴 [J]. 现代管理科学，2019（10）：9－11.

[177] 熊熊，马佳，赵文杰，王小琰，张今. 供应链金融模式下的信用风险评价 [J]. 南开管理评论，2009，12（04）：92－98＋106.

[178] 徐俐俐，马远. "丝绸之路经济带" 天然气贸易格局的复杂网络分析 [J]. 新疆农垦经济，2017（01）：36－43.

[179] 徐松涛，吴洪娟. 如何构建我国 LNG 船运进口风险评价体系 [J]. 中国石油企业，2019（10）：62－65.

[180] 薛庆，刘明明，程承，等. 中国天然气进口规模与结构仿真研究 [J]. 石油科学通报，2021，6（02）：315－328.

[181] 杨建强，罗先香. 地下水动态预测的径向基函数法 [J]. 水文，2001，(04)：1 – 3 + 59.

[182] 杨康，张仲义. 基于复杂网络理论的供应链网络风险传播机理研究 [J]. 系统科学与数学，2013，33 (10)：1224 – 1232.

[183] 杨康. 基于复杂网络理论的供应链网络风险管理研究 [D]. 北京：北京交通大学，2014.

[184] 杨鑫，安海忠，高湘昀. 国际天然气贸易关系网络结构特征研究：基于复杂网络理论 [J]. 资源与产业，2012，14 (02)：81 – 87.

[185] 杨宇，于宏源，鲁刚，王礼茂，赵媛，郝丽莎，任东明，方伟，安海忠，蔡国田. 世界能源百年变局与国家能源安全 [J]. 自然资源学报，2020，35 (11)：2803 – 2820.

[186] 杨宇，何则. 中国海外油气依存的现状、地缘风险与应对策略 [J]. 资源科学，2020，42 (08)：1614 – 1629.

[187] 杨昭祥. 几类复杂网络的演化模型研究 [J]. 经营与管理，2015 (11)：93 – 95.

[188] 姚腾霄. 论经济、人口、资源、环境之间的协调发展 [J]. 社会科学家，2013 (11)：55 – 58.

[189] 叶夏明，文福拴，尚金成，何洋. 电力系统中信息物理安全风险传播机制 [J]. 电网技术，2015，39 (11)：3072 – 3079.

[190] 叶志宏，陈二龙. 基于残差灰色模型的天然气消费预测研究 [J]. 重庆理工大学学报（自然科学），2018，32 (09)：99 – 102.

[191] 殷传洋. 复杂网络上的传播和耦合动力学研究 [D]. 合

肥：中国科学技术大学，2008.

[192] 殷建平，黄志健，张云凌. 我国液化天然气进口价格与国际原油价格相关性实证分析 [J]. 价格月刊，2012 (10)：57-60.

[193] 殷建平，张云凌. 关于完善我国天然气差别定价机制的探讨 [J]. 价格月刊，2013 (01)：37-40.

[194] 殷建平. 完善天然气定价机制须兼顾多方利益 [J]. 价格理论与实践，2016 (02)：46-48.

[195] 尹志军，陈立文，王双正，等. 我国工程项目风险管理进展研究 [J]. 基建优化，2002 (04)：6-10.

[196] 余功铭，王轶君，钟文新. 印度油气工业现状及发展趋势 [J]. 国际石油经济，2014，22 (11)：14-20.

[197] 余功铭，王轶君. 中印油气合作现状、潜力及趋势 [J]. 国际经济合作，2018 (07)：51-55.

[198] 余慧，丁颖辉. 网络视角下全球钴中间产品贸易时空关联关系研究 [J]. 中国矿业，2021，30 (01)：40-47.

[199] 余建华. 韩国能源安全战略与中韩能源合作探析 [J]. 国际关系研究，2014，(02)：50-63+154-155.

[200] 余荣华，姜明君，于晓飞. 产业集群风险传导与扩散理论研究 [M]. 北京：人民出版社，2010.

[201] 袁坚，任勇，刘锋山，秀明. 复杂计算机网络中的相变和整体关联行为 [J]. 物理学报，2001 (07)：1221-1225.

[202] 袁裕辉. 供应链核心企业社会责任研究——以复杂网络理论为视角 [J]. 经济与管理，2012，26 (07)：53-57.

[203] 张国强. 当前我国天然气供应安全问题的思考 [J]. 当

代化工研究，2021（16）：173-174.

［204］张宏，丁昊，张力钧，方叶兵，张英卓．全球天然气贸易格局及中国天然气进口路径研究［J］．地域研究与开发，2020，39（06）：1-5.

［205］张华林，刘刚．我国石油安全评价指标体系初探［J］．国际石油经济，2005（05）：44-48.

［206］张纪会，徐军芹．适应性供应链的复杂网络模型研究［J］．中国管理科学，2009，17（02）：76-79.

［207］张俊鹏．欧盟天然气合作分析［D］．北京：外交学院，2017.

［208］张珺，谭金萍．"一带一路"能源投资背景下的中国天然气供应安全分析［J］．天然气工业，2020，40（11）：159-167.

［209］张抗．地缘说和世界地缘油气格局［J］．石油科技论坛，2008（04）：20-24.

［210］张明媛，袁永博．基于灾害蔓延动力学的生命线系统级联失效建模［J］．系统工程，2014，12（06）：314-218.

［211］张琼，苑可鑫，张守华．国际油价波动对我国"一带一路"油气海外投资的影响研究［J］．价格理论与实践，2021（05）：93-96.

［212］张荣，李山．储备偏好影响下中国与欧盟天然气进口博弈［J］．系统管理学报，2021，30（04）：729-742.

［213］张荣久．化学教学中的德育渗透［J］．承德职业学院学报，2006（03）：146-148.

［214］张淑英，万大中．影响中国天然气供应安全的因素及对

策探讨 [J]. 中国能源, 2007 (11): 30 - 34.

[215] 张嗣瀛. 复杂系统、复杂网络自相似结构的涌现规律 [J]. 复杂系统与复杂性科学, 2006 (04): 41 - 51.

[216] 张学森, 汪刘凯, 李慧宗, 等. 绿色供应链脆弱性风险传播机制研究 [J]. 财贸研究, 2017, 28 (03): 104 - 109.

[217] 张峥, 朱炫颖. 复杂网络同步控制的研究进展 [J]. 信息与控制, 2017, 46 (01): 103 - 112.

[218] 赵钢, 杨英宝, 包旭. 供应链网络风险扩散动力学模型及其应用 [J]. 系统工程理论与实践, 2015, 35 (08): 2014 - 2024.

[219] 赵国洪, 曾卓. 中国天然气供需形势分析与发展政策建议 [J]. 天然气技术与经济, 2021, 15 (02): 1 - 6 + 78.

[220] 赵明, 汪秉宏, 蒋品群, 等. 复杂网络上动力系统同步的研究进展 [J]. 物理学进展, 2005 (03): 273 - 295.

[221] 郑明贵, 王萍, 钟聪红. 2020—2030 年中国天然气需求预测 [J]. 中国矿业, 2021, 30 (02): 7 - 13.

[222] 郑文通. 金融风险管理的 VAR 方法及其应用 [J]. 国际金融研究, 1997 (09): 58 - 62.

[223] 钟浩月. 国际天然气市场价格波动及中国液化天然气进口安全策略研究 [D]. 重庆: 重庆大学, 2017.

[224] 钟维琼. 基于复杂网络和能值理论的化石能源国际贸易格局研究 [D]. 北京: 中国地质大学 (北京), 2016.

[225] 周庆凡, 张玲, 庄丽. 我国主要盆地油气资源勘探开发现状和发展前景 [J]. 中外能源, 2009, 14 (01): 41 - 48.

［226］周庆凡. 美国页岩气和致密油发展现状与前景展望［J］. 中外能源, 2021, 26 (05): 1 – 8.

［227］周淑慧, 郜婕, 杨义, 等. 中国 LNG 产业发展现状、问题与市场空间［J］. 国际石油经济, 2013, 21 (06): 5 – 15 + 109 – 110.

［228］周涛柏, 文洁, 汪秉宏, 等. 复杂网络研究概述［J］. 物理, 2005 (01): 31 – 36.

［229］周漩, 张凤鸣, 李克武, 等. 利用重要度评价矩阵确定复杂网络关键节点［J］. 物理学报, 2012, 61 (05): 1 – 7.

［230］周云亨, 陈佳巍, 叶瑞克, 陈牧秦, 张雨亭, 曹雨辰. 国家天然气安全评价指标体系的构建与应用［J］. 自然资源学报, 2020, 35 (11): 2645 – 2654.

［231］朱显平, 刘锋, 吴慧君. 俄罗斯面向亚太的东部能源开发战略及中俄合作研究［J］. 吉林大学社会科学学报, 2014, 54 (04): 92 – 102 + 174.

［232］祝佳. 中国能源发展战略研究: 欧盟经验及启示［J］. 中南财经政法大学学报, 2012 (02): 135 – 140.

［233］祝有海, 张永勤, 方慧, 等. 中国陆域天然气水合物调查研究主要进展［J］. 中国地质调查, 2020, 7 (04): 1 – 9.

［234］邹才能, 赵群, 陈建军, 李剑, 杨智, 孙钦平, 陆家亮, 张刚雄. 中国天然气发展态势及战略预判［J］. 天然气工业, 2018, 38 (04): 1 – 11.

［235］A, Teng S G. Optimizing liquefied natural gas terminal design for effective supply-chain operations［J］. International Journal of Production Economics, 2008, 111 (2): 529 – 542.

［236］Ajija S R, Zakia A F, Purwono R. The impact of opening the export promotion agencies on Indonesia's non-oil and gas exports ［J］. Heliyon, 2021, 7 (8).

［237］Albert – László Barabási, Réka Albert. Emergence of Scaling in Random Networks ［J］. Science, 1999, 286 (5439): 509 – 512.

［238］Alonso Monica, Turanzas Jaime, Amaris Hortensia, Ledo Angel T. Cyber – Physical Vulnerability Assessment in Smart Grids Based on Multilayer Complex Networks ［J］. Sensors, 2021, 21 (17): 21175826.

［239］Álvaro J. Cuadros López, L. V. Rangel Collazos, C. I. Aguilar Valencia. Performance control considering risks for construction projects ［J］. Scientia et Technica, 2019, 24 (2): 225 – 231.

［240］Arenas Alex, Díaz – Guilera Albert, Pérez – Vicente Conrad J. Synchronization reveals topological scales in complex networks. ［J］. Physical review letters, 2006, 96 (11): 114102.

［241］Augustine N R. Managing the Crisis You Tried to Prevent ［J］. Harvard Business Review. 1995, 73 (06): 147 – 161.

［242］Baker S., Kousis M., Richardson D., Young S. Politics of Stainable Development ［M］. London: Taylor & Francis e – Library, 2005: 42 – 45.

［243］Barabási A L, Albert R. Emergence of scaling in random networks ［J］. Science, 1999, 286 (5439): 509 – 512.

［244］Biresselioglu M E, Demir M H, Kandemir C. Modeling

Turkey's future LNG supply security strategy [J]. Energy Policy, 2012, 46 (none): 144 – 152.

[245] Blyth W, Lefevre N. Energy security and climate change: an assessment framework [J]. 2004.

[246] Boccaletti S, Latora V, Moreno Y, et al. Complex networks: Structure and dynamics [J]. Physics Reports, 2006, 424 (04): 175 – 308.

[247] Brenda Shaffer. Natural gas supply stability and foreign policy [J]. Energy Policy, 2013 (56): 114 – 125.

[248] Buzna L, Petes K. Modelling the dynamics of disaster spreading in networks [J]. Physica A, 2006, 363 (1): 132 – 140.

[249] Cabalu H. Indicators of security of natural gas supply in Asia [J]. Energy policy, 2010, 38 (1): 218 – 225.

[250] Cabalu Helen. Indicators of security of natural gas supply in Asia [J]. Energy Policy, 2009, 38 (1): 218 – 225.

[251] Chen Yonghong, Rangarajan Govindan, Ding Mingzhou. General stability analysis of synchronized dynamics in coupled systems [J]. Physical Review E, 2003, 67 (2):

[252] Chong C, Wei H, Han Z, et al. A comparative study among machine learning and numerical models for simulating groundwater dynamics in the Heihe River Basin, northwestern China. [J]. Scientific reports, 2020, 10 (1): 3904.

[253] Chyong, C. K. European Natural Gas Markets: Taking Stock and Looking Forward. Rev Ind Organ 55, 89 – 109 (2019).

[254] Colgan J D. Fueling the fire: Pathways from oil to war [J]. International Security, 2013, 38 (2): 147 – 180.

[255] Ding S. A novel self-adapting intelligent grey model for fore-casting China's natural-gas demand [J]. Energy, 2018, 162: 393 – 407.

[256] Dong Xiucheng, Kong Zhaoyang. The impact of China's natu-ral gas import risks on the national economy [J]. Journal of Natural Gas Science and Engineering, 2016 (36): 97 – 107.

[257] Duan F, Ji Q, Liu B Y, et al. Energy investment risk as-sessment for nations along China's Belt & Road Initiative [J]. Journal of cleaner production, 2018 (170): 535 – 547.

[258] Erdos, Renyi. On random graphs [J]. Publicationse Math-ematicae Debrecen. 1959 (6): 290 – 297.

[259] Fratzscher M, Schneider D, Van Robays I. Oil prices, ex-change rates and asset prices [J]. 2014.

[260] Girvan M, Newman M E. Community structure in social and biological networks [J]. Proc Natl Acad, U S A, 2002, 99 (12): 7821 – 7826.

[261] Grais W, Zheng K. Strategic interdependence in European east-west gas trade: a hierarchical Stackelberg game approach [J]. The Energy Journal, 1996, 17 (3): 61 – 84.

[262] Guan, Gui, Guo, Zhenyuan. Stability behavior of a two-susceptibility SHIR epidemic model with time delay in complex networks [J]. Nonlinear Dynamics, 2021: 21 – 28.

［263］ Guare J. Six degrees of separation：A play ［M］. New York：Vintage Books, 1990.

［264］ Halit Ü, Şebnem D. Optimization for design and operation of natural gas transmission networks ［J］. Applied Energy, 2014 (133)：56 – 69.

［265］ Halser C, Paraschiv F. Pathways to overcoming natural gas dependency on Russia—the German case ［J］. Energies, 2022, 15 (14)：4939.

［266］ Hanna B , Isabell B , Jessica J . Liquefied natural gas expansion plans in Germany：The risk of gas lock-in under energy transitions ［J］. Energy Research & Social Science, 2021, 76.

［267］ Heagy J F, Pecora L M, Carroll T L. Short wavelength bifurcations and size instabilities in coupled oscillator systems. Phys Rev Lett. 1995；74 (21)：4185.

［268］ Jansen J C, Arkel W G, Boots M G. Designing indicators of long-term energy supply security ［EB/OL］. (2004 – 1 – 1).

［269］ Jiang – BoGeng, Qiang Ji, Ying Fan. A dynamic analysis on global natural gas trade network ［J］. Applied Energy, 2014 (132)：23 – 33.

［270］ Kai – Alexander Schlevogt. Institutional and Organizational Factors Affecting Effectiveness：Geoeconomic Com-parison between Shanghai and Beijing ［J］. Asia Pacific Journal of Management, 2001, (18)：519 – 551.

［271］ Lambiotte R , Delvenne J , Barahona M . Random Walks,

Markov Processes and the Multiscale Modular Organization of Complex Networks [J]. IEEE Trans. Network Science and Engineering, 2014, 1 (2): 76 - 90.

[272] Li J, Dong X, Shangguan J, et al. Forecasting the growth of China's natural gas consumption [J]. Energy, 2011, 36 (3): 1380 - 1385.

[273] Li S, Zhang B, Tang X. Forecasting of China's natural gas production and its policy implications [J]. Petroleum Science, 2016, 13 (03): 592 - 603.

[274] Li X. Natural gas in china-a regional analysis [J]. 2015.

[275] Lin B, Wang T. Forecasting natural gas supply in China: Production peak and import trends [J]. Energy Policy, 2012, 49 (none): 225 - 233.

[276] Liu Chang, Sun Xiaolei, Chen Jianming. Statistical properties of country risk ratings under oil price volatility: Evidence from selected oil-exporting countries [J]. Energy Policy, 2016 (92): 234 - 245.

[277] Lochner Stefan, Dieckhöner Caroline. Civil unrest in North Africa—Risks for natural gas supply? [J]. Energy Policy, 2012 (45): 167 - 175.

[278] M. Girvan, M. E. J. Newman. Community structure in social and biological networks [J]. Proceedings of the National Academy of Sciences, 2002, 99 (12): 7821 - 7826.

[279] Mahmood H, Alkhateeb T T Y. Asymmetrical effects of real exchange rate on the money demand in Saudi Arabia: A non-linear ARDL

approach［J］. PloS one，2018，13（11）：e0207598.

［280］Mathias M C，Szklo A. Lessons learned from Brazilian natu-ral gas industry reform［J］. Energy Policy，2007，35（12）：6478 –6490.

［281］Morteza Yazdani，M. Reza Abdi，Niraj Kumar，Mehdi Ke-shavarz – Ghorabaee，Felix T. S. Chan. Improved Decision Model for Eval-uating Risks in Construction Projects［J］. Journal of Construction Engi-neering and Management，2019，145（5）：04019024 – 04019024.

［282］Negi B S，Pandey K K，Sehgal N. Renewables，shale gas and gas import-striking a balance for India［J］. Energy Procedia，2017（105）：3720 – 3726.

［283］Nicolas Méloni，M. Anwar Hasan. Elliptic Curve Scalar Mul-tiplication Combining Yao's Algorithm and Double Bases［C］//Crypto-graphic Hardware and Embedded Systems – CHES 2009.：Springer，2009：304 – 316.

［284］Nowak，M. A. and May，R. M.（1992）Evolutionary Games and Spatial Chaos［J］. Nature，359，826 – 829.

［285］Omar Abdelaziz A，Masi S，Shehata A，et al. Challenges to Backfilling an Existing Natural Gas Liquefaction Facility with Different Gas Specifications［C］//Abu Dhabi International Petroleum Exhibition and Conference. SPE，2019：D031S095R004.

［286］Özelkan E C，D'Ambrosio A，Teng S G. Optimizing lique-fied natural gas terminal design for effective supply-chain operations［J］. International Journal of Production Economics，2008，111（2）：529 –

542.

[287] Paltsev S, Zhang D. Natural gas pricing reform in China: Getting closer to a market system? [J]. Energy policy, 2015 (86): 43 - 56.

[288] Pastor - Satorras R, Vespignani A. Epidemic spreading in scale-free networks [J]. Physical review letters, 2001, 86 (14): 3200.

[289] Pecora L M, Carroll T L. Master Stability Functions for Synchronized Coupled Systems. Phys Rev Lett. 1998; 80 (10): 2109 - 2112.

[290] Ribas Lucas C. , Riad Rabia, Jennane Rachid, Bruno Odemir M. . A complex network based approach for knee Osteoarthritis detection: Data from the Osteoarthritis initiative [J]. Biomedical Signal Processing and Control, 2022, 71 (PA): 103133

[291] Ribas Lucas C. , Riad Rabia, Jennane Rachid, Bruno Odemir M. . A complex network based approach for knee Osteoarthritis detection: Data from the Osteoarthritis initiative [J]. Biomedical Signal Processing and Control, 2022 (71): 103 - 133.

[292] Richter P M, Holz F. All quiet on the eastern front? Disruption scenarios of Russian natural gas supply to Europe [J]. Energy Policy, 2015, 80 (2): 177 - 189.

[293] Ruble, Isabella. European Union energy supply security: The benefits of natural gas imports from the Eastern Mediterranean [J]. Energy Policy, 2017 (105): 341 - 353.

［294］S S，S E，C H，et al. Multiple administrations of oligodeoxy-nucleotides containing CpG motifs influence Ig isotype production. ［J］. Immunopharmacology and immunotoxicology，2005，27（3）：447 – 460.

［295］Serrano M A，Boguna M. Topology of the World Trade Web ［J］. Phys Rev E Stat Nonlin Soft Matter Phys，2003，68（2）：015101.

［296］Shaffer B. Natural gas supply stability and foreign policy ［J］. Energy Policy，2013，56（may）：114 – 125.

［297］Shaikh F，Ji Q，Fan Y. Assessing the stability of the LNG supply in the Asia Pacific region ［J］. Journal of Natural Gas Science & Engineering，2016（34）：376 – 386.

［298］Shang Qiuyan，Deng Yong，Cheong Kang Hao. Identifying influential nodes in complex networks：Effective distance gravity model ［J］. Information Sciences，2021（577）：162 – 179.

［299］Shi G，Jing Y，Wang S，et al. Development status of lique-fied natural gas industry in China ［J］. Energy Policy，2010，38（11）：7457 – 7465.

［300］Sida F，Huajiao L，Yabin Q，et al. Who will build new trade relations? Finding potential relations in international liquefied natural gas trade ［J］. Energy，2017（141）：1226 – 1238.

［301］Song S . Application of gray prediction and linear program-ming model in economic management ［J］. Mathematical Modelling of Engineering Problems，2018，5（1）：46 – 50.

［302］Stern，Jonathan. UK gas security：Time to get serious ［J］. Energy Policy，2004，32（17）：1967 – 1979.

[303] Sun Mei, Gao Cuixia, Shen Bo. Quantifying China's oil import risks and the impact on the national economy [J]. Energy Policy, 2014 (67): 605 – 611.

[304] Wang Di, Zhang Zhiyuan, Yang Xiaodi, Zhang Yanfang, Li Yuman, Zhao Yueying. Multi-scenario simulation on the impact of China's electricity bidding policy based on complex networks model [J]. Energy Policy, 2021 (158): 112573.

[305] Wang, B. China – Australia Minerals and Energy Cooperation: Status Quo, New Features and Suggestions [J], 2021, 30 (01): 132 – 147.

[306] Watts D, Strogatz S. Collective dynamics of "small-world" networks (see comments) [J]. Nature, 1998, 393 (6684): 440 – 442.

[307] Xuqing H, Irena V, Shlomo H, et al. Cascading failures in bi-partite graphs: model for systemic risk propagation. [J]. Scientific reports, 2013, 3 (1): 1219.

[308] Yan G, Fu Z, Chen G. Epidemic threshold and phase transition in scale-free networks with asymmetric infection [J]. The European Physical Journal B, 2008, 65 (4): 591 – 594.

[309] Yang Qing, Gao Qiongqiong, Chen Mingyue. Study and Integrative Evaluation on the development of Circular Economy of Shaanxi Province [J]. Energy Procedia, 2011, 5 (C): 1568 – 1578.

[310] Yang Yuying, Li Jianping, Sun Xiaolei. Measuring external oil supply risk: A modified diversification index with country risk and potential oil exports [J]. Energy, 2014 (68): 930 – 938.

［311］ Yook S H, Jeong H, Barabási A L , et al. Weighted evolving networks. ［J］. Physical review letters, 2001, 86 （25）: 5835 – 5838.

［312］ Zheng G K. Strategic Interdependence in European East – West Gas Trade: A Hierarchical Stackelberg Game Approach ［J］. The Energy Journal, 1996, 17 （3）: 61 – 84.

［313］ Zhihua C, Haizhong A, Xiangyun G, et al. Competition pattern of the global liquefied natural gas （LNG） trade by network analysis ［J］. Journal of Natural Gas Science and Engineering, 2016 （33）: 769 – 776.

［314］ Zhou W , Wu X , Ding S , et al. Application of a novel discrete grey model for forecasting natural gas consumption: A case study of Jiangsu Province in China ［J］. Energy, 2020, 200 （prepublish）: 117443.